# 少年犯罪預防及矯治

張 華 葆 著

學歷：國立臺灣大學歷史學士
　　　美國奧勒岡州立大學社會學碩士
　　　美國德州大學社會學博士
經歷：香港中文大學講師
　　　肯塔基州立大學副教授
　　　緬茵州大學教授
現職：東海大學社會學研究所教授

三 民 書 局 印 行

國家圖書館出版品預行編目資料

少年犯罪預防及矯治／張華葆著.--四
版.--臺北市：三民，民86
　　　面；　　公分
參考書目：面287-321
附錄：中英名詞對照
ISBN 957-14-0320-2（平裝）

1.少年犯罪　I.張華葆著

548.58/8768

國際網路位址　http://sanmin.com.tw

ⓒ 少年犯罪預防及矯治

著作人　張華葆
發行人　劉振強
產著作財權人　三民書局股份有限公司
發行所　三民書局股份有限公司
　　　　地址／臺北市復興北路三八六號
　　　　電話／五〇〇六六〇〇
　　　　郵撥／〇〇〇九九九八——五號
印刷所　三民書局股份有限公司
門市部　復北店／臺北市復興北路三八六號
　　　　重南店／臺北市重慶南路一段六十一號
初版　中華民國七十八年五月
四版　中華民國八十六年八月
編號　S 54078
基本定價　陸元捌角
行政院新聞局登記證局版臺業字第〇二〇〇號
著作權執照臺內著字第七二三三九號

ISBN 957-14-0320-2（平裝）

# 作 者 序

近幾年來，國內社會秩序及治安之惡化，已是有目共睹之事實。嚴重罪行，層出不窮，使人觸目驚心。警務機構，以有限之人力，企圖維持秩序及治安，有心勞力竭，疲於奔命的趨勢。

同時，由於犯罪年齡不斷下降，目前工業都市社會中，犯罪率最高的是十五歲至十七歲年齡層，因此，成人犯罪與少年犯罪之間的界線也日益模糊。美國於數年前已開始啓用新少年法，凡參與嚴重犯罪之少年，其處遇與成年人同等。

在犯罪防治理論及方法層面，一九七〇年代亦產生革命性的演變。一九七二年，美國麻省廢除全州的處遇機構，可以說是劃時代的先鋒；新的轉化理論及社區處遇理論陸續推陳佈新，不斷出現。

再看看學術界的發展趨向。一、二十年前，美國的高等學府內已陸續成立犯罪防治學系，然而我國至目前為止，不論是在犯罪防治實務工作方面，或學術研究方面，都還未能跟上時代潮流。

近幾年來，我國政府及學術界已開始對犯罪防治問題注意，並且展開一連串的國際犯罪防治會議。這是一個好的開始，或許我們更應該加速步調，希望在治安問題未臻於惡劣的階段，先行籌劃預謀解決之道。

本書內容涵蓋近二、三十年來世界少年犯罪防治理論思潮，以與國內學者專家，大專學生及犯罪防治實務人員共參考，以謀解決國內治安問題。

作者於近幾年中，承蒙三民書局的支助，得以出版一系列的社會科

學書籍。幾年來，深深感受三民書局對大專教科書出版事業的貢獻，以及三民書局編輯部門工作人員熱忱、認真的心態，這些都是值得稱讚的。

多年來，在教學研究的歷程中，都承蒙內子黃美蘭的熱心支持，擔負家中所有的職責，使作者能全心全力致力於學術研究，在此，作者必須特別致謝。

由於作者才疏學淺，書中遺漏錯誤之處，敬請各位學者專家隨時指正。

張華葆
謹識於臺中市大度山
東海大學
民國七十八年四月

# 目 次

# 第一章　臺灣犯罪少年之社會背景

## 第一節　前　言

　　由於國內青少年犯罪問題之日形猖獗嚴重，民國七十六年，臺灣省政府乃決定從事大規模實證研究，以策劃因應之策。事實上，近年來在法務部、內政部警政署、中央警官學校及其他學術機構積極推動之下，國內青少年犯罪研究工作相當茂盛，幾十年來，法務部持續不斷地出版一系列有關犯罪問題的刊物，構成國內犯罪資料之主要來源，而近十餘年來，國內學術界也積極推動犯罪問題研討，累積了許多寶貴的經驗及知識。

　　國際組織中對於亞洲青少年犯罪防治研究貢獻最大的是亞太文化中心。亞太文化中心總部設於韓國，會員國以中、日、韓為主。自一九七九年以來，亞太文化中心從事一連串的少年犯罪防治研討會。首屆研討會於臺北舉辦，以後陸續在韓國漢城、美國、日本召開。一九八七年第五屆亞太少年犯罪會議又在臺北舉辦。每次研討會的主題雖然不同，然而在本質上仍是分析當前世界各國青少年犯罪問題，以亞洲國家少年犯罪問題為主題。

　　由於目前我國之國際地位相當孤立，政府急於擴展我國國際外交，

因此我國在亞太文化協會中扮演一個重要角色。每屆亞太少年犯罪會議、活動，我政府均積極參與，出錢出力。五次亞太少年犯罪防治會議對於我國青少年犯罪研究貢獻甚大；透過亞太的活動，我國得以邀請世界各國少年犯罪專家參與研討少年犯罪的理論及對策，也同時得以與世界各國學者專家共同磋商有關少年犯罪問題的處遇。

除此之外，國內法務機構及學術機構內負責犯罪問題的學者專家也積極推動國際犯罪研討會議。民國七十五年，東海大學及中央警官學校合作舉辦「中美犯罪研討會議」，邀請了多名美國犯罪學界的權威人士；民國七十七年警政署召開「中歐警政會議」，臺灣大學召開「中美少年犯罪研討會」，十二月初旬，中華民國觀護學會又召開「社會變遷中青少年問題與對策研討會」。同時，國內犯罪學者專家透過政府機構的支助，得以參與世界性的犯罪研討會議，對於我國犯罪問題之研討貢獻甚大。

總之，在我國經濟情況好轉的情況之下，社會科學隨而急遽發展，政府及學術界開始重視社會問題之研究，積極推行各種研究工作。青少年犯罪問題受到中央政府及地方政府、學術界的極力支持。

民國七十六年省府擬定少年犯罪防治政策之後，指命作者從事研究工作。研究的內涵包括：臺灣少年犯罪之背景，人格心理特性，以及預防及矯治少年犯罪因應之策。

作者因為居住於臺中市，為方便之故，乃決定以臺中市少年觀護所的犯罪少年為研究對象。臺中市少年觀護所位居臺中市三民路一段，隸屬法務部；內中拘留二百餘名少年犯。

少年觀護所是介於警察局、少年法庭及感化院之間的中介機構。在美國，這種機構只能短期拘禁少年犯，凡是經警務機構查獲的犯罪少年，在未經法院審判之前，須交付少年觀護所暫時管護。在美國少年觀

護所監禁的時期通常限於一個星期，然而我國少年觀護所的性質與美國不盡相同。在我國，少年觀護所的少年平均拘禁時間為六個月，觀護所少年人口的流動性很大。（註：這次資料收集，作者必須特別感謝臺中市少年觀護所主任鄭耀焜先生，及觀護所其他工作人員之熱心幫助。）

　　少年觀護所的功能除了在法庭審判前暫時拘禁少年之外，另外一項主要功能是在拘禁時期由觀護所的工作人員詳細調查犯罪少年的身世背景，以便向少年法庭法官作處遇建議。例如一位少年犯較重刑案，然而屬初犯，少年犯的家庭組織、環境均很良好，社工人員可以斟酌這位少年的犯罪情況及家庭環境，認為少年犯罪是出於一時之情境，應該給予自新的機會，而建議法院施以緩刑，交付少年家庭自行處置。如果另一位少年犯罪雖然較輕，例如偷機車，然而犯案累累，而且自幼即開始行竊，家庭組織及環境惡劣，有鑑於這位少年的犯罪家庭社會背景，社工人員可能建議少年法庭從嚴處置，送交少年感化院作感化處分。所以，理論上少年觀護所的主要功能是協助法庭審判。

　　依據臺北少年法庭庭長陳紀螢的報告（民國七十六年亞洲太平洋地區第五屆少年犯罪防治會議），我國對於少年犯的處遇一向是以慎重為原則，青少年除非屢次犯罪，罪行嚴重，否則警政機構不會送交機構處遇。基於上述我國處遇少年犯罪的原則，我們可以肯定臺中少年觀護所的少年犯都不是偶然犯罪。

　　自民國七十六年七月至九月之間，得臺中少年觀護所主任鄭耀焜先生之應允，在觀護所工作人員極力協助之下，作者與兩位助理乃得以在臺中少年觀護所訪問其中二百餘名少年犯。

　　除此之外，作者又直接與臺中市警察局刑警大隊少年組直接連繫，由後者提供假釋在外的一百多名少年罪犯資料。然後由本研究兩位助理親自往每一位少年犯的家中作個別訪問，採集家庭訪問一百三十餘份。

除了犯罪少年之外，作者又透過東海大學社會學系學生，選擇了二百餘名正常少年作為研究的對象。作者以同樣的問卷交付社會學系學生，個別訪問這些正常少年。以下我們將概略比較這次研究中所收集的三組少年的背景以及採資料的方法（見表1）：

**表 1　臺灣少年犯罪研究對象分析**

| 研究對象 | 犯罪少年（一）臺中市少年觀護所 | 犯罪少年（二）臺中市警局刑警大隊 | 正　常　少　年（全　　省） |
|---|---|---|---|
| | 203 名 | 130 名 | 226 名 |
| 收集資料方法 | 問卷、個別訪問 | 問卷、個別訪問 | 問卷、個別訪問 |
| 訪問的地點及　對　象 | 臺中市少年觀護所少年犯 | 犯罪少年之家庭少年之父母、親屬 | 正常少年家庭正常少年本人 |
| 訪問時間 | 民國七十六年7～9月 | 民國七十六年7～9月 | 民國七十六年9～12月 |
| 訪　　員 | 研究助理 | 研究助理 | 東海大學社會學系學生 |

在第二，三，四節中，我們將對國內犯罪少年之社會及家庭背景、人格個性詳細討論，並以之與正常少年比較，以揣摩少年犯罪之因素及其心路歷程（請參閱張華葆，民77年，少年犯罪心理學，三民書局）。

# 第二節　臺灣犯罪少年之社會背景

### 一、被捕犯罪性質

---

註：在收集資料的過程中，作者必須特別感謝東海大學民國七十六年選修「少年犯罪」的日間部及夜間部一百多名社會系學生，他們幫助收集了兩百多名正常少年的資料。

　　根據臺中少年觀護所資料，這次研究對象二百餘名少年犯之犯罪性質如下（見表2）：

表 2　犯罪少年被捕犯罪性質

| 犯　　罪　　性　　質 | % |
|---|---|
| 暴　力　犯　罪 | 49.8 |
| 財　物　犯　罪 | 32.5 |
| 吸　　　　膠 | 1.0 |
| 其他（含妨害風化、公共危險、妨害家庭、槍砲彈藥管制條例等。） | 16.7 |
| 總　　　　　　計 | 100.0 |

（N＝203）

　　表2中顯示，這次研究對象犯罪性質，屬暴力犯罪者佔50%，財物犯罪者佔32.5%，吸膠者1.0%，其他罪行者（包括妨害風化、槍砲管制等）佔16.7%。與全國犯罪少年犯罪性質比較，這次研究對象的罪行較為嚴重（參閱法務部，民76年）。

　　二、以往是否有犯罪記錄

　　根據少年觀護所的資料，這次研究對象的少年犯過去有犯罪記錄者佔42.9%，無犯罪記錄者佔57.1%（見表3（一））。

　　三、犯罪次數（紀錄有案）

　　在訪問中，我們徵詢犯罪少年過去曾經犯罪的次數。訪問的結果如下（見表3（二））：

表 3 少年犯以往是否有犯罪記錄及犯罪次數

| 以往是否有犯罪記錄 | *%* |
|---|---|
| 是 | 42.9 |
| 否 | 57.1 |
| 總　　　　計 | 100.0 |

（一）　　　　　　　　　　（N＝203）

| 犯罪次數（紀錄有案） | *%* |
|---|---|
| 1 | 45.3 |
| 2 | 29.6 |
| 3 及 3 次 以 上 | 25.1 |
| 總　　　　計 | 100.0 |

（二）　　　　　　　　　　（N＝203）

　　表 3（二）中顯示，犯罪少年曾經犯罪三次以上者佔 25.1％，犯罪兩次者佔 29.6％，犯罪僅一次者佔 45.3％。綜合以上統計數字，顯示這次研究對象少年罪犯中，55％左右皆屬再犯及累犯。依據作者的界定，凡犯案紀錄兩次以上者均屬嚴重罪犯（參閱 Wolfgang, 1972）。其次，再以少年犯罪的性質來衡量其嚴重性，作者所得到的結論是：這次研究的對象屬於較嚴重的比率甚大。

四、以前曾犯過幾種罪

這次研究中，我們也探索犯罪少年過去曾犯過幾種罪行，以下是我們所得到的結論（見表4）：

表 4　犯罪少年曾經犯過幾種罪

| 曾 經 犯 過 幾 種 罪 | % |
|---|---|
| 1 | 70.2 |
| 2 | 26.1 |
| 3 及 3 種 以 上 | 3.9 |
| 總　　　　　計 | 100.0 |

（N＝203）

表4中顯示，這次研究對象的少年罪犯70%祇犯過一種罪行，26.1%曾犯過兩種不同罪行，而3.9%曾犯過三種以上不同罪行。依據 Wolfgang（Wolfgang, 1972, 1982）的研究分析，嚴重罪犯所犯的罪行種類較多。

五、第一次犯罪年齡

根據少年犯罪理論，犯罪者第一次從事犯罪的年齡與其以後是否會再次犯罪，或犯罪的嚴重性有密切關係。第一次犯罪年齡愈低者，其日後再次犯罪的可能率愈高，其罪情也愈嚴重（參閱 Glueck, 1970; Wolfgang, 1972, 1986）。這次研究調查中，我們徵詢少年觀護所的二百餘名犯罪少年，他們第一次犯罪時的年齡為何？ 研究結果如下（見表5）：

**表 5    犯罪少年第一次犯罪年齡**

| 第 一 次 犯 罪 年 齡 | % |
|---|---|
| 12歲及以下 | 5.4 |
| 13 | 8.4 |
| 14 | 15.3 |
| 15 | 22.7 |
| 16 | 18.7 |
| 17 | 29.6 |
| 總                    計 | 100.0 |

（N＝203）

　　表 5 中顯示，犯罪少年第一次犯罪年齡低於十二歲者佔 5.4%，十三歲 8.4%，十四歲佔 15.3%，十五歲 22.7%，十六歲 18.7%，十七歲 29.6%。由於這項資料來自少年犯的自述，恐非絕對正確，祇能供參考之用。

　　六、是否參加幫派組織

　　犯罪少年是否參加幫派組織足以顯示其參與投入犯罪組織、文化之深入程度，亦足以預測其日後改邪歸正的可能率。參與幫派的少年罪犯屬於次級犯罪，他們已經向犯罪文化認同，其再次犯罪率高，罪情比較嚴重。在這次研究中，我們徵詢少年犯過去是否參加幫派，所得到的結果如下（見表6）：

表 6　犯罪少年以前是否參加幫派組織

| 曾 否 參 加 幫 派 | ％ |
|---|---|
| 是 | 1.0 |
| 否 | 99.0 |
| 總　　　　計 | 100.0 |

(N＝203)

　　表 6 中顯示，犯罪少年中僅 1％ 曾參與幫派。這一項資料可以從兩個不同的角度來解釋。第一、從資料表面的意義來看，犯罪少年參與幫派的比率甚低；第二、由於這項資料來自直接訪問犯罪少年，幫派組織是一項很敏感的問題，而且對於受監禁的少年犯影響很大，因此作者懷疑少年犯是否據實作答。由於這一項資料的真實性不甚高，只能作參考之用。

　　七、紋身

　　紋身象徵犯罪者投入犯罪組織及向犯罪文化認同的程度，在在均顯示犯罪之嚴重性。這次研究的結果如下（見表7）。

　　表 7 中顯示，犯罪少年中約 37％ 有紋身，63％ 沒有紋身。這一項資料也說明：第一，犯罪少年紋身的比率甚高，象徵犯罪少年參與投入職業犯罪羣體，及向犯罪文化認同的比率甚高；第二，這項資料亦證明這次犯罪少年中嚴重犯比率甚高，其改邪歸正的比例較低。

　　八、犯罪少年的年齡

　　這次研究中收集的兩百餘名少年犯以十七歲為最多（實際年齡），佔 50.7％；其次是十六歲佔 22.2％；再次是十五歲及十四歲，各佔

表 7　犯罪少年是否紋身

| 是　否　紋　身 | % |
|:---:|:---:|
| 是 | 36.9 |
| 否 | 63.1 |
| 總　　　　計 | 100.0 |

（N＝203）

表 8　犯罪少年的年齡分佈

| 年　　　齡 | % |
|:---:|:---:|
| 12以下 | 1.0 |
| 13 | 2.5 |
| 14 | 7.9 |
| 15 | 15.8 |
| 16 | 22.2 |
| 17 | 50.7 |
| 總　　　　計 | 100.0 |

（N＝203）

15.8％ 及 7.9％；十三歲佔 2.5％，十二歲及十二歲以下者佔 1％（見表 8）。與民國七十六年法務部公佈之犯罪少年年齡分佈比較，則這次

研究所收集的少年罪犯年齡偏高（法務部，76年）。

這次收集的少年犯年齡所以偏高，分析其原因，法務部所公佈的全國資料中，年齡較小的少年犯接受假釋、保護處分的人數相當多，而這次研究之二百餘名少年犯則都是受拘留處分者，其罪情較爲嚴重。犯罪案情嚴重，拘留處分及犯罪年齡，三者關係密切。

九、犯罪少年的教育程度

這次收集的兩百餘名少年罪犯，其教育程度如下（見表9）：

表 9 犯罪少年教育水準

| 教　育　水　準 | % |
|---|---|
| 國小畢業及以下 | 8.9 |
| 國　中　肄　業 | 40.9 |
| 國　中　畢　業 | 33.0 |
| 高中（職、五專）肄業 | 17.2 |
| 總　　　　　計 | 100.0 |

（N＝203）

表9中顯示，犯罪少年教育程度在國小畢業及以下者佔 8.9%；國中肄業佔40.9%；國中畢業佔33.0%；高中（職、五專）肄業佔17.2%。在教育水準方面，這次收集的資料與全國少年犯人口的教育水準大致相同（參閱法務部，76年）。

十、犯罪少年工作狀況

在這次研究中，我們也探詢少年犯的職業及工作狀況，其結果如下

（見表 10）：

表 10 犯罪少年工作狀況

| 工 作 狀 況 | % |
|---|---|
| 學　　　　生 | 21.2 |
| 連續工作一年（數月）以上 | 33.5 |
| 有時工作，有時失業 | 19.2 |
| 無　　　　業 | 26.1 |
| 總　　　　計 | 100.0 |

（N＝203）

表 10 中顯示，犯罪少年中：21.2% 是學生，33.5% 持續工作一年以上，19.2% 工作斷續不定，26.1% 無業。這項資料與全國少年罪犯的資料有所出入（參閱法務部，76 年），全國犯罪少年中，在學少年比數較高。

# 第三節　臺灣犯罪少年之家庭狀況

無可置疑的，家庭構成少年人格成長、心態行為最重要的決定因素。雖然，好的家庭環境未必一定可以造就完美的少年，因為許多外在因素以及少年本身生理、心理的因素，也都可能影響少年的人格發展。然而我們可以肯定地說：在一般情況之下，惡劣的家庭環境一定會為少年帶來不良的後果。以下我們將分別討論犯罪少年家庭生活的各個層面。

十一、少年是否與父母共居

這次研究所得的結果如下（見表 11）：

**表 11　*少年是否與父母共居***

| 居　住　狀　況 | 犯罪少年（％） | 正常少年（％） |
|---|---|---|
| 獨　　　　　居 | 15.8 | 2.2 |
| 與朋友住在一起 | 18.7 | 5.8 |
| 與　父　母　同　住 | 55.2 | 90.3 |
| 與其他親戚同住 | 10.3 | 1.8 |
| 總　　　　　計 | 100.0 | 100.0 |

（N＝203）　　　　　（N＝226）

　　表 11 中顯示，少年犯與父母共住者，僅佔 55.2％，正常少年與父母共居者則佔 90.3％。

　　從少年犯罪管制理論的觀點來看，少年之所以犯罪主要是缺乏適當的督導、管教。而少年時期最主要管制少年的機構是父母和家庭。少年心性未定，若加以貧困環境、學業落後，則導致犯罪的外在、內在壓力都很大，在在均足以促使少年走向犯罪偏差的途徑。從這一項分析中，我們也可以看出家庭與少年犯罪之密切關係。

十二、父母合居、分居或死亡

　　這次研究中，我們徵詢犯罪少年的親生父母是否居住在一起，並以之與正常少年比較（見表 12）。

表 12　犯罪少年、正常少年之父母合居、分居或死亡

| 家　庭　狀　況 | 犯罪少年（%） | 正常少年（%） |
|---|---|---|
| 父　母　俱　在 | 68.5 | 92.0 |
| 分　居　或　離　異 | 13.3 | 2.7 |
| 父　亡　或　母　亡 | 18.2 | 5.3 |
| 總　　　　　計 | 100.0<br>（N＝203）<br>Mean＝1.32 | 100.0<br>（N＝226）<br>Mean＝1.08 |

F＝2.95, T＝6.31, P＜.000

　　表 12 中顯示，犯罪少年的親生父母居住在一起的佔 68.5%，分居離異的佔 13.3%，父母之一死亡者佔 18.2%。正常少年中，父母俱存者佔 92.0%，父母分居離異者佔 2.7%，父母之一死亡者佔 5.3%。從以上的統計數字中可見，犯罪少年與正常少年之間的差異顯著（F 值＝2.95、T 值＝6.31、P＜.000）。

　　父母親對於子女的人格成長影響甚大，在少年時期父母是否俱在，或是分居、離異、死亡，對於少年的人格成長、前途、心態行為影響甚鉅。

　　十三、兄弟姊妹人數

　　犯罪少年與正常少年在家庭組織、人口數目上比較（見表 13）。

　　表 13 中顯示，犯罪少年與正常少年在這方面沒有顯著差別。這次研究調查也顯示目前國內家庭人數仍以三～四個子女為主，三個子女以上的家庭佔全部人口 90% 左右，與國內人口資料相似（賴澤涵，1983）。

表 13　犯罪少年、正常少年兄弟姐妹人數（含少年本人）

| 兄 弟 姐 妹 人 數 | 犯罪少年（%） | 正常少年（%） |
|---|---|---|
| 1 | 2.5 | |
| 2 | 10.3 | 11.1 |
| 3 | 36.0 | 36.3 |
| 4 | 26.1 | 29.2 |
| 5 ＆ 5 以 上 | 25.1 | 23.5 |
| 總　　　　　計 | 100.0<br>（N＝203）<br>Mean＝1.63 | 100.0<br>（N＝226）<br>Mean＝1.62 |

F＝1.11,　T＝.17,　P＝.864　　N. S.

十四、排行次序

少年犯罪理論也認爲少年在兄弟姊妹中的排行次序與少年犯罪有關。這些理論主要論點是認爲居中間的少年受父母督導愛護程度較低，同時最幼的少年由於父母親年歲較長，子女較多，其受溺愛的比率較高，因此居中及最幼的少年較易於犯罪。這次研究中發覺少年犯罪在排行次序方面與正常少年的比較如下（見表 14）。

表 14 中顯示，犯罪少年與正常少年在家庭中的排行次序沒有顯著的差異。

十五、居住環境

這次研究中也探索犯罪少年居住環境是否良好，並以之與正常少年比較（見表 15）。

表 **14** 犯罪少年、正常少年排行次序

| 排　行　次　序 | 犯罪少年（%） | 正常少年（%） |
|---|---|---|
| 1 | 21.7 | 22.1 |
| 2 | 31.0 | 25.2 |
| 3 | 24.1 | 23.9 |
| 4 | 8.9 | 18.6 |
| 5 ＆ 5 以 上 | 14.3 | 10.2 |
| 總　　　　計 | 100.0 | 100.0 |

（N＝203）　　　　（N＝226） N. S.

表 **15** 犯罪少年、正常少年居住環境

| 居　住　環　境 | 犯罪少年（%） | 正常少年（%） |
|---|---|---|
| 良　　　　好 | 42.4 | 39.4 |
| 普　　　　通 | 48.8 | 56.6 |
| 不　　　　好 | 8.9 | 4.0 |
| 總　　　　計 | 100.0<br>（N＝203） | 100.0<br>（N＝226） |

F＝1.30, T＝−.33, P＝.741 N. S.

從表 15 中可見犯罪少年與正常少年的居住環境沒有顯著的差別。

十六、搬家次數

搬家次數也是少年犯罪研究的因素之一。少年犯罪理論強調搬家次數愈多者，對少年的人格、心性、成長產生很多不良影響。搬家次數較多的少年必須不斷接受新環境、新朋友的衝擊挑戰，易於產生許多不良適應症候。這次研究中比較犯罪少年與正常少年的搬家次數（見表16），發覺兩組少年在這方面並無顯著的差異。

表 16　犯罪少年、正常少年搬家次數

| 搬　家　次　數 | 犯罪少年（%） | 正常少年（%） |
|---|---|---|
| 0 | 49.8 | 41.6 |
| 1 | 22.2 | 33.6 |
| 2 | 13.3 | 12.8 |
| 3 & 3 次 以 上 | 14.8 | 11.9 |
| 總　　　　　計 | 100.0<br>（N＝203）<br>Mean＝1.65 | 100.0<br>（N＝226）<br>Mean＝1.10 |

$F = 1.17$, $T = -.79$, $P = .429$　N. S.

十七、父親教育水準

父母親的教育、職業對於子女的人格成長及前途影響至巨。有關這一方面的研究最著稱的是布勞及鄧肯（Blau and Duncan, 1967）的研究。他們發覺對於子女未來職業影響最深的是父親的教育、職業，子女本身的教育及子女的第一項職業；其間的關係如下（見圖一）。

這次研究中發現，犯罪少年中父親教育水準在小學以下者佔 63.1

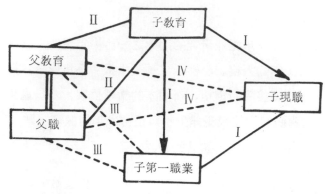

實線（——）：直接影響　　Ⅰ：深度影響
虛線（……）：間接影響　　Ⅱ：中度影響
　　　　　　　　　　　　　Ⅲ：輕度影響
　　　　　　　　　　　　　Ⅳ：微弱影響

圖一　家庭背景與子女職業前途的關係
（參閱 Blau & Duncan, 1967）

表 17　犯罪少年、正常少年父親教育水準

| 父 親 教 育 水 準 | 犯罪少年（%） | 正常少年（%） |
|---|---|---|
| 不 　 識 　 字 | 7.1 | 6.3 |
| 小 　 學 　 程 　 度 | 56.0 | 41.9 |
| 國 　 中 　 程 　 度 | 19.0 | 21.2 |
| 高 中 （職） 程 度 | 13.6 | 18.0 |
| 大 專 或 大 專 以 上<br>（含 　 專 　 科） | 4.3 | 12.6 |
| 總 　 　 　 　 計 | 100.0<br>（N＝184）<br>Mean＝1.22 | 100.0<br>（N＝222）<br>Mean＝1.43 |

$F = 1.91$, $T = -3.46$, $P < .001$　N. S.

％，國中程度者佔 19.0％，高中、高職者佔 13.6％，大專以上者僅佔 4.3％。與正常少年比較，犯罪少年的父親教育顯然偏低（F 值＝1.91，T 值＝－3.46, P＜0.001）（見表 17）。

十八、母親教育程度

母親教育程度對子女人格成長、心態行為的影響雖不及父親，然而在現代都市社會中，母親教育程度亦足以嚴重影響家庭收入及其子女教養方法。這次研究中比較犯罪少年與正常少年母親之教育水準（見表 18）。

表 18 *犯罪少年、正常少年母親教育水準*

| 母 親 教 育 水 準 | 犯罪少年（％） | 正常少年（％） |
|---|---|---|
| 不 識 字 | 23.0 | 15.8 |
| 小 學 程 度 | 57.2 | 55.4 |
| 國 中 程 度 | 12.8 | 16.7 |
| 高 中 （職） 程 度 | 5.3 | 9.0 |
| 大 專 或 大 專 以 上（含 專 科） | 1.6 | 3.2 |
| 總 計 | 100.0 (N＝187) Mean＝1.09 | 100.0 (N＝222) Mean＝1.15 |

F＝1.75, T＝－1.77, P＝.078 N.S.

研究的結果發現犯罪少年之母親教育水準偏低（T 值＝－1.77, P＝.078）。值得注意的是在正常少年及犯罪少年的綜合人口中，母親不

識字者達 20%，而小學程度及不識字者達 70%，由這項數字顯示我國經濟繁榮只是近十餘年的現象；國內教育水準偏低，我國與開發國家仍然有顯著的距離，急待改進。

國內在教育水準偏低的情況之下，展現許多與當前經濟繁榮不相融洽的現象。多數成年人缺乏法律觀念，不重視法律，而重視傳統人際關係，對迷信則執迷不悟，從事賭博或不遵守法律的人數甚多，這些都是與國民教育水準偏低有關。所以提昇國民生活水準最重要的事情就是提昇國民教育水準；同時應該注意的是注意國民教育的素質。升學主義的教育必須徹底改善，而應以品德教育為主。目前國內國民教育中將貧困少年安置在「放牛班」內，可以說是我國國民教育的一大恥辱。如果我們持續這種教育，則經濟繼續繁榮，而國民教育、道德水準低落，可能會帶來許多嚴重的後果，足以影響社會治安、造成社會動亂。

至目前為止，我國仍舊能夠維持高度社會安定及社會秩序，主要都是由於我國傳統文化之賜福。然而在工業都市化及西化急遽衝擊之下，我國舊文化傳統逐日式微，其安定社會的能力也逐漸下降。如果我們不能建立良好的品行教育、法治觀念，則日後社會秩序安寧是值得憂慮的。

東南亞國家如菲律賓、印尼的社會秩序，值得落後國家作參考。菲律賓社會秩序敗壞、動盪不安，主要出自於其舊社會秩序之崩潰。菲律賓早在十九世紀末年美西戰爭中，為美國佔領，據為殖民地，從此接受高度的西化運動。貧困的菲律賓人在強勢美國文化衝擊之下，一方面摧毀了舊有的傳統文化，然而並未能建立新的文化秩序。目前菲律賓的狀況，不論是政治、社會、經濟，都落後，是西化、工業都市發展最壞的例子及慘痛教訓。我中華民國能夠幸運地從貧困中成長，然而我們若不徹底從事社會建設，則前途堪慮。

十九、父親職業

這次研究對象中，犯罪少年父親職業分配如下：無業者佔 6.3%，白領階級者佔 8.0%，藍領階級者佔 85.7%；與正常少年父親職業比較如下（見表 19）：

表 19　犯罪少年、正常少年的父親職業

| 父　　親　　職　　業 | 犯 罪 少 年 （%） | 正 常 少 年 （%） |
|---|---|---|
| 無 | 6.3 | 3.3 |
| 白　　　　　領 | 8.0 | 20.0 |
| 藍　　　　　領 | 85.7 | 76.7 |
| 總　　　　　計 | 100.0 | 100.0 |

（N＝175）　　　　　（N＝215）

表 19 中可見犯罪少年的父親從事藍領職業者佔 86%，而正常少年的父親從事藍領職業者佔 77%。犯罪少年的父親無業者也較正常少年的父親為多。而正常少年的父親從事白領職業者則顯著較多。從以上比較中，我們可以看出犯罪少年的父親從事藍領職業或無業者的比數較高，這也可能是影響少年犯罪重要的因素。

根據近年來我國的職業結構（參閱張曉春，1981；張華葆，1987，第十一章），正常少年父親職業分配較為接近我國的職業結構，而少年犯父親職業則偏低。

二十、母親職業

比較犯罪少年與正常少年的母親職業（見表 20），發現二者差異顯著。

表 **20** 犯罪少年、正常少年的母親職業

| 母 親 職 業 | 犯罪少年 (%) | 正常少年 (%) |
|---|---|---|
| 無 | 2.8 | 0.5 |
| 白　　領 | 3.4 | 6.8 |
| 藍　　領 | 61.2 | 36.5 |
| 家　　管 | 32.6 | 56.3 |
| 總　　計 | 100.0 | 100.0 |

（N＝178）　　　（N＝222）

犯罪少年母親的職業具有以下幾項特色：

（1）參與白領職業者較正常少年的母親爲少。

（2）參與藍領職業者偏高，達 61.2%。而正常少年的母親從事藍領職業者只佔 36.5%。

（3）從事家管者較少佔 32.6%，而正常少年的母親從事家管事務者佔 56.3%。

綜合少年父母的職業兩項資料，可見犯罪少年父母親從事藍領職業者特別多，這也是犯罪少年家庭特徵之一。其次，犯罪少年的母親從事管理家務者的比數較少，這也足以影響管教子女的職務。父母親的職業對子女的人格成長及前途是很重要的。首先，職業與價值觀相關，與教養子女的方法具有密切的關係。第二，職業與家庭收入關係密切，目前藍領職業在我國收入偏低。其次，從犯罪文化的觀點來看（Miller，1958），藍領階級（包括失業者在內）其價值規範、生活方式與中產階

級有異。米勒（1958）強調都市下層階級的文化，由於其特殊的價值規範，足以導致其青少年從事犯罪、偏差行為。

二十一、家庭收入

在這次研究中，我們比較犯罪少年與正常少年家庭收入（見表21）。

表 21　犯罪少年、正常少年家庭每月平均收入

| 家 庭 每 月 收 入 | 犯罪少年 （%） | 正常少年 （%） |
|---|---|---|
| 1 萬 元 以 下 | 7.6 | 1.7 |
| 1 萬元至 2 萬元以下 | 40.5 | 24.6 |
| 2 萬元至 3 萬元以下 | 23.7 | 40.0 |
| 3 萬 元 以 上 | 28.2 | 33.7 |
| 總　　　　　計 | 100.0 (N＝131) Mean＝2.44 | 100.0 (N＝175) Mean＝2.72 |

F＝1.70,　T＝－4.17,　P＝.000

表 21 中顯示，犯罪少年家庭收入每月在一萬元以下者佔 7.6%，一萬元至二萬元以下者佔 40.5%，二萬至三萬以下者佔 23.7%，三萬元以上者佔 28.2%。正常少年的家庭收入分配如下：一萬元以下者 1.7%，一萬至二萬以下佔 24.6%，二萬至三萬以下者佔 40.0%，三萬以上者佔 23.7%。從以上的比較中，我們可以見到犯罪少年家庭經濟狀況較差。如果以民國七十六年的生活水準來計算，月入一萬以下者可以說是難以維生，一萬至二萬者是勉強足以維生，二萬至三萬是小康之家。

犯罪少年家庭收入在二萬以下者約佔 50％，而正常少年家庭收入在二萬以下者僅佔 25％ 左右。相對地，犯罪少年家庭收入在二萬以上者佔50％，而正常少年家庭收入在二萬以上收入者則佔 73.7％。二者差異顯著。

家庭收入對少年的人格成長、前途影響至鉅。以目前我國的生活水準，一家數口，兩萬元以下的收入難以維持正常的生活。

二十二、父母親的年齡

在犯罪學的理論中，涉及父母親年齡與少年犯罪之間的關係者並無肯定的學說。然而從許多少年犯罪的實例中，發覺犯罪少年的父母親年歲偏高。這次研究中我們也探討犯罪少年的父母親年齡，並以之與正常少年的父母親年齡比較（見表 22）。

表 22 犯罪少年、正常少年之父母年齡

| 年　　齡 | 父　　　　親 | | 母　　　　親 | |
|---|---|---|---|---|
| | 犯罪少年<br>（％） | 正常少年<br>（％） | 犯罪少年<br>（％） | 正常少年<br>（％） |
| 35以下 | 1.7 | 1.4 | 7.7 | 11.2 |
| 36～45 | 42.5 | 37.5 | 62.6 | 55.6 |
| 46～55 | 36.2 | 51.9 | 22.0 | 31.7 |
| 55以上 | 19.5 | 9.3 | 7.7 | 3.6 |
| 總　　計 | 100.0<br>（N＝174）<br>Mean＝2.18 | 100.0<br>（N＝216）<br>Mean＝2.08 | 100.0<br>（N＝182）<br>Mean＝2.00 | 100.0<br>（N＝224）<br>Mean＝1.92 |

$F = 1.81$, $T = 2.56$, $P = .011$; $F = 1.09$, $T = 1.98$, $P = 0.049$

　　表 22 中顯示，犯罪少年的父親年齡在 55 歲以上者較多，佔少年犯人口 20％。此外，少年犯的母親年歲也較正常少年母親年齡爲長。父母親年齡與少年犯罪的關係不甚明確，然而依據心理學的常識判斷，年長的父母對於年幼的子女管教可能較爲疏忽放縱，這是一項事實。此外，父母年齡與家庭經濟之間的關係也很顯著。同時，父母年長與子女之間的代溝、溝通也都構成嚴重的障礙、問題。所以這些因素可能會導致年長父母的子女趨向犯罪偏差行爲的可能。

　　二十三、父母親身體健康狀況

　　比較犯罪少年與正常少年之父母親身體健康狀況，其結果如下（見表 23）：

表 23　犯罪少年、正常少年之父母身體健康狀況

| 身體健康狀況 | 父　　　　　親 | | 母　　　　　親 | |
|---|---|---|---|---|
| | 犯罪少年（％） | 正常少年（％） | 犯罪少年（％） | 正常少年（％） |
| 良　好 | 53.9 | 70.4 | 40.4 | 59.6 |
| 普　通 | 28.3 | 25.9 | 36.7 | 35.0 |
| 不　好 | 7.8 | 3.7 | 22.9 | 5.4 |
| 總　計 | 100.0 (N＝180) Mean＝2.36 | 100.0 (N＝216) Mean＝2.67 | 100.0 (N＝188) Mean＝2.18 | 100.0 (N＝223) Mean＝2.54 |

$F = 1.98$, $T = -4.48$, $P = .000$;　$F = 1.69$, $T = -5.29$, $P = .000$

　　表 23 中顯示，犯罪少年的父母親身體健康不良者甚重，約佔 20％；而正常少年父母身體健康不良者則不及 5％。相對地，正常少年父

母身體健康者比例較高,而犯罪少年中父母健康者的比例較低;二組少
年的父母健康差異顯著(P<.001)。

二十四、父母是否曾患重大疾病

與少年父母身體健康密切相關問題是父母是否曾患重大疾病。根據
此次調查顯示, 犯罪少年與正常少年在這方面也有顯著的差異 (見表
24) 。

表 24　犯罪少年、正常少年之父母是否曾患重大疾病

| 曾患重大疾病 | 父　　　　　親 | | 母　　　　　親 | |
|---|---|---|---|---|
| | 犯罪少年<br>(%) | 正常少年<br>(%) | 犯罪少年<br>(%) | 正常少年<br>(%) |
| 無 | 86.4 | 95.4 | 83.3 | 93.8 |
| 有 | 13.6 | 4.6 | 16.7 | 6.3 |
| 總　　　計 | 100.0<br>(N=176)<br>Mean=0.14 | 100.0<br>(N=217)<br>Mean=0.05 | 100.0<br>(N=180)<br>Mean=0.17 | 100.0<br>(N=224)<br>Mean=0.06 |

F=2.68, T=3.05, P=.003; F=2.37, T=3.23, P=.001

調查中顯示犯罪少年的父親 13.6% 曾患重大疾病,犯罪少年的母
親 16.7% 曾患重大疾病。而正常少年之中,父親曾患重大疾病者 4.6
%,母親曾患重大疾病者佔 6.3%。二組少年在這方面差異顯著。

二十五、父母親是否曾長期住院

與父母健康、患病相關的另一個問題是父母親是否曾長期住院。依
據這次研究調查結果顯示如下(見表 25)。

表 25 顯示,犯罪少年父母親約 25% 曾長期住院,而正常少年的父
母親則不及 10%。二組少年在這方面差異顯著。

表 25 犯罪少年、正常少年之父母是否曾長期住院

| 曾 長 期 住 院 | 父 | 親 | 母 | 親 |
|---|---|---|---|---|
| | 犯罪少年<br>(%) | 正常少年<br>(%) | 犯罪少年<br>(%) | 正常少年<br>(%) |
| 無 | 75.4 | 89.9 | 76.3 | 91.5 |
| 有 | 24.6 | 10.1 | 23.7 | 8.5 |
| 總 計 | 100.0<br>(N＝179)<br>Mean＝0.25 | 100.0<br>(N＝217)<br>Mean＝0.10 | 100.0<br>(N＝186)<br>Mean＝0.24 | 100.0<br>(N＝224)<br>Mean＝0.08 |

$F=2.04$, $T=3.78$, $P=.000$; $F=2.33$, $T=4.17$, $P=.000$

二十六、父母性格

父母的性格與少年犯罪的關係顯著。這次研究中比較犯罪少年與正常少年的父母性格，調查結果顯示如下（見表 26）：

表 26 犯罪少年、正常少年之父母性格

| 性 格 | 父 | 親 | 母 | 親 |
|---|---|---|---|---|
| | 犯罪少年<br>(%) | 正常少年<br>(%) | 犯罪少年<br>(%) | 正常少年<br>(%) |
| 溫 和 | 35.2 | 42.2 | 55.6 | 46.9 |
| 普 通 | 41.3 | 48.6 | 37.0 | 47.8 |
| 暴 躁 | 23.5 | 9.2 | 7.4 | 5.4 |
| 總 計 | 100.0<br>(N＝179)<br>Mean＝2.12 | 100.0<br>(N＝218)<br>Mean＝2.33 | 100.0<br>(N＝189)<br>Mean＝2.48 | 100.0<br>(N＝224)<br>Mean＝2.42 |

$F=1.42$, $T=-2.99$, $P=.003$; $F=1.14$, $T=1.10$, $P=.273$

表 26 中顯示，犯罪少年之父親性格暴躁者佔 23.5%，而正常少年中僅佔 9.2%，二者之差異顯著（P<.00）。犯罪少年與正常少年的母親性格差異不大。由於研究少年犯罪的對象爲男童，因此父親的性格最爲重要，通常父子之間的衝突矛盾最爲顯著。父親性格暴躁者與子女溝通、或是在教養子女方面都會造成嚴重後果。

二十七、家庭成員的嗜好

從家庭成員的嗜好上，也可以探索少年犯罪的成因。家庭成員特別是父母、兄弟姊妹，構成少年成長中的參考羣體，少年的人格成長及其人格結構、價值觀、人生觀等等，都取自於父母兄姊之模式，透過父母兄姊，少年乃得以接納社會文化。這次研究結果顯示，犯罪少年與正常少年家庭成員在嗜好方面有顯著的差異（見表 27）。

表 27 家庭成員不良嗜好(一)

| 不 良 嗜 好 | 父　　　親 | | 母　　　親 | |
|---|---|---|---|---|
| | 犯罪少年（%） | 正常少年（%） | 犯罪少年（%） | 正常少年（%） |
| 無 | 18.6 | 35.3 | 78.8 | 71.9 |
| 飲酒或抽煙 | 19.1 | 17.9 | 4.3 | 2.7 |
| 賭博或其他 | 4.3 | 10.6 | 13.2 | 23.1 |
| 有兩項以上不良嗜好者 | 57.9 | 36.2 | 3.7 | 2.3 |
| 總　　　計 | 100.0 (N=183) Mean=1.77 (N=146) | 100.0 (N=218) Mean=1.57 (N=179) | 100.0 (N=189) Mean=1.16 (N=177) | 100.0 (N=221) Mean=1.25 (N=213) |

F=1.37, T=3.86, P=.000　　　　F=1.42, T=−2.35, P=.019

表 27　家庭成員不良嗜好(二)

| 不 良 嗜 好 | 兄 | | 姊 | |
|---|---|---|---|---|
| | 犯罪少年<br>(%) | 正常少年<br>(%) | 犯罪少年<br>(%) | 正常少年<br>(%) |
| 無 | 20.4 | 61.9 | 87.7 | 95.3 |
| 飲 酒 或 抽 煙 | 29.2 | 23.8 | 5.3 | 1.6 |
| 賭 博、吸 膠<br>或 其 他 | 1.8 | 3.2 | 2.7 | 2.3 |
| 有 兩 項 以 上<br>不 良 嗜 好 者 | 48.7 | 11.1 | 4.4 | 0.8 |
| 總 計 | 100.0 | 100.0 | 100.0 | 100.0 |

(N＝113) (N＝126) (N＝114) (N＝119)

犯罪少年的父母兄姊較正常少年的父母兄姊具有較多不良嗜好，特別是父兄，其間差異顯著。

二十八、家庭成員的犯罪紀錄

這次研究也探討犯罪少年的家人是否曾有犯罪紀錄，並以之與正常少年比較（見表 28）。

表 28 顯示，犯罪少年家人有犯罪紀錄者達 20.2%，而正常少年家人有犯罪紀錄僅 1.3%；這項資料反映犯罪少年特殊家庭背景。

二十九、少年與父母的關係

少年與父母的關係影響少年的人格成長、心態行為至巨。少年時期的生活重心是在家庭裏面，而父母親是家庭內部的權威，也同時是少年最親近的人。如果少年與父母不睦，無異於反抗權威、疏離親近。同時少年與父母親的關係也是依賴性的，少年無法脫離家庭而獨立生活；如

表 28　犯罪少年、正常少年家人犯罪紀錄

| 家 人 犯 罪 紀 錄 | 犯罪少年（％） | 正常少年（％） |
|---|---|---|
| 無 | 79.8 | 98.7 |
| 有 | 20.2 | 1.3 |
| 總　　　　計 | 100.0<br>（N＝203）<br>Mean＝0.20 | 100.0<br>（N＝226）<br>Mean＝0.01 |

F＝12.31,　T＝6.45,　P＝.000

果一旦脫離家庭，會爲少年帶來許多嚴重的後果。在這次研究中，我們比較犯罪少年、正常少年與父母親的關係，比較結果如下（見表 29）：

表 29　犯罪少年、正常少年與父母關係

| 與 父 母 關 係 | 犯罪少年（％） | 正常少年（％） |
|---|---|---|
| 親 切 良 好 | 49.3 | 54.9 |
| 普　　　　通 | 44.3 | 44.2 |
| 不　　　　好 | 6.4 | 0.9 |
| 總　　　　計 | 100.0<br>（N＝203）<br>Mean＝2.43 | 100.0<br>（N＝226）<br>Mean＝2.54 |

F＝1.40,　T＝-2.02,　P＝.044

表 29 中顯示，犯罪少年中 49.3％ 與父母親關係良好，6.4％ 與父母關係不良；而在正常少年中則 54.9％ 認爲與父母親關係良好，僅

0.9％ 認為與父母親關係不好。犯罪少年與正常少年在這方面的差異，依據統計分析是顯著的（P＜.05），也就是說犯罪少年與父母親的關係不良者較多，而不良的親子關係構成少年犯罪的因素。

三十、與兄弟姊妹感情

兄弟姊妹感情也是家庭生活重要環節之一。在這次研究中，我們發覺犯罪少年中有5.1％與兄弟姊妹感情不睦，而正常少年中則僅0.9％。兩組少年之間的差異顯著（P＝.06）（見表 30）。

表 30　犯罪少年、正常少年與兄弟姊妹感情

| 與兄弟姊妹關係 | 犯罪少年（％） | 正常少年（％） |
|---|---|---|
| 親　切　良　好 | 61.6 | 47.3 |
| 普　　　通 | 33.3 | 51.8 |
| 不　　　好 | 5.1 | 0.9 |
| 總　　　計 | 100.0<br>（N＝198）<br>Mean＝2.57 | 100.0<br>（N＝226）<br>Mean＝2.46 |

F＝1.30，T＝1.88，P＝.06

三十一、家庭氣氛

家庭氣氛是一項廣泛性的因素，包括父母、兄弟姊妹是否融洽，家人的向心力、遭遇到困難的時候是否會同舟共濟，共同商討。家庭氣氛對少年之人格成長、個性等等影響重大。在葛魯克（Glueck, 1950）的研究中；家庭氣氛被列為少年犯罪最重要的決定因素之一。在這次研究中，我們比較犯罪少年與正常少年的家庭氣氛（見表 31）。

表 31 犯罪少年、正常少年家庭氣氛

| 家 庭 氣 氛 | 犯罪少年（%） | 正常少年（%） |
|---|---|---|
| 親 切 良 好 | 40.4 | 46.5 |
| 普 通 | 46.8 | 50.9 |
| 不 好 | 12.8 | 2.1 |
| 總 計 | 100.0<br>（N＝203）<br>Mean＝2.28 | 100.0<br>（N＝226）<br>Mean＝2.44 |

F ＝1.52， T ＝−2.71， P ＝.007

表 31 中顯示，犯罪少年家庭氣氛不良者佔 12.8%，而正常少年中則僅 2.1%。統計分析顯示兩組少年之間的差異顯著（P＜.00），也就是說家庭氣氛不良與少年犯罪之間關係密切。

三十二、父母之間的感情

家庭生活中，父母之間的感情也是一項重要的因素，是家庭內部結構的基礎。父母感情不睦者，不僅造成二者之間嚴重問題，也同時爲子女帶來眾多困擾。在這次研究中，我們比較犯罪少年與正常少年父母之間的感情，發覺犯罪少年中：18.9% 的父母不睦，而正常少年中則僅 5.5%（見表 32）。

統計分析顯示，犯罪少年與正常少年在這方面的差異並不顯著。也就是說，這次研究調查結果並未顯示父母之間的感情與少年犯罪有任何關係。

三十三、父母是否關心子女

在這次研究中，我們探問少年，他們的父母親是否關心他們？（見

表 32　犯罪少年、正常少年之父母間的感情

| 父 母 之 間 感 情 | 犯 罪 少 年 （%） | 正 常 少 年 （%） |
|---|---|---|
| 非　常　和　睦 | 55.2 | 44.5 |
| 普　　　　通 | 25.9 | 50.0 |
| 不　和　睦 | 18.9 | 5.5 |
| 總　　　　計 | 100.0<br>（N＝201）<br>Mean＝2.36 | 100.0<br>（N＝218）<br>Mean＝2.39 |

$F = 1.75$, $T = -.39$, $P = .695$

表 33　犯罪少年、正常少年之父母是否關心子女

| 父 母 是 否 關 心 | 犯 罪 少 年 （%） | 正 常 少 年 （%） |
|---|---|---|
| 是 | 96.4 | 98.5 |
| 否 | 3.6 | 1.5 |
| 總　　　　計 | 100.0<br>（N＝203）<br>Mean＝2.93 | 100.0<br>（N＝226）<br>Mean＝2.97 |

$F = 2.37$, $T = -1.33$, $P = .185$

表 33）

　　表 33 中顯示，犯罪少年與正常少年在這方面沒有顯著的差異（ P ＝ 0.19）。

　　三十四、是否向父母認同

少年犯罪心理學的理論強調，在正常家庭環境中，青少年向父母認同，乃得以內化社會價值規範，形成完整的「超我」。因此，向父母認同是決定少年人格心態的重要因素。在這次研究中，我們探測犯罪少年是否向父母親認同，並以之與正常少年比較（見表 34）。

表 34 犯罪少年、正常少年是否希望成為像父母一樣的人

| 是否與父母認同 | 犯罪少年（%） | 正常少年（%） |
|---|---|---|
| 是 | 77.4 | 56.2 |
| 否 | 22.6 | 43.8 |
| 總計 | 100.0<br>（N＝203）<br>Mean＝2.55 | 100.0<br>（N＝226）<br>Mean＝2.12 |

F＝1.41， T＝3.98， P＝.000

表 34 中顯示，犯罪少年 77.4% 自認為向父母親認同，而正常少年中則只有56.2%。這項資料顯示犯罪少年向父母認同較多於正常少年，與理論不相符合，有待更進一步探討。值得提示的是這次調查是以直接問話的方式，向少年探問是否與父母親認同。下次再研究時，類似問題應該以間接投射的方式發問，可能會得到不同的答案。

三十五、家人對少年的印象

在這次研究中， 我們調查犯罪少年與正常少年的家人對少年的態度，其結果如下（見表 35）。

表 35 顯示， 犯罪少年中 23.6% 的家人對少年的印象不好， 而正常少年中則僅 3.5%，兩組少年的差異顯著（P＜.00）。家人對少年的印象，一則反映少年的品性、反映少年與家人之關係；再則構成對少年

表 35　犯罪少年、正常少年家人對少年的印象

| 家　人　印　象 | 犯 罪 少 年 （%） | 正 常 少 年 （%） |
|---|---|---|
| 很　　　　　好 | 36.5 | 34.1 |
| 普　　　　　通 | 39.9 | 62.4 |
| 不　　　　　好 | 23.6 | 3.5 |
| 總　　　　　計 | 100.0<br>（N＝203）<br>Mean＝2.13 | 100.0<br>（N＝226）<br>Mean＝2.31 |

F＝2.07, T＝－2.75, P＝.006

的標籤。依據標籤理論，不良標籤足以惡化青少年的人際關係及心態，迫使青少年走向犯罪偏差的途徑。

　　三十六、父母是否經常督促功課

　　在這次研究中，我們發現犯罪少年與正常少年在這方面的差異如下（見表 36）：

表 36　犯罪少年、正常少年之父母是否常督促功課

| 父 母 督 促 功 課 | 犯 罪 少 年 （%） | 正 常 少 年 （%） |
|---|---|---|
| 是 | 64.8 | 70.2 |
| 否 | 35.2 | 29.8 |
| 總　　　　　計 | 100.0<br>（N＝203）<br>Mean＝2.30 | 100.0<br>（N＝226）<br>Mean＝2.40 |

F＝1.09, T＝－1.10, P＝.272

表 36 顯示，正常少年中 30% 的父母親不常督促子女功課，而犯罪少年中則爲 35.2%，兩組少年之間的差異並不顯著。

三十七、父母是否常見到少年的朋友

父母親是否常見到子女的朋友，也是父母督導管教子女的一個層面。 如果父母親能常見到少年的朋友， 則自然易於辨別善惡、 糾正是非；父母見不到子女的朋友，則子女可能迷失於不正當朋友之間。在這次研究中，我們比較犯罪少年與正常少年在這方面的差異，其結果如下（見表 37）：

表 37　犯罪少年、正常少年之父母是否常見到少年的朋友

| 父母常見到子女朋友 | 犯 罪 少 年 （%） | 正 常 少 年 （%） |
|---|---|---|
| 是 | 59.7 | 58.1 |
| 否 | 40.3 | 41.9 |
| 總　　　　計 | 100.0<br>（N＝203）<br>Mean＝2.19 | 100.0<br>（N＝226）<br>Mean＝2.16 |

$$F = 1.01, \quad T = .30, \quad P = .761$$

表 37 中顯示，犯罪少年、正常少年在這方面並無顯著的差異。犯罪少年中 40% 的父母不常見到少年的朋友，而正常少年中則爲 42%。

三十八、當少年不在家時，父母是否知道其所在

這次研究比較犯罪少年與正常少年在這方面的差異， 其結果如下（見表 38）。

表 38 顯示，犯罪少年中父母不知道子女所在的佔 38.7%，而正常少年中則爲 31.8%，二組少年之間的差異並不顯著。

表 38　犯罪少年、正常少年不在家時，父母是否知其所在

| 父母是否知道子女所在 | 犯 罪 少 年 （％） | 正 常 少 年 （％） |
|---|---|---|
| 是 | 61.3 | 68.2 |
| 否 | 38.7 | 31.8 |
| 總　　　　　計 | 100.0<br>（N＝203）<br>Mean＝2.27 | 100.0<br>（N＝226）<br>Mean＝2.36 |

F＝1.09，T＝－1.33，P＝.186

三十九、父母是否贊成少年結交的朋友

比較犯罪少年與正常少年在這方面的差異， 其結果如下 （見表 39）：

表 39　犯罪少年、正常少年之父母是否贊成少年的朋友

| 父母是否贊成子女朋友 | 犯 罪 少 年 （％） | 正 常 少 年 （％） |
|---|---|---|
| 是 | 43.2 | 75.5 |
| 否 | 56.8 | 24.5 |
| 總　　　　　計 | 100.0<br>（N＝203）<br>Mean＝1.86 | 100.0<br>（N＝226）<br>Mean＝2.51 |

F＝1.33，T＝－6.2，P＝.000

表 39 顯示，犯罪少年的父母 56％ 不贊成少年的朋友，而正常少年的父母則有 24.5％ 不贊成少年的朋友，犯罪少年與正常少年之間的差

異顯著（P＜.00）。

從這項資料中似乎可以看出犯罪少年的朋友品德學識不良者較多，所以犯罪少年的父母親不贊成他們的朋友。這次調查印證了許多犯罪學的理論，在詹生（Johnson, 1979）的少年犯罪分析模式中，不良友伴被列為少年犯罪最重要的因素。

四十、若少年深夜不歸，父母親的態度如何

比較犯罪少年與正常少年的父母對子女的管教督導是否適當，當父母發覺少年深夜不歸時，犯罪少年的父母親中，20.2%持「無所謂」的態度，正常少年之中則只有6.6%持無所謂的態度（見表40）。從這一項測驗中可以看出犯罪少年的父母管教鬆弛的比率較大，兩組少年在這方面的差異顯著（P＜.05）。也就是說，犯罪少年的父母管教較為鬆弛；鬆弛的管教形成少年犯罪因素之一。

表 40　犯罪少年、正常少年若深夜不歸，父母態度如何

| 少年深夜不歸<br>父　母　態　度 | 犯罪少年（%） | 正常少年（%） |
|---|---|---|
| 嚴　格　處　罰 | 28.6 | 29.2 |
| 指　　　責 | 51.2 | 64.2 |
| 無　所　謂 | 20.2 | 6.6 |
| 總　　　計 | 100.0<br>（N＝203）<br>Mean＝2.08 | 100.0<br>（N＝226）<br>Mean＝2.23 |

F＝1.56,　T＝－2.32,　P＝.021

四十一、少年是否希望離家出走

家庭是少年生活的重心，少年離家出走的意願，一則顯示家庭環境的優劣，再則反映少年心性是否平衡。在這次研究中，我們發覺犯罪少年與正常少年的差異如下（見表 41）：

表 41　犯罪少年、正常少年是否希望離家出走

| 少年是否希望離家出走 | 犯 罪 少 年 （％） | 正 常 少 年 （％） |
|---|---|---|
| 是 | 41.1 | 18.1 |
| 否 | 58.9 | 81.9 |
| 總　　　　　計 | 100.0<br>（N＝203）<br>Mean＝2.18 | 100.0<br>（N＝226）<br>Mean＝2.64 |

$F = 1.63, \quad T = -5.15, \quad P = .000$

表 41 顯示，犯罪少年中 41％ 希望離家出走，而正常少年之中則僅18％；兩組少年的差異顯著（ P＜.00）。這一項資料也印證了一些少年犯罪理論及以往少年犯罪研究。當一位未成年男童希望離家出走時，顯示出種種家庭問題及少年人格成長的問題，在在均足以促使少年走向犯罪偏差行為。

四十二、遇到困難時，少年是否與父母商量

「當少年遭遇到困難時，是否願意與父母商量？」這一項問題亦顯示出少年家庭內部親子溝通疏離程度。理想的家庭是當年幼子女有問題時會與父母親商量。在這次研究中，比較犯罪少年、正常少年在這方面的差異（見表 42）。

表 42 顯示，正常少年中在有困難時，66.7％會與父母商量，33.3

### 表 42    犯罪少年、正常少年是否與父母商討困難

| 與 父 母 商 討 | 犯罪少年（％） | 正常少年（％） |
|---|---|---|
| 是 | 51.4 | 66.7 |
| 否 | 48.6 | 33.3 |
| 總　　　　計 | 100.0<br>（N＝203）<br>Mean＝2.03 | 100.0<br>（N＝226）<br>Mean＝2.33 |

F＝1.12,　T＝-2.72,　P＝.007

％的不會；而犯罪少年中有一半會與父母商量，另一半則不會。兩組少年的差異顯著（P＜.01）。

四十三、少年小時候家庭是否和睦安寧

小時候家庭是否和睦安寧，影響少年人格心性成長至巨。這次研究發現犯罪少年與正常少年在這方面的差異如下（見表 43）：

### 表 43    犯罪少年、正常少年小時候家庭是否和睦安寧

| 小時候家庭是否安寧 | 犯罪少年（％） | 正常少年（％） |
|---|---|---|
| 是 | 57.4 | 80.0 |
| 否 | 42.6 | 20.0 |
| 總　　　　計 | 100.0<br>（N＝203）<br>Mean＝2.15 | 100.0<br>（N＝226）<br>Mean＝2.60 |

F＝1.53,　T＝-4.86,　P＝.000

表43顯示，正常少年中80％認為小時候家庭和睦安寧，犯罪少年

中則爲 57%。兩組少年在這方面的差異顯著（P＜.00）。

四十四、父母是否使用體罰

西方少年犯罪理論強調使用體罰會爲少年帶來許多負面的影響；形成少年挫折、憤恨的心理，及對父母權威的仇視，而且產生暴力反應等等。在這次研究中，我們比較犯罪少年與正常少年的父母在體罰方面的差異（見表 44）。

表 44　犯罪少年、正常少年之父母是否使用體罰

| 父母是否使用體罰 | 犯 罪 少 年 （%） | 正 常 少 年 （%） |
|---|---|---|
| 很　　　　少 | 28.6 | 44.7 |
| 偶　　　　而 | 49.8 | 48.7 |
| 常　　　　常 | 21.7 | 6.6 |
| 總　　　　計 | 100.0<br>（N＝203）<br>Mean＝2.07 | 100.0<br>（N＝226）<br>Mean＝2.38 |

$$F = 1.35, \quad T = -4.86, \quad P = .000$$

表 44 顯示，犯罪少年的父母 21.7% 常常使用體罰，而正常少年中則僅 6.6% 常常使用體罰。這一項比較結果顯示，犯罪少年的父母親使用體罰者較多，而且與正常少年之間的差異顯著（P＜.00）。這項研究結果印證了西方少年犯罪有關體罰的理論。

四十五、家人是否有犯罪記錄

從犯罪次文化理論、犯罪差別結合理論觀點來看，少年之家人是否犯罪足以促使少年犯罪。這次研究中，比較犯罪少年與正常少年在這方

面的差異，其結果如下（見表 45）：

表 **45** *犯罪少年、正常少年之家人是否曾經犯罪*

| 家 人 犯 罪 記 錄 | 犯罪少年 (%) | 正常少年 (%) |
|---|---|---|
| 無 | 68.5 | 87.6 |
| 少　部　分 | 31.0 | 11.9 |
| 很　　多 | 0.5 | 0.4 |
| 總　　計 | 100.0<br>(N=203)<br>Mean=2.68 | 100.0<br>(N=226)<br>Mean=2.87 |

$$F=1.89, \quad T=-4.71, \quad P=.000$$

表 45 中顯示，犯罪少年中 31.5%的家人或親戚曾經犯罪，而正常少年中則僅佔 12.3%。兩組少年之間的差異顯著（P＜.00）。這一項研究結果也印證了多項少年犯罪理論。

# 第四節　犯罪少年的學校生活及交友活動

在現代工業都市社會中，社會賦予少年最重要的職責就是學生。如果一位少年無法完善的行使這項職責，不能達成其使命，則將會產生許多不良的後果，促使少年走向犯罪偏差的途徑。許多少年犯罪學專家都曾經說過：「逃學未必是犯罪，然而逃學卻引導少年走向犯罪偏差的途徑。」這似乎是對於少年犯罪與學校關係最清楚的說明。少年生活過程中間，另一個重要的環節是交友活動。少年所交朋友的性質，以及他

所參與活動的性質，在在均構成影響少年人格成長、心態行爲的重要因素。以下將分別討論犯罪少年的學校生活及其交友活動。

　　四十六、學業成績

　　少年在成長過程中，除了家庭生活之外，最重要的當然是學校生活；而學校生活中的學業成績對少年的人格成長影響至巨。在當前的工業都市社會裏，在強烈的升學主義價值觀念之下，升學似乎構成了少年生活的惟一目標；學業很差的學生會受到親友、師長、社會的排斥、歧視，被加以「無用」、「不長進」、「壞人」的標籤。目前國內的「放牛班」制度就是最好的印證。因此學業成績不良者，遭受嚴重打擊，無法在正當社會管道中尋求功名、財富；遂有走向犯罪偏差的途徑的可能。

　　在這次研究中，我們比較犯罪少年、正常少年學業成績的差異（見表 46）。

表 46　犯罪少年、正常少年學業成績

| 學　業　成　績 | 犯罪少年（%） | 正常少年（%） |
|---|---|---|
| 優　　　良 | 2.5 | 18.5 |
| 中　　　等 | 20.0 | 63.9 |
| 不　　　好 | 77.5 | 18.5 |
| 總　　　計 | 100.0<br>（N＝200）<br>Mean＝1.25 | 100.0<br>（N＝216）<br>Mean＝2.01 |

$F = 1.52, \quad T = -14.17, \quad P = .000$

　　表46中顯示，犯罪少年之中77.5%學業成績不良，正常少年之中成績不良者僅18.5%，二組少年的差異極其顯著（P＜.00）。這項研究結果印證了一般人的看法。

　　四十七、在校操行

　　少年犯罪與少年在校操行的關係更是不言可喻。這次研究中比較犯罪少年與正常少年在校操行，其結果如下（見表 47）：

表 47　犯罪少年、正常少年學校操行

| 學　校　操　行 | 犯罪少年（%） | 正常少年（%） |
|---|---|---|
| 優　　　　　良 | 14.5 | 40.3 |
| 中　　　　　等 | 22.3 | 55.1 |
| 不　　　　　好 | 63.2 | 4.6 |
| 總　　　　　計 | 100.0<br>（N＝193）<br>Mean＝1.51 | 100.0<br>（N＝216）<br>Mean＝2.36 |

$$F = 1.68, \quad T = -12.85, \quad P = .000$$

　　這次研究結果發現犯罪少年中在校操行不良者佔63.2%，而正常少年中僅 4.6%，兩組少年之差異極其顯著（P＜.00），顯示少年犯罪與少年在校操行成績之密切關係。

　　四十八、閱讀能力

　　依據少年犯罪心理學理論，犯罪少年的閱讀能力較一般少年為低。在這次研究中，我們比較犯罪少年與正常少年的閱讀能力，其結果如下（見表 48）：

表 48　犯罪少年、正常少年閱讀能力

| 閱　讀　能　力 | 犯罪少年（%） | 正常少年（%） |
|---|---|---|
| 優　　　　良 | 9.0 | 20.6 |
| 中　　　　等 | 42.8 | 64.5 |
| 不　　　　好 | 48.3 | 15.0 |
| 總　　　　計 | 100.0<br>（N＝201）<br>Mean＝1.6 | 100.0<br>（N＝214）<br>Mean＝2.06 |

F＝1.19, T＝-7.36, P＝.000

　　表48顯示，犯罪少年中48.3%閱讀能力不良，而正常少年中則僅15%，兩組少年的差異極其顯著（P＜.00）。研究結果證明了相關的少年犯罪理論。

　　四十九、數理能力

　　少年犯罪理論也強調犯罪少年的數理能力較低。在這次研究中，我們比較犯罪少年與正常少年的數理能力，其結果如下（見表49）。

　　表49中顯示，犯罪少年中 87% 數理能力較低，正常少年中約 35%，兩組少年之差異極其顯著（P＜.00）。這項研究結果印證了相關的少年犯罪理論。

　　五十、少年在校表現

　　這項研究也比較犯罪少年與正常少年，如果與其他同學比較，其在校表現如何？比較結果如下（見表50）。

　　表50顯示，犯罪少年之中約50%的在校表現不良，而正常少年中則僅 15.4%；二組少年差異顯著（P＜.00）。證明多數犯罪少年在校時

表 49　犯罪少年、正常少年數理能力

| 數　理　能　力 | 犯罪少年（%） | 正常少年（%） |
|---|---|---|
| 優　　　　良 | 6.0 | 17.5 |
| 中　　　　等 | 7.5 | 47.6 |
| 不　　　　好 | 86.6 | 34.9 |
| 總　　　　計 | 100.0<br>（N＝201）<br>Mean＝1.19 | 100.0<br>（N＝212）<br>Mean＝1.83 |

F＝1.79，　T＝－10.36，　P＝.000

表 50　犯罪少年、正常少年與其他同學比較在校表現

| 在　校　表　現 | 犯罪少年（%） | 正常少年（%） |
|---|---|---|
| 好 | 50.3 | 84.6 |
| 不　　　　好 | 49.7 | 15.4 |
| 總　　　　計 | 100.0<br>（N＝203）<br>Mean＝2.01 | 100.0<br>（N＝226）<br>Mean＝2.69 |

F＝1.92，　T＝－6.72，　P＝.000

即表現頑劣。

五十一、是否喜歡上學

這次研究中，比較犯罪少年與正常少年對上學的態度（見表 51）。

表 51 顯示，犯罪少年中 54.2% 不喜歡上學，而正常少年中 38%

表 51　犯罪少年、正常少年是否喜歡上學

| 喜　歡　上　學 | 犯罪少年（%） | 正常少年（%） |
|---|---|---|
| 是 | 45.8 | 62.0 |
| 否 | 54.2 | 38.0 |
| 總　　　計 | 100.0 | 100.0 |
| | （N＝203） | （N＝226） |

不喜歡上學，二組少年差異顯著（P＜.00）。

五十二、是否在意老師的看法

表 52　犯罪少年、正常少年是否在意老師的看法

| 在意老師看法 | 犯罪少年（%） | 正常少年（%） |
|---|---|---|
| 是 | 53.3 | 80.0 |
| 否 | 46.7 | 20.0 |
| 總　　　計 | 100.0<br>（N＝203）<br>Mean＝2.07 | 100.0<br>（N＝226）<br>Mean＝2.60 |

F＝1.56，T＝－5.57，P＝.000

　　表 52 顯示，犯罪少年中 46.7% 不在意老師對他的看法，正常少年中則僅 20%。這一項資料顯示較多犯罪少年與師長的不良關係，不尊重師長的意見，不向師長認同。依據少年犯罪理論（參閱 Hirschi, 1969），這種心態動機導致少年犯罪偏差行為。

五十三、求學時期是否常給老師惹麻煩

**表 53    犯罪少年、正常少年是否常給老師惹麻煩**

| 常 給 老 師 惹 麻 煩 | 犯 罪 少 年 (%) | 正 常 少 年 (%) |
|:---:|:---:|:---:|
| 是 | 25.7 | 11.0 |
| 否 | 74.3 | 89.0 |
| 總　　　　計 | 100.0<br>(N＝203)<br>Mean＝2.49 | 100.0<br>(N＝226)<br>Mean＝2.78 |

F＝1.94，T＝－3.62，P＝.000

表 53 顯示，25% 犯罪少年在校時給老師惹麻煩，而正常少年中僅 11%，二組少年差異顯著（P＜.00）。較多犯罪少年在校時即構成學校老師的問題。

五十四、在學時是否經常逃學

**表 54    犯罪少年、正常少年是否常逃學**

| 常　　逃　　學 | 犯 罪 少 年 (%) | 正 常 少 年 (%) |
|:---:|:---:|:---:|
| 是 | 56.3 | 6.0 |
| 否 | 43.7 | 94.0 |
| 總　　　　計 | 100.0<br>(N＝203)<br>Mean＝1.87 | 100.0<br>(N＝226)<br>Mean＝2.88 |

F＝4.37，T＝－11.47，P＝.000

表 54 顯示，56.3％的犯罪少年經常逃學，而正常少年中則僅 6％經常逃學。兩組少年差異顯著（P＜.00）。

五十五、是否曾被記過

表 55　犯罪少年、正常少年是否曾被記過

| 曾　記　過 | 犯罪少年（％） | 正常少年（％） |
|---|---|---|
| 是 | 58.1 | 15.6 |
| 否 | 41.9 | 84.4 |
| 總　計 | 100.0<br>（N＝203）<br>Mean＝1.84 | 100.0<br>（N＝226）<br>Mean＝2.69 |

F＝1.85，T＝－9.99，P＝.000

表 55 顯示，58.1％ 犯罪少年在學時曾被記過，正常少年中僅 15.6％。二組少年差異顯著（P＜.00）。

五十六、是否曾經休學

表 56　犯罪少年、正常少年是否曾休學

| 曾　休　學 | 犯罪少年（％） | 正常少年（％） |
|---|---|---|
| 是 | 40.4 | 4.0 |
| 否 | 59.6 | 96.0 |
| 總　計 | 100.0<br>（N＝203）<br>Mean＝2.40 | 100.0<br>（N＝225）<br>Mean＝2.04 |

F＝6.27，T＝9.86，P＝.000

表 56 顯示，40% 犯罪少年曾休學，而正常少年中則僅 4%。二組少年差異顯著（P＜.00）。

五十七、朋友品行好壞

**表 57**  *犯罪少年、正常少年的朋友品性*

| 朋　友　品　性 | 犯 罪 少 年 （%） | 正 常 少 年 （%） |
|---|---|---|
| 很　　　　　好 | 17.4 | 29.1 |
| 普　　　　　通 | 41.6 | 67.0 |
| 不　　　　　好 | 41.1 | 3.9 |
| 總　　　　　計 | 100.0<br>（N＝190）<br>Mean＝1.76 | 100.0<br>（N＝203）<br>Mean＝2.25 |

F＝1.98，T＝−7.61，P＝.000

表 57 顯示，犯罪少年的朋友中 41.1% 品性不良，正常少年的朋友中 3.9% 品性不良。二者之間差異顯著（P＜.00）。

五十八、朋友曾否犯罪

表 58 顯示，犯罪少年中 24.1% 有許多朋友曾犯罪，45.8% 有少許朋友曾經犯罪；而正常少年中僅 1.3% 有許多朋友曾經犯罪，14.2% 有少許朋友曾經犯罪。兩組少年在這方面的差異顯著（P＜.00）。

五十九、娛樂地點

表 59 顯示，比較犯罪少年與正常少年的娛樂地點；發覺犯罪少年在自己家中或友人家中娛樂的很少（16.3%），而正常少年在自己家中或朋友家中娛樂的佔 72.6%。二組少年間差異顯著（P＜.00）。少年娛

表 58　犯罪少年、正常少年的朋友曾否犯罪

| 朋　友　曾　犯　罪 | 犯罪少年（%） | 正常少年（%） |
|---|---|---|
| 沒　　　　　　有 | 30.0 | 84.5 |
| 少　　部　　分 | 45.8 | 14.2 |
| 很　　　　　多 | 24.1 | 1.3 |
| 總　　　　　計 | 100.0<br>（N＝203）<br>Mean＝2.06 | 100.0<br>（N＝226）<br>Mean＝2.83 |

F＝3.24, T＝－13.24, P＝.000

表 59　犯罪少年、正常少年娛樂地點

| 娛　樂　地　點 | 犯罪少年（%） | 正常少年（%） |
|---|---|---|
| 家　　　　　中 | 7.5 | 38.9 |
| 街　　　　　上 | 44.2 | 19.2 |
| 朋　友　家　中 | 8.8 | 33.7 |
| 距 家 很 遠 的 地 方 | 7.5 | 1.9 |
| 其　　　　　他 | 32.0 | 6.3 |
| 總　　　　　計 | 100.0<br>（N＝147） | 100.0<br>（N＝208） |

P＜.00

樂地點牽涉問題甚多，遠離家中而在街頭或其他地方娛樂者，不受親友長輩的監視督導，易於涉及犯罪偏差行為。

六十、在校時同學朋友是否很多

**表 60** *犯罪少年、正常少年同學、朋友是否很多*

| 同學、朋友是否很多 | 犯罪少年（％） | 正 常 少 年（％） |
|---|---|---|
| 是 | 83.3 | 89.8 |
| 否 | 16.2 | 10.2 |
| 總　　　　計 | 100.0<br>（N＝203）<br>Mean＝1.16 | 100.0<br>（N＝226）<br>Mean＝1.10 |

F＝1.49， T＝1.72， P＝.085

比較犯罪少年、正常少年在校時是否交遊廣濶，此研究結果顯示：二組少年在這方面無顯著差異。朋友多少可能反映少年個性是外向或內性，所以少年不論好壞，均各自有其朋友，這一項目似乎不能探測少年犯罪的特性或根源。

六十一、是否受師長、鄰居的喜愛或接受

表 61 顯示，35.5％ 的犯罪少年不為師長、鄰居的喜愛接受，正常少年中則僅 12.7％。二組少年差異顯著（ P＜.00）。

六十二、父母親是否認識少年的朋友

表 62 中顯示，犯罪少年與正常少年在這方面無顯著差異，二組少年的父母親對少年友人認識程度大約相當。

六十三、父母親是否知道少年行動

表 **61**　犯罪少年、正常少年是否受鄰居、師長喜愛、接受

| 鄰 居、師 長 喜 愛 | 犯 罪 少 年 （％） | 正 常 少 年 （％） |
|---|---|---|
| 是 | 64.5 | 87.3 |
| 否 | 35.5 | 12.7 |
| 總　　　　計 | 100.0<br>（N＝203）<br>Mean＝1.36 | 100.0<br>（N＝226）<br>Mean＝1.13 |

F＝2.07，T＝5.11，P＝.000

表 **62**　犯罪少年、正常少年之父母是否認識少年朋友

| 父母是否認識少年朋友 | 犯 罪 少 年 （％） | 正 常 少 年 （％） |
|---|---|---|
| 清　　　　　　　楚 | 41.4 | 29.2 |
| 大　約　知　道 | 37.4 | 52.2 |
| 不　　清　　楚 | 21.2 | 18.6 |
| 總　　　　　計 | 100.0 | 100.0 |

（N＝203）　　　　　（N＝226）

　　表 63 顯示，58.4％ 犯罪少年父母親不清楚少年的行動，正常少年的父母親則32％不清楚。二組少年差異顯著（P＜.00）。

表 63 犯罪少年、正常少年之父母是否知道少年行動

| 父母知道少年行動 | 犯罪少年（%） | 正常少年（%） |
|---|---|---|
| 清　　　　楚 | 41.6 | 68.0 |
| 不　清　楚 | 58.4 | 32.0 |
| 總　　　　計 | 100.0 (N＝149) | 100.0 (N＝125) |

P＜.00

# 結　論

　　以上統計研究資料顯示臺灣犯罪少年之社會，家庭背景，學校生活，及交友活動，均與正常少年有異。這次研究所得之結論與以往國內外少年犯罪研究結果相似之處頗多。我們可以肯定的說，犯罪少年出自於特殊的社會家庭背景，這些特殊的社會家庭背景孕育犯罪偏差行為的種子，心理學專家稱呼這些特殊的社會家庭背景為「繁殖犯罪偏差行為的園地」。在現代工業都市中，由於社會解組、傳統社會價值規範的沒落、家庭組織結構的脆弱、人際關係的疏離、都市中犯罪偏差文化的繁榮，種種因素形成繁殖犯罪偏差行為的園地。特別是在都市貧民社區，由於家庭組織的破壞，或是父母本身具有嚴重缺失，在在均對於青少年的人格成長、心態行為造成嚴重之衝擊，促使後者走向偏差、犯罪行為的途徑。

　　從這次研究中，我們見到犯罪少年與正常少年在學校生活以及社交活動方面也有顯著差異，犯罪少年的學校生活及社交活動均較為特殊而

且不正常。這次研究結果印證了許多少年犯罪理論，以及以前中外少年犯罪研究所得到的結論。總而言之，我們了解少年的學校生活、社交活動是少年人格成長過程中的重要關鍵，影響少年行爲心態至巨；在這段時期中，如果不能按部就班，跟隨正常的社會軌道發展運作，或是不幸而介入外來不良的誘導及壓力，都可能導致犯罪偏差行爲。

從防治少年犯罪的角度來看，目前工業社會結構上的諸多嚴重缺失，使得防治少年犯罪的工作進行困難。以美國社會爲例，他們在少年犯罪防治工作方面非常努力，而且所提出的理論及方法也多是切實可行者。然而由於少年犯罪出自現代工業社會基本結構上的缺失，防治少年犯罪的學者專家及實務人員所提供者都只是治標而非治本的策略；而在沒有治本方法之前，美國少年犯罪的問題日益氾濫、澎湃。

美國社會靑少年犯罪問題之嚴重性，實足爲落後發展國家之殷鑑。以我國近一、二年犯罪統計數字所顯示，國內犯罪情況急速惡化，如果我們希望徹底解決犯罪少年問題，則必須從事基礎性社會建設工作；然而事實上徹底改建社會組織結構是非常困難的事。總之，從這些分析中我們可以了解少年犯罪的根源深固，僅只是表面性的矯治、防範，不足以遏止現代都市工業社會中靑少年犯罪之狂瀾。

# 第二章　臺灣犯罪少年的生理、心理特徵

## 第一節　體型及幼時特徵

### 一、體型

二十世紀中期，少年犯罪學者如雪爾頓（Sheldon, 1949）、葛魯克（Glueck, 1950, 1956）認為犯罪少年多具備碩健的體格。後期的研究也多證實了這項理論。在葛魯克的研究中，發覺犯罪少年中體格碩健者佔60%，遠超過一般少年中正常分配。體型與少年犯罪之間的關係，可以從生物學、社會學的觀點來解釋。大致而言，這些理論強調碩健體型的人在思想行為方面較為直爽，慣於以直接具體的方法來解決問題，同時體格碩健的少年具備犯罪必須的生理條件，因此犯罪率可能較高（詳情請閱讀張華葆，民 77 年，少年犯罪心理學）。

在這次研究中，我們探測犯罪少年及正常少年的體型，劃分為碩健、胖、瘦三種。以下是我們比較所得的結果（見表1）。

表1中顯示，犯罪少年與正常少年的體格並無顯著的區別。值得一提的是，在這次研究中，由於衡量少年體型時，一則是憑藉研究員的觀察（少年犯罪組），或者是由少年（正常少年組）自行填報，均缺乏客觀具體的衡量標準，所以不夠精確。然而以作者在國內犯罪機構多年實地

表 1　犯罪少年、正常少年的體型

| 體　　　　　型 | 犯罪少年（％） | 正常少年（％） |
|---|---|---|
| 健　　　　　壯 | 60.6 | 64.6 |
| 胖 | 4.4 | 6.6 |
| 瘦 | 35.0 | 28.8 |
| 總　　　　　計 | 100.0 | 100.0 |

　　　　　　　　　　　　　（N＝203）　　　　（N＝226）

觀察研究的經驗，也發覺國內的犯罪少年在體型上與正常少年無顯著差異。對於這項問題，作者最後的結論是，第一：在我國體型不是少年犯罪主要決定因素；第二：這項問題有待更精密的測量，然後再作討論。

　　二、幼年時生理、心理特徵

　　依據現代少年犯罪精神醫學理論，犯罪少年在嬰孩童年時即已具備若干犯罪癥候，是為少年犯罪預癥（Predelinquency Symptoms）。這些預癥中，又分先天遺傳、後天生理心理性多種。以下我們將分別討論這次研究中探討所得的幾項犯罪少年幼時特徵。第一項是：

　　嬰孩時期是否寧靜

　　依據現代精神醫學理論，犯罪少年在嬰孩時即呈現不寧靜現象（Hyperactivity），這種生理現象展現少年神經體系有問題。在這次研究中，我們探詢犯罪少年與正常少年在嬰孩幼年時期是否寧靜（見表 2）。

　　表 2 中顯示，犯罪少年在嬰孩時期不寧靜者佔 48.5％，而正常少年中僅佔 30.2％。兩組少年之間的差異顯著（P＜.00）。這次研究結果支持少年犯罪精神醫學理論的觀點。

**表 2　犯罪少年、正常少年嬰孩期是否寧靜**

| 嬰孩期是否寧靜 | 犯 罪 少 年 （％） | 正 常 少 年 （％） |
|:---:|:---:|:---:|
| 是 | 51.5 | 69.8 |
| 否 | 48.5 | 30.2 |
| 總　　　　計 | 100.0 (N＝203) | 100.0 (N＝162) |

F＝1.18，T＝3.44，P＝.001

三、幼年時身體健康狀況

探討犯罪少年幼時特徵的第二項問題，是他們在幼年時期身體健康狀況。這次研究所得的結果如下（見表3）：

**表 3　犯罪少年、正常少年幼年時身體狀況**

| 身　體　狀　況 | 犯 罪 少 年 （％） | 正 常 少 年 （％） |
|:---:|:---:|:---:|
| 健　　　　康 | 71.2 | 57.7 |
| 普　　　　通 | 14.1 | 30.2 |
| 較　　　　差 | 14.7 | 12.1 |
| 總　　　　計 | 100.0 | 100.0 |
| | （N＝191） | （N＝215） |

表3顯示，犯罪少年幼年身體健康者佔71.2％，正常少年幼年身體健康者佔57.7％。但是如果合併健康、普通二項時，發覺犯罪少年與正

常少年在幼年時身體健康沒有顯著的差別。這次研究結果未能證實幼年
身體健康與少年犯罪之相關性。

四、幼年時的語言能力

　少年在幼年時的語言能力，也是精神醫學理論重點之一。現代少年
犯罪精神醫學以及社會學、心理學均認爲犯罪少年的語言能力較低，因
此導致學業適應困擾。這次研究比較犯罪少年、正常少年幼年時的語言
能力；發覺犯罪少年語言能力較差者佔23.7%，而正常少年中較差的僅
7.7%（見表4）。兩組少年之間的差異顯著（P＜.00）。這次研究結果
支持少年犯罪理論的說法，許多犯罪少年在幼年的時期，因爲語言文字
能力較低，導致學校生活適應困難，被迫走向犯罪偏差行爲的途徑。

表 4　犯罪少年、正常少年幼年時語言能力

| 語　言　能　力 | 犯 罪 少 年 （%） | 正 常 少 年 （%） |
|---|---|---|
| 很　　　　好 | 24.3 | 38.3 |
| 普　　　　通 | 52.1 | 54.1 |
| 較　　　　差 | 23.7 | 7.7 |
| 總　　　　計 | 100.0 (N＝169) | 100.0 (N＝209) |

P＜.00

五、幼年時是否聽話

　依據精神醫學理論，少年幼時不聽話構成少年犯罪的前癥。這次研
究中，比較犯罪少年與正常少年在這方面的差異（見表5）。

表 5　犯罪少年、正常少年幼年時是否聽話

| 是　否　聽　話 | 犯 罪 少 年 （%） | 正 常 少 年 （%） |
|:---:|:---:|:---:|
| 是 | 61.6 | 82.4 |
| 否 | 38.4 | 17.6 |
| 總　　　　計 | 100.0<br>（N＝190） | 100.0<br>（N＝182） |

P＜.00

　　表 5 顯示，犯罪少年中 38.4% 幼年時不聽話，而正常少年中則僅
17.6%，兩組少年之間差異顯著（P＜.00）。這次研究結果支持精神醫
學論點。

　　六、幼年時是否喜歡傷害小動物

　　依據精神醫學理論（Glueck，1950, 1970），犯罪少年在年幼時具備
殘酷個性、好傷害小動物，是為少年犯罪之前癥。本研究中比較犯罪少
年與正常少年在這方面的差異（見表 6）。

表 6　犯罪少年、正常少年幼年時是否傷害小動物

| 幼時是否傷害小動物 | 犯 罪 少 年 （%） | 正 常 少 年 （%） |
|:---:|:---:|:---:|
| 是 | 25.2 | 21.1 |
| 否 | 74.8 | 78.9 |
| 總　　　　計 | 100.0 | 100.0 |
|  | （N＝202） | （N＝180） |

表 6 顯示，犯罪少年中喜歡傷害小動物者佔 25.2%，而正常少年中則為 21.1%，兩者差異並不顯著。因此這次研究結果並沒有證實這一項精神醫學理論。

## 第二節 犯罪少年的人格特性及世界觀

少年犯罪心理學理論強調犯罪少年的人格特徵。依據此一觀點，由於特殊的人格特性，導致犯罪偏差行為。以下我們將分別討論這次研究中所查證若干少年罪犯人格個性特徵。

一、思想行為是否實際

依據葛魯克等人研究 (Glueck, 1970) 犯罪少年思想流於空幻、不切實際者較多。不切實際的思想行為必然導致更多的挫折、衝突矛盾，因而可能走向犯罪偏差的途徑。這次研究中，我們比較犯罪少年與正常少年在這方面的差異，其結果如下（見表 7）：

表 7 犯罪少年、正常少年思想行為是否實際

| 思　想　行　為 | 犯罪少年（%） | 正常少年（%） |
|---|---|---|
| 很　切　實　際 | 22.3 | 20.8 |
| 普　　　　通 | 36.4 | 70.3 |
| 不　切　實　際 | 41.3 | 9.0 |
| 總　　　　計 | 100.0<br>(N=184)<br>Mean=1.81 | 100.0<br>(N=212)<br>Mean=2.12 |

$F = 2.12$, $T = -4.53$, $P = .000$

表 7 中顯示，犯罪少年中思想行為不切實際者佔 41.3%，正常少年
中則僅佔 9.0%。兩組少年的差異顯著（ P＜.00）。這次研究結果支持
少年犯罪心理學的理論，犯罪少年的思想行為空泛、不切實際者較多。

二、個性是否平靜、不易激動

依據普通心理學理論可以知道，個性平靜不易激動者，自然不易產
生劇烈的反應，不易與人爭鬥，不易採取極端的行為。在這次研究中，
我們比較犯罪少年與正常少年在這方面的差異，其結果如下（見表 8）：

表 8　犯罪少年、正常少年是否平靜、不易激動

| 個 性 是 否 平 靜 | 犯 罪 少 年 （%） | 正 常 少 年 （%） |
|---|---|---|
| 是 | 65.1 | 60.4 |
| 否 | 34.9 | 39.6 |
| 總　　　　　計 | 100.0<br>（N＝203）<br>Mean＝2.30 | 100.0<br>（N＝226）<br>Mean＝2.21 |

$F = 1.06$, $T = 0.76$, $P = .448$

表 8 中顯示， 犯罪少年中 65.1% 自認為個性平靜 、 不易激動，
而正常少年中則有 60.4% 自認平靜不易激動。兩組少年的差異並不顯
著。這次研究結果並不支持少年犯罪理論有關個性平靜與少年犯罪之相
關性。

三、報復的意願

比較犯罪少年、正常少年個性是否具強烈報復意願，我們徵詢兩組
少年以下的問題：「如果有人對不起你，若可能的話，你是否會報復？」
兩組少年的答案如下（見表 9）：

表 9 　犯罪少年、正常少年的報復意願

| 報　　復　　意　　願 | 犯罪少年（%） | 正常少年（%） |
|---|---|---|
| 強 | 41.3 | 27.6 |
| 弱 | 58.7 | 72.4 |
| 總　　　　　計 | 100.0<br>（N＝203）<br>Mean＝2.17 | 100.0<br>（N＝226）<br>Mean＝2.45 |

$$F=1.21, \quad T=-2.43, \quad P=.016$$

　　表 9 中顯示，犯罪少年中 41.3% 具強烈報復意願，正常少年中則爲 27.6%。二組少年在這一方面的差異顯著（P＜.02），顯示犯罪少年具強烈報復意願者較多，而強烈報復意願與少年犯罪之間具密切關係。

　　四、必要時可以說謊

　　比較犯罪少年、正常少年對於說謊的看法（見表 10）。

表 10 　犯罪少年、正常少年「必要時是否可以說謊？」

| 必要時可以說謊 | 犯罪少年（%） | 正常少年（%） |
|---|---|---|
| 是 | 42.6 | 47.6 |
| 否 | 57.4 | 53.0 |
| 總　　　　　計 | 100.0<br>（N＝203）<br>Mean＝2.15 | 100.0<br>（N＝226）<br>Mean＝2.06 |

$$F=1.02, \quad T=.77, \quad P=.445$$

表 10 顯示，犯罪少年中 42.6% 認爲在必要時可以說謊，而正常少年則47.6%認爲必要時可以說謊，兩組少年在這方面的差異並不顯著。研究結果未能證實犯罪少年具有說謊的特性。

五、平時是否感到快樂

表 11　犯罪少年、正常少年平時是否快樂

| 是　否　快　樂 | 犯罪少年（%） | 正常少年（%） |
|:---:|:---:|:---:|
| 是 | 78.7 | 84.8 |
| 否 | 21.3 | 15.2 |
| 總　　　　　計 | 100.0<br>（N＝203） | 100.0<br>（N＝226） |

F＝1.30,　T＝−1.42,　P＝.157

表 11 中顯示，在回答平時是否快樂時：78.7%的犯罪少年，84.8%的正常少年作肯定的回答。然而統計分析顯示，兩組少年之間的差異並不顯著，也就是說犯罪少年與正常少年平時感到快樂或不快樂的比數，沒有顯著的差異。

六、良心是否安定

這次研究結果顯示，犯罪少年中 50.2% 自認爲良心安定，5.9%不肯定，43.8%不安定；正常少年中感到良心安定者只有18.6%，27.9%不安定，53.5%不肯定（見表 12）。從這次研究中我們可以見到，犯罪少年多作肯定或否定的答案，而正常少年中則多作不肯定的答案。根據兩組少年的答案，無法判斷兩組少年在這方面是否有顯著的差異。

表 12 犯罪少年、正常少年良心是否安定

| 良 心 是 否 安 定 | 犯罪少年（%） | 正常少年（%） |
|---|---|---|
| 是 | 50.2 | 18.6 |
| 很 難 說 | 5.9 | 53.5 |
| 否 | 43.8 | 27.9 |
| 總 計 | 100.0<br>（N＝203）<br>Mean＝2.06 | 100.0<br>（N＝226）<br>Mean＝1.91 |

F＝2.06, T＝1.92, P＝.055

七、是否做事衝動、不加思考

表 13 犯罪少年、正常少年是否做事衝動不加思考

| 做 事 衝 動 | 犯罪少年（%） | 正常少年（%） |
|---|---|---|
| 是 | 69.3 | 72.8 |
| 否 | 30.7 | 27.2 |
| 總 計 | 100.0<br>（N＝203）<br>Mean＝1.61 | 100.0<br>（N＝226）<br>Mean＝1.54 |

F＝1.07, T＝.068, P＝0.498

這次研究顯示，犯罪少年中 69.3% 自認爲做事衝動、不加思考；正常少年中 72.8% 承認做事衝動、不加思考（見表 13）。統計分析顯示二組少年在這方面無顯著差異。

八、是否感覺生活中遭遇許多不公平的待遇

犯罪少年與正常少年是否會感覺在生活中遭受許多不公平的待遇。在這方面兩組少年是否有顯著的差別，以下是我們這次研究中所得到的答案（見表 14）：

表 **14**　犯罪少年、正常少年是否感覺生活中遭到許多不公平待遇

| | 犯 罪 少 年 （％） | 正 常 少 年 （％） |
|---|---|---|
| 是 | 49.2 | 42.9 |
| 否 | 50.8 | 57.1 |
| 總　　　　計 | 100.0<br>（N＝203）<br>Mean＝2.02 | 100.0<br>（N＝226）<br>Mean＝2.14 |

$F = 1.02, \quad T = -1.15, \quad P = .249$

表 14 中顯示，犯罪少年中 49.2％ 認為生活中遭受甚多不公平待遇，正常少年則為 42.9％。統計檢驗顯示兩組少年在這方面的差異並不顯著。

九、是否喜歡公開反駁別人

犯罪少年是否喜歡公開反駁別人？ 這是人格個性特性之一。 喜歡公開反駁別人的， 自然易與父母、 師長及其他人引起衝突， 在在均足以導致困擾。這次研究比較犯罪少年與正常少年在這方面的差異（見表15）。

表 15 中顯示，犯罪少年中 25.1％ 自認為喜歡公開反駁別人，而正常少年中則為 28.6％。統計分析發覺兩組少年的差異並不顯著。

表 15 犯罪少年、正常少年是否喜歡公開反駁別人

| 喜歡公開反駁 | 犯罪少年（%） | 正常少年（%） |
|---|---|---|
| 是 | 25.1 | 28.6 |
| 否 | 74.9 | 71.4 |
| 總　　　計 | 100.0 | 100.0 |
| | （N＝203） | （N＝226） |

十、是否常一意孤行

犯罪少年理論強調犯罪少年人格缺陷之一是自我觀念強烈、不顧別人的意見、常一意孤行。在這次研究中，我們比較犯罪少年、正常少年在這一方面的差異（見表 16）。

表 16 犯罪少年、正常少年是否常一意孤行

| 常　一　意　孤　行 | 犯罪少年（%） | 正常少年（%） |
|---|---|---|
| 是 | 21.5 | 20.0 |
| 否 | 78.5 | 80.0 |
| 總　　　計 | 100.0<br>（N＝181）<br>Mean＝2.57 | 100.0<br>（N＝140）<br>Mean＝2.60 |

$$F＝1.05, \quad T＝-.34, \quad P＝.736$$

研究結果顯示兩組少年在這方面並無顯著差異。

十一、是否喜愛刺激冒險活動

在這次研究中， 我們比較犯罪少年 、 正常少年在這方面的差異

（見表 17）。

表 17　犯罪少年、正常少年是否喜愛刺激、冒險活動

| 是否喜歡刺激冒險活動 | 犯 罪 少 年 （%） | 正 常 少 年 （%） |
|:---:|:---:|:---:|
| 是 | 52.8 | 47.1 |
| 否 | 47.2 | 52.9 |
| 總　　　　計 | 100.0<br>（N＝180）<br>Mean＝1.47 | 100.0<br>（N＝191）<br>Mean＝1.53 |

F＝1.00, T＝−1.09, P＝.277

表 17 顯示，犯罪少年、正常少年在這方面並無顯著差異，這次研究結果並未能證實少年犯罪理論的說法。

十二、無聊時是否找尋刺激

在這次研究中，我們徵詢犯罪少年及正常少年在無聊時是否會尋找刺激的事去做。以下是我們得到的答案（見表 18）：

表 18　犯罪少年、正常少年無聊時是否尋找刺激

| 尋　找　刺　激 | 犯 罪 少 年 （%） | 正 常 少 年 （%） |
|:---:|:---:|:---:|
| 是 | 38.0 | 36.9 |
| 否 | 62.0 | 63.1 |
| 總　　　　計 | 100.0<br>（N＝203）<br>Mean＝2.24 | 100.0<br>（N＝226）<br>Mean＝2.26 |

F＝1.01, T＝−.20, P＝.843

表 18 顯示，犯罪少年與正常少年在這一方面沒有顯著的差異。

十三、婚前是否應該有性經驗

這項問題的目的在於探測犯罪少年對於傳統社會規範的態度，調查的結果顯示（見表 19）：

表 **19**　犯罪少年、正常少年是否認為婚前應該有性經驗

|  | 犯 罪 少 年 （%） | 正 常 少 年 （%） |
|---|---|---|
| 是 | 56.7 | 26.3 |
| 否 | 43.3 | 73.7 |
| 總　　　　計 | 100.0<br>（N＝203）<br>Mean＝1.87 | 100.0<br>（N＝226）<br>Mean＝2.47 |

$F = 1.27$,　$T = -5.73$,　$P = .000$

表 19 中顯示，犯罪少年中 56.7% 認為婚前可以有性經驗，而正常少年中，26.3% 認為婚前可以有性經驗。這項研究結果顯示犯罪少年中較多不尊重傳統道德規範，兩組少年差異顯著（$P < .00$）。傳統道德仍舊是防制犯罪偏差行為主要堤防之一，不遵從傳統道德規範者易於產生犯罪偏差行為。

十四、是否喜歡酗酒、吸毒以達到興奮

這項問題的目的在於探測犯罪少年酗酒、吸毒的習性。我們比較犯罪少年與正常少年在這一方面的差異（見表 20）。

表 20 顯示，犯罪少年中 9.0% 表示喜歡飲酒、吸毒以求興奮，正常少年中則僅 1.4%，兩組少年的差異顯著（$P < .00$）。這次研究結果顯示，較多犯罪少年具有飲酒、吸毒嗜好，而這一些嗜好與少年犯罪關

表 20　犯罪少年、正常少年是否喜歡酗酒、吸毒以達興奮

| 喜歡酗酒、吸毒 | 犯罪少年（%） | 正常少年（%） |
|---|---|---|
| 是 | 9.0 | 1.4 |
| 否 | 91.0 | 98.6 |
| 總　　　　計 | 100.0<br>（N＝203）<br>Mean＝2.82 | 100.0<br>（N＝226）<br>Mean＝2.97 |

F＝5.90, T＝－3.47, P＝.001

係密切。

十五、內心是否平衡

在分析少年犯罪心理因素時，首經提及心態不平衡是人格違常、犯罪偏差行為的前奏。這次研究我們比較犯罪少年及正常少年的心態狀況，得到以下的結果（見表 21）：

表 21　犯罪少年、正常少年內心是否平衡

| 內　心　平　衡 | 犯罪少年（%） | 正常少年（%） |
|---|---|---|
| 很　　平　　衡 | 28.8 | 36.4 |
| 普　　　　通 | 34.2 | 56.4 |
| 不　很　平　衡 | 37.0 | 7.3 |
| 總　　　　計 | 100.0<br>（N＝203）<br>Mean＝1.92 | 100.0<br>（N＝226）<br>Mean＝2.29 |

F＝1.85, T＝－5.18, P＝.000

表 21 顯示，犯罪少年中 37.0% 自認為心態不平衡，而正常少年中則僅 7.3%，兩組少年的差異顯著（ P＜.00）。心態平衡與否反映許多不同因素，諸如個人生活背景、生活經驗、人格組織等等。心態不平衡者，在在均足以導致犯罪偏差行為。

十六、是否具有自我批判能力

依據少年犯罪理論，犯罪少年自我觀念強烈、缺乏自我批判能力，因而易於犯罪。在這次調查中，我們發覺犯罪少年 38.4% 缺乏自我批判能力，而正常少年中則僅 19.9%（見表 22），兩組少年的差異顯著（ P＜.00）。研究結果證明犯罪少年缺乏自我批判能力者較多。

**表 22** 犯罪少年、正常少年是否具備自我批判能力

| 具備自我批判能力 | 犯 罪 少 年 （%） | 正 常 少 年 （%） |
|---|---|---|
| 是 | 60.4 | 74.0 |
| 否 | 39.6 | 26.0 |
| 總　　　計 | 100.0 （N＝203） | 100.0 （N＝226） |

P＜.00

## 犯罪少年的世界觀

少年犯罪理論強調犯罪少年對於社會組織結構、是非黑白、人際關係的看法也異於一般少年，也就是一般人所說的世界觀。在這次研究調查中，我們探測犯罪少年世界觀若干不同層面，並以之與正常少年比較。以下是我們得到的結果。

十七、「這世界是強者欺負弱者的世界」

首先，我們徵詢犯罪少年與正常少年對下列問題的看法：「這世界是強者欺負弱者的世界。」比較兩組少年回答的結果如下（見表 23）：

表 23　「這世界是強者欺侮弱者」

| 這世界是強者欺侮弱者 | 犯罪少年（%） | 正常少年（%） |
|---|---|---|
| 同　　　　意 | 49.8 | 33.6 |
| 很　難　說 | 14.3 | 28.8 |
| 不　同　意 | 36.0 | 37.6 |
| 總　　　　計 | 100.0<br>（N＝203）<br>Mean＝1.86 | 100.0<br>（N＝226）<br>Mean＝2.04 |

F＝1.18,　T＝−2.09,　P＝.037

表 23 顯示，約 50% 的犯罪少年同意這種看法，認為這個世界是強者欺侮弱者；正常少年中則為 33.6%，兩組少年在這方面的差異顯著（P＜.04）。研究結果支持少年犯罪理論說法，較多的犯罪少年認為這世界是一個強者欺負弱者的世界。

十八、「守法的人比較吃虧」

有關世界觀的第二項問題是「守法的人比較吃虧」。我們徵詢犯罪少年與正常少年對這項問題的看法，得到的答案如下（見表 24）。

表 24 中顯示，犯罪少年中 25.1% 認為守法的人比較吃虧，而正常少年中 44.6% 認為守法的人比較吃虧。這一項比較結果顯示，較多的正常少年對世界的公權公信持不信任的態度，認為社會缺乏正義、公正。這項調查結果的意義有待詮釋。

表 24    「守法的人比較吃虧」

| 守法的人比較吃虧 | 犯罪少年 (%) | 正常少年 (%) |
|---|---|---|
| 同　　　　　意 | 25.1 | 44.6 |
| 不　同　　意 | 74.9 | 55.4 |
| 總　　　　　計 | 100.0<br>(N=203)<br>Mean=2.50 | 100.0<br>(N=226)<br>Mean=2.11 |

F = 1.32,　T = 3.63,　P = .000

十九、「騙錢是否可行」

在這次研究中，我們徵詢犯罪少年及正常少年這樣的一個問題：「如果一個人聰明，能夠從別人手中騙來一大筆錢，這筆錢是否應歸他所有？」。我們所得到的答案如下（見表 25）：

表 25    「騙錢是正當、可行的」

| 騙錢是正當可行的 | 犯罪少年 (%) | 正常少年 (%) |
|---|---|---|
| 同　　　　　意 | 19.2 | 11.3 |
| 不　同　　意 | 80.8 | 88.7 |
| 總　　　　　計 | 100.0<br>(N=203)<br>Mean=2.62 | 100.0<br>(N=226)<br>Mean=2.77 |

F = 1.55,　T = -2.15,　P = .033

表 25 顯示，犯罪少年中 19.2% 認為騙錢是可以做的，正常少年中僅 11.3%，兩組少年的差異顯著（P＜.04）。研究結果支持少年犯罪理論的說法：較多的犯罪少年認為騙錢是正當、可行的。

# 第三節　犯罪少年的個性特徵

在這一節中，我們分析若干與犯罪偏差行為相關的特殊個性，這些個性都曾在犯罪理論及以往研究中查證過。在這次研究中，我們比較犯罪少年與正常少年在這些特殊個性方面的差異。以下是我們所得到的答案（見表 26）：

表 26　犯罪少年的個性特徵

| 犯罪少年個性特徵 | 犯 罪 少 年<br>（N＝203）<br>具有此特性者<br>（％） | 正 常 少 年<br>（N＝226）<br>具有此特性者<br>（％） | 差異顯著度<br>（P） |
|---|---|---|---|
| 1. 固執 | 27.1 | 33.2 | * |
| 2. 反抗父母、師長 | 27.6 | 18.1 | .02 |
| 3. 緊張、焦慮 | 44.8 | 25.2 | .00 |
| 4. 慌張失措 | 48.3 | 33.6 | .00 |
| 5. 自卑 | 47.3 | 15.0 | .00 |
| 6. 自大 | 6.9 | 12.8 | .04* |
| 7. 憤恨 | 16.7 | 10.2 | .05 |
| 8. 冷漠 | 20.2 | 8.8 | .00 |
| 9. 疑心 | 21.7 | 7.5 | .00 |
| 10. 破壞性 | 15.8 | 8.4 | .02 |
| 11. 孤獨感 | 36.0 | 15.9 | .00 |
| 12. 缺乏責任感 | 32.0 | 13.7 | .00 |
| 13. 虐待的個性 | 6.4 | 0.4 | .00 |
| 14. 缺乏自制 | 23.2 | 23.5 | ** |
| 15. 內向 | 24.1 | 42.9 | .00* |

附註：　* 表示正常少年具有此特性者較多於犯罪少年。
　　　　** 無差異。

以下，我們將分別討論這些特殊個性與少年犯罪的關係：

## 1. 固　執

在葛魯克的少年犯罪預測表中（Glueck 1950, 1970），「固執」（Stubborn）被列爲犯罪少年特性之一。在這次研究中，我們徵詢犯罪少年及正常少年是否具有這一項個性特徵。調查結果顯示 27.1% 的犯罪少年及 33.2% 的正常少年自認爲具有此項特徵，正常少年具有此項特徵者多於犯罪少年。

這次研究調查所得到的結果與葛魯克所得到的結論不一致。然而由於這兩次研究所運用的測量方法不同，研究結果未必可以比較。葛魯克運用心理學投射的方法探測犯罪少年的個性，而我們這次研究是直接徵詢犯罪少年是否具有這項個性。在分析這項資料時，我們就資料所直接表現的意義來看，則較多正常少年具有固執性。因此，「固執」、根據這次調查結果顯示，不是犯罪少年的特徵。

## 2. 反抗父母師長

幾乎以往所有的少年犯罪研究都證實這一項犯罪少年個性特徵。在這次研究中，我們發覺 27.6% 犯罪少年及 18.1% 正常少年具有此項特徵，兩組少年差異顯著（P = .02）。在少年犯罪心理學一書中，作者曾討論這一項個性的意義。反抗父母師長的少年也會反抗社會司法機構及公權、易於觸犯法律規範、易於發生犯罪偏差行爲。

## 3. 緊張焦慮

「緊張焦慮」是犯罪偏差人口的個性特徵之一，也是病態心理（Sociopathy）的特徵之一。在社會心理學內，我們分析行爲的動機時，曾

經討論「動機的次要根源」概念。當個人無法滿足其欲望、需求時，因而產生之心態，例如挫折、憤恨、焦慮、緊張等，都構成動機的次要根源。由動機的次要根源所產生的行為，其主要目的在於發洩情緒，而非針對客觀外界事實的積極行動，因此易於偏向犯罪偏差行為（參閱：張華葆，1983 社會心理學，三民書局）。在這次研究中，我們發覺犯罪少年中 44.8% 自認為具有緊張焦慮的個性，而正常少年中則僅 25.2%，兩組少年的差異顯著（P<.00）。這次研究結果證實了少年犯罪心理學理論的這一項觀點。

**4. 慌張失措**

　　「慌張失措」也是人格個性之一，具有此一個性的人面臨危機時，無法冷靜思考，常常會採取非理性的行為，因而觸犯法律。

　　在這次研究調查中，我們發覺48.3% 犯罪少年與33.6% 正常少年具有此項個性特徵，二組少年差異顯著（P<.00）。

**5. 自　卑**

　　「自卑」幾乎是犯罪偏差人口的個性特徵之一。具有自卑感的人，其行為心態一則是逃避現實，一則是反其道而行，以暴力反抗、誇張等態度來展現其「此地無銀三百兩」的內心自我感受。具有強烈自卑感的人，可能會從事多種不同嚴重犯罪偏差行為，例如搶刼、殺人、吸毒、同性戀等等。在這次調查中，我們發覺47.3% 的犯罪少年及 15% 正常少年承認有自卑感，兩組少年之間的差異顯著（P<.00）。研究結果證實少年犯罪心理學理論的觀點。

## 6. 自 大

與「自卑」相對的個性是「自大」。少年犯罪理論也強調犯罪少年自我觀念強烈。在這次調查中，我們發覺 6.9% 犯罪少年及 12.8% 正常少年自認爲具有自大的個性，兩組少年之間的差異顯著（P＜.05）。這次研究結果指示正常少年中，具「自大」個性者較犯罪少年爲多。

## 7. 憤 恨

「憤恨仇視」的心理也是多數犯罪人口的特徵，同時也是病態心理人格特徵之一。懷有憤恨仇視心理的人，從事犯罪偏差行爲的可能率較一般人爲高。這次研究調查中，我們發覺 16.7% 犯罪少年及 10.2% 的正常少年自認爲具有憤恨心理。統計分析檢驗，兩組少年的差異顯著（P＝.05），證明「憤恨」是犯罪少年人格特性之一。

## 8. 冷 漠

「冷漠」不僅是犯罪人口特性之一，也是病態心理人格特徵之一。許多嚴重的犯罪行爲，例如殺人、傷害、搶奴等，犯罪者都必須具有冷漠心態乃能從事，一般熱血心腸的人是無法下手的。這次研究調查的結果顯示，20.2% 的犯罪少年及 8.8% 的正常少年具有此項個性特徵。統計分析顯示二者差異顯著（P＜.00）；冷漠被證實爲犯罪少年的人格特性之一。

## 9. 疑 心

在少年犯罪心理學一書中，作者曾提及疑心症乃犯罪人口的特徵（參閱張華葆，民77年）。這次調查發現 21.7% 的犯罪少年與 7.5% 的正

常少年具有此一特性，統計分析證實二組少年的差異顯著（P＜.00）。「疑心」被證實爲犯罪少年個性特徵之一。

## 10. 破壞性

以往少年犯罪心理學理論及研究均證實「破壞性」爲犯罪人口個性特徵之一。這次研究調查發現 15.8% 的犯罪少年及 8.4% 的正常少年具有此特性，統計分析證實二組少年差異顯著（P＜.00）。因此，我們得到的結論是破壞性爲我國犯罪少年人格特性之一。

## 11. 孤獨感

在早期社會學大師涂爾幹（Durkheim）的著作中，一再強調個人與社會疏離乃構成犯罪偏差行爲的主要因素。日後研究犯罪偏差行爲者，例如司洛（Srol, 1956） 等亦強調疏離感構成犯罪偏差行爲以及自殺的根源。與社會羣體疏離者，產生疏離感，不向社會羣體認同，亦不爲世人所接受。

在這次研究調查中，我們發覺 36% 的犯罪少年及 15.9% 的正常少年具有此一人格特徵，二組少年的差異極其顯著（P＜.00）。證實了「孤獨感」是犯罪少年人格特性之一。

## 12. 缺乏責任感

在少年犯罪控制理論（Control Theory）中，特別強調責任感的重要性（參閱 Hirschi, 1969; Reckless, 1961 等），缺乏責任感的人易於產生犯罪偏差行爲。在這次研究中，我們發現32%的犯罪少年及13.7%的正常少年自知缺乏責任感。統計分析證明二者差異顯著（P＜.00），證實了「缺乏責任感」是犯罪少年人格特性之一。

## 13. 虐待狂

「虐待狂」是病態心理人格特徵之一，也是犯罪少年的預兆之一，同時也是缺乏教養、缺乏良知少年罪犯的特徵。在這次研究調查中，我們發現 6.4% 的少年犯及 0.4% 的正常少年自知具有虐待的個性，統計分析證明兩組少年的差異顯著（P＜.00）。「虐待狂」是犯罪少年，特別是嚴重犯罪少年人格個性特徵之一。

## 14. 缺乏自制

少年犯罪心理學理論及過去少年犯罪研究多強調犯罪者缺乏自制的個性。缺乏自制的個性又反映了人格結構中「自我」的缺陷，無法約束一己之本能欲望、時時可能與社會道德規範相衝突。在這次研究調查中，我們發覺 23.2% 犯罪少年及 23.5% 正常少年具有此一個性，二組少年之間的差異並不顯著。這次研究結果未能證實以往犯罪心理學有關缺乏自制與犯罪的關係。

## 15. 內　向

與以上所討論的諸多特性相反，「內向」一直被視爲正常少年的特殊個性。在少年犯罪心理學一書中，作者已詳細討論個性與犯罪行爲之間的關係。在這次調查中，發覺 24.1% 犯罪少年自認爲是內向的，而正常少年中 42.9% 自認爲是內向的。正常少年中具有內向個性者，幾乎是犯罪少年的二倍。這次研究結果支持以往少年犯罪研究所得到的結論，也就是說較多正常少年具有內向的性格；而具有內向性格的人較外向的人不易產生犯罪偏差行爲。

# 結　　論

　　從以上資料分析中，我們見到犯罪少年的成長過程及人格個性方面均具有顯著的特徵，與少年犯罪理論中所提示者極爲吻合。所以我們這次針對我國犯罪少年的背景及個性所做的實地調查研究，所得到的結論是肯定了前人的研究，也說明我國的犯罪少年在本質上與世界各國的犯罪少年極爲相似。因此我們也可以肯定的說，我國少年犯罪問題與西方社會犯罪問題都是源自於類似的根源及過程，都是現代工業都市化過程中所產生的一些不幸結果。

# 第三章　少年犯罪防治理論(上)

## 第一節　少年犯罪之界定

　　至目前爲止，許多國家對少年犯罪一詞之內涵均未做肯定明確之詮釋。一九六〇年，聯合國犯罪防治委員會宣稱「世界各國對少年犯罪一詞之界定仍很含混，多數將少年犯罪與少年心性本質混爲一談」。許多少年犯罪行爲出自於少年心性未定，易於激動，在遭受外在或內在壓力時，可能發生偏差犯罪的行爲。

　　少年犯罪一詞之意義不清，可以從四個不同的層面來看。首先是少年犯的年齡界限，以美國五十州及兩個自治區爲例，其中六州以二十一歲爲上限；兩州以十九歲爲上限；二十八州以十八歲爲上限；十州以十七歲爲上限；八州以十六歲爲上限，許多州未設年齡下限（參閱 Sellin and Wolfgang, 1976）。

　　在我國雖然少年法明文規定「十二歲至未滿十八歲少年從事不法行爲者爲少年罪犯」。然而事實上，少年監獄中容納了許多十八歲至二十歲的青年，而在各級感化院中，我們也發現許多低於十二歲的兒童。

　　依據一九二五年美國頒佈的標準少年法案（Standard Juvenile Court Act）規定，未滿十八歲者爲少年，而年滿十八歲，未滿二十一

歲者則爲青年。少年事件須由少年法庭處理，而青年事件則可由少年法庭或成年法庭處理。如果我國法律在年齡之規格上與美國相同，則少年監獄內可以容納超過十八歲之青年。

少年犯罪一詞意義不明的第二個因素出自於少年犯罪行爲之內涵過於複雜。根據蘇斯曼（Sussman, 1976）之研究，美國各州少年法中規定爲少年犯罪行爲者，其中有三十四項並不觸犯刑事法律；少年行爲如深夜逗留街頭、離家出走、不聽教誨、無法教導等項目均專門爲少年而設立，不列入刑事範圍。

我國少年法律中包括少年虞犯一項，依據法典規定，少年虞犯爲有犯罪之虞的少年。從法律的觀點來看，少年虞犯不構成犯罪事實，不能視爲罪犯處理。

除此之外，各國的少年感化院中也容納不在少數的孤兒，此一事實，不論從法律或道德的觀點來看，更是不適當。政府的社會福利部門應設立孤兒院，容納照顧無家可歸的孤兒，不應該剝奪他們的公民權利，將他們與罪犯安置於一所。

另外，依據許多犯罪學者的研究（參閱：Short and Nye, 1976; Porterfield, 1976），一般正常人士在青少年時期都曾經參與不法行爲。波特菲（Porterfield, 1976）之研究以大學生爲對象，發覺他們在少年時期都曾經從事數次犯罪行爲。換句話說，似乎少數被拘之以繩的少年犯只是偶然的事件。然而事實上，少年機構中受處遇的少年多數來自都市貧民窟的家庭、有色人種、破碎家庭，再次顯示法律的不公平。

一九六〇年，聯合國犯罪防治委員會規定，少年犯罪必須以刑事法爲依據，凡觸犯刑事法者乃構成犯罪行爲。聯合國之此項規定爲少年犯罪解決了一項重大的困難，也爲少年犯罪法律開拓了一條嶄新的未來；從此以後，少年與成年人在法律之前完全平等。美國紐約州、美國少年

局等機構都先後遵循聯合國的建議而改變法律，規定少年犯罪必須依刑事法規爲依據（Cf. Giallombardo, 1976, pp. 5-367）。

　　第三，對於少年犯罪的處遇更是複雜且缺乏一定的尺度，參與處置少年犯之機構，例如警察、學校、社工人員、法庭，均具有部分的裁奪權力，決定少年罪犯的前途。多數犯罪少年在未送入法庭之前即被釋放。根據臺灣北部少年法庭主持人的報告，我國少年犯通常是在犯罪三次以後乃有可能被遣送往感化院，其他則送回原居地。

　　第四，從少年犯罪的根源來看，少年犯與成年犯有顯著的區別。少年心性未定，血氣方剛，不明事理，不諳法律，在許多情況下都可能從事違反法律道德的行爲。其次，少年犯罪的主要原因仍是惡劣的家庭環境，父母分居離異，少年缺乏適當的管教、缺乏親情。都市貧民窟中的少年日夜所接觸的多是犯罪偏差行爲模式，他們缺乏參與正當活動、正當羣體的機會，而都市貧民窟的少年由於其貧困惡劣的背景，在學校中無法與中產階級子弟競爭，處處受挫，他們被編入「放牛班」，破壞了他們的自我形象，因而自甘墮落，在尋求友伴認同的動機下乃與不良少年爲伍，最後淪落爲少年罪犯。以一般人心目中的典型少年罪犯爲例，美國人心目中的少年罪犯是一位十六歲左右的黑人男性少年，出自於都市貧民窟，居住環境惡劣，家庭破裂、父母分居離異，少年在校成績、操性低劣，這一切似乎也說明社會是不公正的，貧困有色民族的少年，佔據少年犯罪的比例較大。

　　一般人也認爲少年罪犯成長之後，一定會繼續犯罪。事實上，這一項推理也未必正確；絕大多數少年犯是出自於年幼，心性未定，無知及特殊的環境，當他們年歲稍長，心性成熟，環境改善之後，多數能夠走入正途，成爲一個良好的公民。

　　由以上的分析可見，世界各國對於「少年犯罪」一詞之內涵至今仍

未能作明確的界定。由於概念的含混，因而導引起諸多的紛爭。然而近二、三十年來，（自一九五〇年代開端），世界各國少年犯罪情況日益惡化，犯罪年齡日益下降，目前，以美國爲例，犯罪率最高的年齡是十六歲。在這種情況下，許多司法界人士主張從嚴處罰嚴重少年罪犯。紐約州開風氣之先，將嚴重少年罪犯納入成年法庭審判，這將爲少年犯罪處遇開闢新趨向，而「少年犯罪」一詞之意義也將更含混。


# 第二節　美國少年犯罪防治觀念的演變發展

（參閱紐約時報，一九八二年，二月二十八日至三月五日連載。）

　　美國是世界工業都市社會的前驅，而紐約市則又是世界大都會的典範。幾十年來，紐約市的少年犯罪問題也都高居世界大都會之冠，紐約的情況是我國的前鑑及未來發展的趨勢，雖然說我國民情風俗與美國不一樣，然而工業都市化所帶來的惡劣後果則大致相同。一九八二年，紐約時報連續登載紐約市的少年犯罪問題，以下是該報記載的節錄。

　　一、紐約犯罪少年案例：

　　彼德出生自紐約市貧民區，父親酗酒成性，當彼德七個月大時，父親離家出走，母親雖勤奮工作，對彼德嚴格管教，然而她每天忙於外出工作，晨七晚五。彼德在家中無人照料，四處遊蕩，而居住環境惡劣，從幼稚園開始就逃學，且發生各種問題。當他七歲時，他的老師對他所作的評語是「彼德具中等智慧，然而好鬥、逃學、製造糾紛、偷竊」。

　　彼德具有強烈反社會性格，無法與人合作，是一位典型反社會病態心理少年（Sociopath）。彼德從很小年歲開始即參與偷竊強盜行爲，其學校亦早判斷他將不斷製造問題，但學校限於法律，無法處置他，每次

送往紐約的家庭法庭❶，又都被遣送回家。彼德及其他犯罪少年對於社會法律似乎了解透徹，知道他們犯罪爲所欲爲，社會也無法處置他們，每次在法官前都說謊而被釋放。彼德在十五歲之前已犯多次搶刼偸盜罪，並且參與組織竊盜集團，在街頭見有人穿著華麗服飾或戴飾物者即搶奪而據爲己有，對法庭審判視作兒戲，十五歲時因爲一家餐館經理對他的女朋友不禮貌而槍殺該經理。

二、紐約市少年犯罪防治觀念之演變：

紐約的人民、警察、司法機構都深深感受紐約市少年暴力犯罪的嚴重性，然而卻無法可想，在近十年內曾施行各種防制犯罪措施，然而均無績效可言，其中一些措施不僅無效，反而更收反效果。

哈佛犯罪學家米勒（Walter Miller）曾說過：「少年犯罪是美國社會的嚴重問題，然而我們卻無法對付，至目前爲止，所有我們的防治方案、措施都失敗了。任何人如果說他有防制少年犯罪的方案，也只是出自於希望，而非事實。」近年來犯罪學家對少年犯罪防治所提出的建議是：

（一）集中處置累犯及嚴重少年犯；

（二）對嚴重少年犯施以嚴厲處置及輔導；

美國一九八一年的犯罪統計顯示，十六歲少年爲竊盜犯罪率最高年齡，十七、十八歲少年則爲暴力犯罪率最多年齡者。俄伏幹（Wolfgang）發覺少年犯多從十三歲開始從事暴力犯罪。在最近數十年少年犯罪理論中，最明顯的結論是，似乎一切矯治計劃（Rehabilitation）均未發生效益。

---

❶　家庭法庭（Family Court）：家庭法庭是美國紐約州處置少年犯罪事務的法庭，名爲「家庭法庭」以代替一般法庭。在一九八〇年，紐約市共發生一萬七千餘件少年犯罪案，其中六千件在緩刑部門（Probation Department）已經作處理，家庭法庭則處理一萬一千餘件，其中一千七百件少年犯被判刑，在一千七百名少年犯中僅二百五十名送入少年感化院。

少年犯罪之矯治理論建立在治療而非懲罰之基礎上，因而設立少年犯罪法庭以保護少年犯。馬丁生（Martinson）之研究，證明自一八九九年設立少年法庭以來，所有少年犯罪矯治計畫均未產生預期的效果。

美國劍橋市（Cambridge-Somerville）預防少年犯罪方案自一九三〇年代開始，將少年犯劃分爲二組，一組施以特別個人輔導、教學、音樂及康樂等輔導計畫；而另一組則依傳統管制方法。一九七〇年代對該方案作一整體評估，發覺個別特殊之輔導反而產生惡劣後果；受特別輔導的少年犯犯罪率更高，酗酒及精神病率均偏高，而處置時間愈久，效果愈壞。另外根據研究發現，一九七〇年代所發明的恐嚇法（Scared-Straight Program）也會導致不良後果，經過嚴格恐嚇法處遇的少年犯，其犯罪率較高。

一九七〇年，美國聯邦少年犯罪防治局對歷來推行的少年犯罪防治計劃所作的結論是，「近八十年來對少年犯罪所作一切預防懲治方法均證實無效」。由於預防及矯治無效，許多人提議改以嚴刑峻法，但是在坎薩斯城（Kansas City）之經驗，證明即使將警察、警車數量增加幾倍，仍不能減低犯罪率。

三、嚴刑峻法是否有效：

紐約一九七八年立法，規定十三至十五歲的嚴重少年犯交由成年法庭處理，目的在於實施嚴刑峻法，然而亦未收預期的效果，法官都從輕量刑。一九七九年美國國家科學院研究，嚴厲法律處置是否有效，研究的結論是對某一些犯罪可能有效。

四、近年來對少年犯罪處遇之新發現：

（一）一九七〇年代在伊利諾州（Illinois）所作研究調查發覺，監禁對少年犯，較之施以輔導，具有效益。

（二）家庭輔導計劃（Family Supervision Plan）有少許成效。

（三）對少數嚴重少年犯宜加以特別處遇。

（四）建立替代家庭（Surrogate Family），以管教無家可歸之少年犯。

（五）丹佛市（Denver）計劃，對少年犯之家庭施以輔導，將其從惡劣環境區移往較好的住宅區，設立許多特別學校，職業訓練及工作訓練。目前美國十大城市均受聯邦政府支助，進行此種方案。

（六）對城市內少年施以諸種救助方案，使他們免於發生困難。

# 第三節　美國政府少年犯罪防治政策

美國政府近一二十年中，在防治少年犯罪的工作方面，不遺餘力，並且提出許多創新的構想。首先，我們覽讀美國犯罪防治委員會的報告（Platt, 1976）。

美國自一八九九年成立少年法庭以來，陸續推陳佈新，建立許多少年犯罪防治計劃。然而由於工業都市化及其他世界潮流之影響，美國的基層社會組織，例如家庭、社區、宗教等，日益式微。一九六〇年代，由於犯罪情況嚴重，美國國會乃決定，在總統之下，設立犯罪防治委員會，專責研究防治犯罪之道。犯罪委員會在俄伏幹（Wolfgang）領導之下，於一九六七年，發表犯罪委員會報告書（Crime Commission Report）。報告書中，涉及少年犯罪防治的重點如下：

犯罪委員會認為少年血氣方剛，心性未定，易於意氣用事，從事不法行為。犯罪委員會認為犯罪少年多出自大都市下層社會階級。都市貧民窟社區組織殘缺，道德規範不振，居民之中，犯罪，不道德，及精神病患之比例眾，而生活中又充滿各種問題及困擾（Whyte, 1943）。同時，都市之市區中心更充滿各種導引少年犯罪之因素。市區之遊樂場

所，例如目前之 MTV 等，隱藏色情、犯罪、吸毒、同性戀等等罪惡，出入之少年，極易感染不良習性。

都市貧民區之家庭組織殘缺，不正常者多，無法發揮其管教督導子女之功能。貧困，不完整，而又缺乏親情之家庭促使少年走向街頭，參與街頭少年組織，尋求認同，友伴及生活意義，更由於貧困及惡劣家庭背景，而反抗，敵視社會權威及社會羣體。

犯罪委員會認為少年心性未定，人格不成熟，必須依賴家庭、學校等社會羣體之保護、督促，乃得以成長而免於受惡劣勢力之影響。以美國都市之中等學校為例，目前吸毒、販毒者眾，必須依賴學校、警察及家長三方面通力合作，乃能防制少年免於走向犯罪偏差行為之道。

犯罪委員會認為矯治少年罪犯是非常棘手困難的職務，至目前為止，仍缺乏一套完整的方法，足以矯治嚴重少年罪犯。

少年犯罪出自於多重社會因素，而這些社會因素包括破裂家庭、貧困、惡劣的居住環境等等，均超乎矯治少年犯罪機構之能力所及，無法改善，是而亦無法遏止少年犯罪之狂瀾。

由於現代都市貧民區家庭組織功能之式微，少年缺乏管教督導，而有早熟的傾向，在很小的年歲即自行走往街頭，參與各種街頭組織、活動。同時由於家庭之社會經濟基礎低微，父母不足以構成少年認同之對象，少年更因而反抗，敵視父母、學校，及其他社會權威。更有許多暴力少年罪犯是由於自幼受父母排斥、冷落；他們在缺乏溫情之環境中成長，因而心生仇恨，以世人為洩憤對象。

犯罪委員會批評當代之少年法庭具有以下兩項缺失：

(1) 審判少年時，不經由法律程序；

(2) 受審之少年，未受到充分之法律顧問及保護。

犯罪委員會建議在社區內設置多種非機構性的防制少年犯罪措施，

例如增加社區內各種體能運動設備，如籃球場、網球場、游泳池等，增加青少年文康活動，例如熱門音樂會、舞會等，以爭取廣泛青少年之興趣及參與。此外，我國救國團每屆寒暑假舉辦之各種多夏令營活動，是最有意義，最有價值的青少年活動。可惜目前救國團之活動是以高中、大專學生為對象。如果是以防治青少年犯罪為目的，則應以都市貧困少年為對象。又美國政府在夏季廣泛舉辦工作營，專門吸取家境清寒的國中學生，參與工作，除了可以領取薪資之外，也同時參與各種有意義的活動，一舉數得，足以導引貧困青少年走向正確的方向。在我國，當然我們也應該推廣工作營的制度。然而有一項前提必須建立，即國中之「放牛班」制度務必廢止，因為「放牛班」在心理、實質兩方面，都摧毀了「放牛班」學生奮發向上的希望，破壞了他們的自尊、美夢，這種制度性的打擊，摧殘少年的心理是不合理，也不能保留的。

　　除了多夏活動之外，平時在上課之餘，也應該舉辦各種少年活動，例如組織各種球隊、游泳隊、田徑隊等等，鼓勵國中學生參與。舉辦的單位則以學校及社區為主。當然，目前國內教育以升學主義為最高價值，國中少年無暇參與課外活動。因此，這一類的計劃也都必須以一項前提為基礎，即我國教育必須改革，不能以升學為唯一目標，必須兼顧德育、體育、羣育的發展；後三者之重要性絕不亞於升學，而且必須身體力行，不能以目前的形式主義來推行，才能有真正的收穫。

　　犯罪委員會更建議在每一社區設立少年事務局，專門負責管教問題少年之職掌，由學校、警局及少年法庭，推薦問題兒童及少年至少年事務局，然後由少年事務局分派給專業人員，專門機構處理。這些少年都只是在犯罪之初期，或有犯罪之可能者。少年事務局內設心理輔導、社工輔導等專業人員，以幫助問題解決少年其個人、學業、學校及家庭問題。少年事務局更必須整合全社區之資源，以及組織義工隊，以期達成

社區防治少年犯罪之目的。作者在美國教學時，見到他們的大學生勇於
參加「長兄、長姐制」等扶助少年罪犯計劃，每屆週末、假日，卽自感
化院中帶領一、二名少年犯外出，參與各種社會活動，如打球、游泳、
登山、音樂會、舞會等等，使得這些犯罪少年，在大學生之領導下參與
正常活動。這一項救治少年罪犯工作之社會心理意義深重。一般少年心
目中，對大學生極爲敬仰，大學生是他們的模範及目標。如果大學生能
眞正參與這項救助少年犯的工作，與後者建立親切的關係，是可能改變
少年犯的心態人格的。

　　美國麻省自一九七二年廢止所有少年犯罪機構（少年監獄、感化
院）之後，卽以各種以社區爲基礎之處遇方法代替，包括「少年之家」，
長兄制等計劃。麻省所推行之「長兄制」則更進一層，凡大學生願意收
養一位少年犯者，政府願津貼其學雜費，而這位大學生必須與一位少年
犯共宿，以期督導改造後者。這可以說是社區防治少年犯罪的最終極目
標。在美國的國情之下，是可以行得通的。希望不久之後，國人之社會
意識逐日昇高之後，我們也能夠推行類似的拯救犯罪少年計劃。

　　其次，美國政府在其教育部的編制中，增設少年發展處(Office of
Youth Development)，以爲整合少年犯罪防治計劃的中央機構。

　　一九七二年，少年發展處宣佈其防治少年犯罪的構想；認爲少年犯
罪問題非出自於少年個體，而是出自於社會整體結構。現代工業都市社
會的組織結構，時時會發生脫序、損壞的現象，足以阻礙部份靑少年的
正常發展，使他們無法滿足其願望，無法行使正當的社會角色功能，因
而促使他們走向犯罪偏差的道路。

　　以目前的我國社會爲例，由於升學主義彌漫，國中「放牛班」制度
就構成塑造少年罪犯的根源。解決少年犯罪之道，在於提供這些靑少年
以充份的資源及機會，使他們可能透過正當的管道及結構，滿足他們的

願望。以美國爲例，他們廣泛的開放大學之門，並爲千千萬萬貧困靑少年，提供獎學金、助學金，使他們也有升學的機會。靑少年如有選擇升學的機會，決定升學者固然可以更上一層樓，卽使是不願升學的，因爲是出自於個人的意願，也不致產生嚴重的挫折感及自卑，也不致對社會制度產生仇視的態度；而嚴重挫折感、自卑、及對社會憤恨不平的心態，都是犯罪的心理根源。

美國教育部少年發展處提出的整體防治少年犯罪計劃重點如下：

（1）預防勝於治療。

（2）強調「轉化」計劃，因爲機構處遇之缺陷及後遺症甚多。

（3）改善少年犯罪問題所須付出之人力、物力龐大。

（4）希望少年犯可以重新參與正當社會行爲、發展正當社會角色功能。

總之，傳統以個人爲單位的少年犯罪處遇方案非防治少年犯罪之上策。

有鑑於許多少年犯罪出自於社會制度之僵化（例如國中「放牛班」制度，貧困社區少年缺乏適當休閒運動輔導等等），美國政府因而設立少年發展處（Youth Development Office），其目的在於：

（1）結合社區各項資源，以提供社區之少年以各種服務。

（2）促使少年參與有意義的社區活動，增進其參與感、認同感及成就感。

少年發展處之防治少年犯罪計劃的主要成就在於使傳統的輔導工作轉變爲社區制度性的靑少年發展計劃，然而，實施過程中所遭遇的困難也很多，例如：

（1）社區少年犯罪防治計劃牽涉複雜廣泛的工作領域，而計劃實施之初，中央政府、地方政府及各層人員對於工作目標及方法均無確切之

觀念；

　　(2) 在青少年發展計劃實施之過程中，無法也無人可以決定整體計劃之目標及運作方式，不如以往處理少年個案時，每位輔導人員可以隨心所欲，爲所欲爲；

　　(3) 社區防治計劃之運作，涉及社區政治人事等問題，遠較個人輔導爲複雜；

　　(4) 社區計劃執行人如無政治實權，則執行職務時困難重重；

　　(5) 對舊有制度之人員構成威脅，亦構成推行新的少年犯罪防治計劃之障礙。

　　最後，美國政府認爲機構處遇之蔽端甚多，轉化及謀求少年發展之社區整體計劃是勢在必行，然而由傳統個人輔導及專業機構處遇轉變爲組織鬆懈的社區計劃及其他轉化方案，其實施及效果均有待考驗，短期之內恐難見其成效（參閱 California Youth Authority, 1974）。

　　自一九八〇年代始，美國犯罪學界，公正處罰 (Just Deserts)，或稱嚇阻主義（Deterrence）又再度擡頭，形成犯罪處遇之新潮流。公正處罰的觀念強調嚴刑足以嚇阻犯罪，強調懲罰而非矯治，認爲每一種犯罪，應依其罪情嚴重，施以定期刑 (Determinate Sentencing)。這一種犯罪處遇新潮流之興起，乃反映過去四、五十年來，以矯治主義 (Rehabilitation) 爲主之犯罪處遇政策，不僅未達預期防治犯罪之效果，反而帶來許多嚴重的後遺症。

　　新的公正處罰之觀念，可以當代犯罪學者佛格 (Fogel) 及馮赫許 (Von Hirsch) 爲代表。他們的犯罪處遇觀念可以下列幾項論點分別討論：

　　(1) 終止不定期刑 (Indeterminate Sentencing)。不定期刑是矯治犯罪主義之下的一條重要法律條文；該法律主張犯人之刑期，應以犯人

之行為是否有改進而定，給予犯人改過自新的機會。在獄行為良好的犯人，在不定期判刑條律之下，可提前出獄，重新做人。然而依據過去幾十年來犯罪研究顯示，這一項條例並未能減低犯人出獄後再次犯罪之機遇。

（2）監獄內或感化院中，犯人非出自志願者，免參與任何矯治輔導作業。

（3）廢除假釋制度。

（4）監禁是一種處罰而非矯治。

（5）判刑依罪行之嚴重而定。

（6）審判定刑必須迅速。

（7）非嚴重罪犯不施予監禁。輕度罪犯則施予其他方式處罰，例如假釋、賠償、罰款等等。

（8）定刑必須依據一定尺度原則，不得任意改變。（一九八七年，美國法律修改委員會亦提出類似建議，見 MacBride, 1987）。

（9）監獄內之所有輔導工作，包括教育、職業訓練，都只施予主動申請之人犯，而其他人犯，則只監禁以處罰之。

（參閱：Department of Youth Anthority, California, 1983, *Perspective on Crime and Delinquency Summary of Recent Research and Opinion*, pp. 36–41.）

從以上幾則美國政府最近頒佈的防治少年犯罪政策中，我們見到新的防治犯罪思潮。早在十九世紀末葉，當人類社會建立第一所少年法庭時，我們已經肯定社會環境，包括家庭在內，是促成少年犯罪之根本因素。然而從十九世紀末以至於一九七〇年以來，我們解決少年犯罪問題的方法仍是着重矯治犯罪少年。一九七〇年代之轉化及社區處遇觀念展現犯罪處遇新時代潮流的動向；要想解決少年犯罪問題，我們必須解決

少年犯罪之根源。犯罪少年只是不良社會環境及不良家庭的產品，僅只是矯治犯罪少年，非解決問題根本之道。以下我們將繼續討論若干防治少年犯罪的基本政策。

## 第四節　社會建設與少年犯罪防治

防治犯罪的最基層工作必須自社會建設着手。所謂：「十年樹木，百年樹人」，可見培養健全的人格是多麼艱巨困難的工作。在防治少年犯罪的治標工作方法，我們可以提出若干具有時效的策略方法，然而返本歸原，當我們討論防治少年犯罪的治本原則時，我們必須從社會建設着手。針對少年犯罪之防治，我們提出以下有關社會建設之意見。

一、由於犯罪行為多出自貧困生活背景，及追求財富、地位的動機。因此，政府應迅速建立勞工福利法案，社會福利政策，以救助、保障低收入家庭及其子女，使貧困的少年能夠擁有一個切實可行的理想，去努力、追求。以美國為例，其義務教育為十二年，因此所有未成年人都有受中等教育的權利。我國九年制義務教育之最大弊端是迫使數以萬計的少年流落街頭或流向工業、企業結構，這些十四、五歲的少年，心性未定，缺乏一技之長，在勞工世界內所受的磨折、壓力是可想而知的，由於經年累月的壓力，迫使他們走向犯罪、偏差行為的途徑。如果我們將義務教育增長為十二年，如此，年輕人有較長的時間接受學校、師長的陶冶，培養更成熟的個性，培育更高的教育及技能，如此，當他們十八歲自高中畢業時，可以具備較多的獨立生活條件。

其次，我國政府更應廣設大專學院，使所有有志向學的少年都可以繼續學業。在現代民主體制的社會裏，高等教育是人民的一項權利，而不再是少數權貴階級的特權；所以，針對廣大的貧困人口，政府應提出

助學貸款制度，使得貧困的青少年，也可以追求高等教育。

二、目前我國社會風氣過於浮華奢侈，好逸惡勞，人人抱持着投機僥倖的心理，只想不勞而獲，圖謀暴利。大家樂、炒股票之盛行，便是最明顯的例子。這種萎靡的風氣，給予青少年不良影響。我們應倡導勤樸生活，並灌輸社會大眾崇法守法的觀念，教育全民，維護社會安定，養成守秩序之習慣，還給少年們一個淳樸實在的清新社會，提供少年們一個健康善良的生活環境。

三、發揚正確的道德規範及人生觀

人類具有無窮盡的慾望，若非導以正確的道德規範及人生觀，人人均可能演變為自私自利，不顧社會公益、法律的歹徒。如果社會能及早給予兒童、青少年正確的觀念、模範，則可以導致走向正途。

四、培養青少年之社會責任

要求每一位青少年從小尊重社會羣體的規律及利益，以社會羣體為先，設立獎懲辦法，使得每一位青少年培養出完整的社會意識。青少年如果希望進入好的學校，除了成績之外，必須同時考慮其公德心，對於羣體之貢獻。

五、提倡大眾傳播媒體的正面功能

電視、電影、廣播和報章雜誌，都是大眾傳播媒體，對社會大眾有很廣泛而深遠的影響，若能妥善運用，則能發揮正面的教育功能。

①製作高水準之教育節目。

②透過大眾傳播媒體，加強道德教育。

③配合學校教學，製作節目。

④傳授法律常識，養成守法習慣。

⑤大眾傳播業者應有維護民族幼苗身心健全的共識，製作或出版對少年真正有益的節目和讀物，不要為圖小利而製作或出版粗濫黃色書

刊、電影，腐蝕人心。政府有關當局更應明令公布，嚴格管制出版及製作品質。

　　⑥倡導勤勞儉樸之生活觀念。

　　六、提倡正當休閒活動及開發活動場所

　　青少年之體力充沛，活動力強，宜善加指導，使他們從事正當之活動，自可減少犯罪行為之發生。除了提倡正當休閒活動外，更須有足夠的空間及適當地點讓他們發洩體力，如廣設青少年活動中心，及舉辦有益青少年身心的活動，如多令自強活動、夏令營等。救國團假期舉辦之自強活動便是一項很好的活動，但如果能將年齡資格限制降低，讓12～17歲的少年也有參加的資格，這樣對少年也能提供更多的休閒活動。

　　七、加強文化建設

　　臺灣的教育是反啟蒙的一條鞭教育，促使青少年自私自利個性的發展，這種個人文化的特徵，首先是拜金主義，第二是官能享受，第三是「狹心症」，對升學及個人利益之外的事情不關心。有鑑於此，政府應積極採取挽救文化淪喪變質的措施。

　　　①普遍成立文化活動的場所，以鄉鎮區為中心，興建青少年活動場所、運動場、社教館等；以縣市為中心，興建文化活動中心、體育館、圖書館、音樂廳、博物館、科學館、藝術館等。

　　　②提高國民鑑賞水準，提高影劇、藝術、文學、音樂修養。提高國民對藝術的欣賞能力及興趣，以陶冶性情，端正社會風氣。

　　　③配合民俗節慶，舉辦文化活動，如配合春節、元宵、端午、中秋等節慶，舉辦戲劇、音樂、民俗表演等文化活動。

　　八、推廣親職教育（細節討論於第六章）。

　　九、推行社區防制計劃

　　　①不良環境的改善：對社區物質及精神條件之改善，例如對低收

入戶，興建廉價國民住宅，改善其居住環境，設立圖書館、文化中心，加強社會教育，提倡藝文活動，以充實社區精神生活等。

　　②對低收入社區的專案服務：選擇低收入社區，結合社會力量，訂定專案服務計畫，並對問題少年，給予個別輔導，矯正其不良習慣，增強其適應能力。

　　十、增設少年心理輔導機構

　　目前有中國反共救國團總團部青少年輔導中心——張老師，爲眾所周知之輔導機構，若類似之輔導機構能擴大及於鄰里社區，則更能發揮全面輔導之功用。

　　十一、組織少年犯罪診所

　　以地區爲單位，邀集醫生、心理學家、精神病學家、社會工作人員、以及其他有關專家，共組少年犯罪診所，若能普遍設立，則可對身心具有缺陷之少年，做適當之矯治。

　　十二、加強少年組訓工作

　　少年們正值活力充沛時期，同時好模仿英雄人物，有表現慾望，警察機關與各級學校不妨利用此心理，利用課餘時間訓練這些少年，負責維持指揮交通秩序或協助警察尋覓失蹤之物品、兒童及可疑犯人之線索或接受救護訓練，這樣不僅可滿足其表現能力慾望，亦可使這些少年投入有意義的正當活動，養成守法、重紀律之習慣。

　　十三、推展青少年福利措施

　　我國對青少年的福利措施做得不夠多，若能寬列青少年福利工作經費、增闢財源，對失依、失養、未升學、未就業、無力就醫者，予以適當之福利措施，必可防範許多犯罪事件。

　　十四、勿濫用標籤，並以寬恕之心對待犯罪少年

　　對不懂事之少年，不要動輒冠以「太保」、「小偷」、「小流氓」

等壞的標籤，更要以憐憫協助之心來對待這些少年，給他們一個向善自新的機會，也等於給社會一個自新的機會。

十五、加強技藝訓練與就業輔導

對於旣不升學，又無謀生能力的少年，給予技藝訓練，並輔導其就業。

十六、籲請輿論支持

利用輿論的力量，多表揚好人好事，根絕任何污染少年心靈視聽之來源，重視少年犯罪之嚴重性，全面設法防制。

十七、擴大靑少年自強活動

政府（社會局、教育機構、救國團）應利用寒暑假擴大舉辦夏（冬）令營等組織活動：根據發展心理學方面的研究發現，個體人格大致在幼年時期卽已定型，而靑少年階段可塑性及模仿性甚大，如能在此階段加強公民道德教育，使知何者當爲與不當爲；並應利用寒暑假期間，經常舉辦類似幼獅育樂營等有益靑少年身心健全發展的自強活動，使靑少年從參與活動中，學習如何與人相處，使其在社會化過程中，能內化社會團體的道德規範，從而遵守其規範，方不致誤入歧途。

特別須要強調的是，政府或社區推行之靑少年自強活動，應以貧困少年爲主要對象。中產階級的子女，由於家庭環境良好，家庭經濟優裕，並不須要外力的支助及推動。他們可以自行發展，在父母、師長照顧之下，他們不會走上犯罪之途。只有貧困的少年值得政府及社會團體的關懷及注意。這些貧困的少年家庭情況特殊、家庭經濟惡劣、居住環境嘈雜、污穢，接近犯罪及偏差行爲集團易於受後者之感染、壓迫，而走向偏差犯罪行爲。所以，政府及社區主辦之少年活動，應精密籌畫，以貧困少年爲對象，提供有意義的活動，使他們能認同、參與，以發揮潛移默化的功效，建立正當的娛樂、正確的人生方向。

十八、警察機關與學校合作輔導靑少年假日活動

警察機關（或社會機構）應普設少年輔導單位，經常與家長學校聯繫合作，輔導靑少年周末及假日活動：目前警察單位的少年警察隊或少年警察組的工作重心似乎偏重少年犯罪案件的偵查、逮捕及移送，甚少從事輔導性工作。我們建議警察機關或社會機構內設置少年輔導單位，由輔導專家擔任輔導工作，且於少年福利法中明定該單位的權利義務關係及作法等，以發動社會資源，共同為少年犯罪預防與虞犯少年輔導而努力。

# 第五節　少年犯罪預防矯治之基本措施

少年犯罪之防治可以分為兩部分，第一部分是預防，第二部分是矯治。俗語說：「一分預防勝於九分治療」；無論從任何一個角度來看，預防的重要性都遠勝過治療。

預防理論可分為「一般性預防」及「特別預防」理論。一般預防理論又分為三學派，分別是：

（1）威嚇說：藉公開執行殘酷的刑罰，以收預防社會一般人犯罪的效果。

（2）心理強制說：以刑罰示範，建立制約反應，藉以遏阻社會一般人犯罪意念。

（3）警戒說：以法律揭示刑罰，使社會上一般人不敢作犯罪的嘗試，以收預防犯罪效果。

「特別預防」理論則強調刑罰改過遷善之目的，使犯人改過自新，重新做人，不再犯法。特別預防理論之中，也可以劃分為三學派：

（1）排害說：卽主張刑罰得科處死刑或無期徒刑，使犯罪行為人永

遠與社會隔離，以排除罪惡。

(2) 防衞說：認為國家和個人無異，具有生存權利，犯罪是侵害國家生存權，國家為防衞本身的生存，乃以刑罰防衞。

(3) 改善說：主張以矯治為中心，認為刑罰的目的，在於改善犯人，以適於社會生活。

預防青少年犯罪的工作可自各方面分頭進行：

一、自青年本身著手：協助青少年追求以下幾項生活目標：

(1) 專心求學　青少年在求學期間，如能專心研究學問，對於不斷求知發生興趣，必將遠離罪惡，不致發生犯罪。

(2) 就業創業　青少年如能專心就業或創業，謀求發展，遠離邪惡，不致於發生犯罪問題。

(3) 結婚成家　青少年結婚後已具有家庭責任，在行動上及心理上將受到家的約束，而不敢輕蹈法網，毀滅家庭。

(4) 戒除不良惡習　不良的惡習，必使青少年淪為犯罪或與不良少年為伍的根源，故而必與惡習遠離。

(5) 自我反省　隨時自我檢討、反省，自可減少犯罪的機率。

二、自家庭方面著手：強調親職教育，重視以下幾點：

(1) 父母以身作則　在家庭中，父母通常是子女所模仿的對象，所以應以身作則，以期達教育目的。

(2) 注意子女的學業　父母對於子女的學業應注意，但不可要求過高，給予太大的壓力，應以鼓勵代替苛責。

(3) 管教方式的改進　由於時代的變遷，古老的「父嚴母慈」的管教方式已不合時代需要，應隨時注意與青少年子女溝通，以達雙方了解。

(4) 輔導子女就業創業　父母對於不願升學就業的子女應予鼓勵發展其興趣，自行就業或創業。

（5）家庭的經濟計劃　每家庭實行家庭經濟計劃，必能養成克勤克儉的習性，不致形成浪費奢侈的惡習，更不易受外在物質的引誘。

三、自學校方面著手：基本原則如下：

（1）提高師資素質，改善教學內容。

（2）改進訓導工作，加強導師制度。

（3）緩和升學競爭，加強職業教育。

（4）增添教學設備，加強課外活動。

（5）加強輔導，妥善處理不良行為學生。

（6）加強公民教育，陶冶學生品德。

（7）強化親職教育，加強就業輔導。

四、自社會方面著手：

（1）樹立良好的社會風氣

（2）充實社會活動內容

（3）推廣社會福利措施

（4）舉辦社會救濟事業

（5）舉辦青少年短期職業訓練

（6）加強縣市少年輔導會的功能

（7）強化青少年輔導中心

（8）淨化大眾傳播內容

（9）禁止青少年進入不正當場所

（10）推行區域防治計劃

防治青少年犯罪之第二層次是矯治工作，是在預防工作失敗後，針對已犯罪之青少年，為防止其再犯罪，並協助其重新作人，恢復正常生活所採取之因應措施，又可分為以下幾大類別，分別討論於下：

一、加強靑少年犯觀護工作

1. 加強靑少年之觀護與保護管束工作，政府應寬列經費，酌增專職人員，健全觀護制度，以達預防重於治療之目的。

2. 少年事件審理前之調查與輔導，應加強辦理。

3. 加強觀護人之心理輔導專業知識。

4. 觀護人對保護管束之執行，應就個案擬定輔導計劃，並經常舉辦各種輔導活動。

5. 增設觀護人外勤交通工具及費用，及圖書室與小型教室，供執行輔導之用。

二、加強犯罪矯治

1. 少年監獄、少年輔育院及少年觀護所應與學校、宗教團體及有關社團聯繫，請其協助靑少年之教化矯治工作，提昇輔導教化功能。

2. 少年監獄應依每受刑人之性向測驗之職業適應性，加強實施職業分科訓練。

3. 爲避免少年監獄及少年輔育院補習學校文憑具「標記作用」應研商解決辦法。

4. 少年輔育院應增加對於身心有缺陷特殊之教育設備及醫師，並予以治療以便收容身心有障礙之特殊靑少年。

5. 對於虞犯及犯罪靑少年家長應加強協調與輔導，並得舉辦親職教育講習會。

三、加強靑少年就業輔導

1. 自國中二年級起，教育部對於不擬升學之學生，應配合社會需要另編適當教材，加強職業選修及技藝教育。

2. 增加各級學校職業輔導工作經費，積極宣導鼓勵不升學之國中畢業生，參加職業訓練，以提高學生就業意願。

3. 各國民中學應切實填報各地國民就業輔導機構所委託辦理之就業意願調查表，以利就業輔導。

4. 國中畢業生志願就業者，及國中退學的學生，宣付管訓處分，保安處分或在少年監獄執行完畢的青少年，如向國民就業輔導機構辦理登記或由有關單位提供資料名冊時，省、市、社會處、局所屬國民就業輔導機構應設法輔導其就業，及參加職業訓練。

5. 選擇適當之專科之職業學校附設班級，對於失學、失業青年施以社會需要之職業科目與技術訓練，使獲得謀生技能，並輔導其能就業。

四、青少年濫用藥物之防制

1. 對於製造潘他唑新等迷幻物品之原料進口，應嚴予管制並加以追踪。

2. 嚴格禁止迷幻物品之製造販賣吸用，一經發現有違法情事，卽移送法院檢察處從嚴偵辦，有關少年部分，請少年法庭辦理。

3. 為期解決青少年濫用藥物問題，應指定機關，從事有關藥物、社會及心理之調查研究。

4. 各地勒戒場所應儘量收容青少年，擴大勒戒所的功能，以推動整體性的治療、勒戒、復健、輔導及追踪等工作。

5. 透過大眾傳播工具，社會教育、學校教育與醫學保健教育共同努力，加強醫學常識宣導，使青少年了解各種藥物之成分及其可能造成的長期而無法復原的傷害，進而不敢輕易嘗試，業已習慣者得能早日覺悟戒絕。

6. 增設心理衛生中心或電話諮詢服務專線，適時指導，協助青少年。

五、加強執行青少年不良行為及虞犯預防辦法

1. 各警察局少年隊應加強巡邏涉足妨害青少年身心不良場所等勤務，對違法者除嚴予處罰外，並應主動安排青少年至適當輔導機構，施以輔導教育。

2. 各警局少年隊，應與當地學校、社會等機構密切聯繫，加強輔導。

3. 對於少年受管訓處分或刑之宣告之受刑資料，除偵審單位外，警察及司法機關不得向任何單位提供。

4. 加強青少年法律常識

在許多青少年犯罪案件中，發現青少年對法律常識甚貧乏，或因感受不到刑罰的懲罰，而抱著無所謂或沒有多大關係的心理，而一再的有偏差行為或違法行為發生。因此家庭、學校應加強青少年的法律常識，養成守法精神。

5. 少年犯罪轉向計劃

嚴格言之，現代少年司法制度之興起；少年法之制定，少年法庭，少年觀護制度及矯治機構之建立，皆出自於新的哲學思想及心理學，社會學理論，認為少年犯罪行為不能以成年犯罪理論解釋。少年犯罪多出自青春時期生理，心理因素及不良適應後果。近年來，犯罪學更強調少年犯司法警政人員，在接觸的過程中，產生標籤效果，使少年犯背離正常社會羣體，而向犯罪偏差文化認同。

由於少年犯罪矯治機構未能達至矯治的目的，於是 1960 年代，國際犯罪學界乃推行少年犯罪之「轉向計劃」(Diverting from Juvenile Justice System to Youth Service System)。將少年犯罪處理，從完全依賴少年司法程序，轉向至青少年福利服務、輔導機構來處理，以免大部分毋須進入少年法院之少年犯罪者，因其初次、偶然過失、心理困擾等，被貼上標籤，產生自暴自棄，淪入更嚴重犯罪行為。少年犯轉由

社會服務機構、青少年輔導機構，提供服務及輔導計劃，以期收到矯治其犯罪行為目標。

爲配合「轉向計劃」之推行，先進國家，如英、美、日本等，一方面修正法律，一方面積極增設青少年福利服務和輔導單位，並提供經費，執行「轉向計劃」。

在「轉化」工作方面，雖然我國司法院少年事件處理法中，規定觀護人對少年虞犯行為及兒童犯罪行為有受案審查權，或可將個案轉介少年福利、教養機構；然而實際工作做得太少了。就「社區處遇」來看，我們真正做了什麼工作呢？例如：中途之家、觀護處遇等矯治制度皆不夠健全；有財力不足、工作人員負荷過重、社區民眾不了解與排斥等流弊。因此，欲謀求防治少年犯罪，必須作多面性的改進。少年法院應走出法庭，與政府社會福利機關、社會服務團體、青少年輔導單位等合作，共謀青少年服務及輔導資源的提升，以便有效執行「轉化計劃」，處理少年犯罪問題。

就我國目前之犯罪情形以及社會情況而言，個人深感：要防止少年犯罪不能只是「紙上談兵」，必須切實的去執行各項計劃，實現各種理論及策略。

根據羅米格（Romig, 1978）對少年犯罪各種輔導計劃（例如：個案輔導、行為改變計劃、羣體輔導、個人輔導、家庭輔導等）之評估，其中唯有「家庭輔導」是較爲有效的。多數犯罪學理論，諸如：差別接觸理論、控制理論、標籤理論等亦均強調家庭在少年犯罪防治上扮演之重要角色。而根據臺北少年觀護所調查一千零八十六個個案中，發現有56.5%是來自不健全家庭。由此可見，「家」是一個多麼重要的地方。家庭內，天然濃厚的親情，是防止青少年犯罪最主要的堤防，是疏導青少年情懷最主要的溝渠。中國傳統的家庭在這方面發揮無比的力量及光

輝。我們如果能夠保持發揮中國社會這一份最美好的制度，在防治靑少年犯罪方面，我國較其他世界各國，已佔據了優越的地位。

## 第六節　防治少年犯罪的行政措施

爲防治少年犯罪，在政府行政規劃方面，應採行的策略及步驟如下：

一、宜在行政院內設立犯罪防治委員會，由專人負責，直接向行政院長負責；其職權包括犯罪防治計劃的擬訂，並協調各相關部門，例如法務部、內政部警政署等。犯罪防治委員會之功能主要是理論之探討及政策之擬定。委員會內應延聘學者專家，運用科學方法，評估目前少年犯罪防治政策之得失，並預估未來五年內可能之犯罪模式，俾作將來抗制少年犯罪對策之參考。

二、國科會宜集合社會學、心理學、生理學、人類學、精神醫學與刑事法學方面的學者專家的力量，對少年犯罪成因作科際整合的集體性研究，俾提供有關當局作擬訂犯罪預防與矯治計劃及刑事政策之參考。

三、宜加強從事臺灣地區各類型少年犯罪的早期預測研究，並對潛在的少年犯設法由各學校或各社區心理衛生中心施以輔導與治療。

四、宜加強進行少年犯假釋預測研究與接受保護管束少年的觀護預測研究，據以提供對策，預防已犯罪者再犯。

五、宜加強暴力犯罪、財產犯罪與妨害風化犯罪被害者特性之實徵性研究，俾提供社會人士作預防犯罪的參考。

六、研訂靑少年福利法，對靑少年之就學、就業、就醫、就養及育樂休閒活動等均設詳盡規定，使靑少年能在和諧、有秩序及理性之環境中成長，而預防其偏差行爲。

在治標方面，宜注意下列原則：

一、對少年虞犯與輕犯罪之初犯，儘量採用家庭式感化教育方式或令其接受非機構性處遇與社區處遇，以免少年太早接觸刑事司法體系，受到社會標籤之害而日趨墮落。

二、對進入少年輔育院接受感化教育的少年，應更加強個別輔導與心理治療，以發揮其預防少年再犯的功能。

三、對接受少年監獄矯治的少年犯，應施行調查分類制度，個別處遇措施，集體心理治療，俾使其出獄後能適應社會生活，不致再犯。

四、應在各大都市設立中途之家，協助即將出獄或停止感化教育的少年，能在此中間性的機構中，逐漸適應社會生活。

五、宜充實各縣市警察局少年警察隊（組）輔導專業人員的編制與經費，並與各級學校加強聯繫，強化少年隊之學生校外生活輔導與虞犯之留置輔導，俾發揮其少年犯罪的防治功能。

六、政府有關機關宜透過都市計劃及良好的社區設計，並配置社區社會工作員，負責強化社區組織與社會意識，促進人際溝通，以抗制少年犯罪的發生。

七、徹底改進少年法庭觀護人之保護管束工作，使失足的不良少年接受有效的輔導，確能改過遷善。

八、建立青少年不良分子資料：警察有維持社會的秩序和安寧的責任，因此對於經常觸犯刑罰的青少年，應建立其資料，以便積極查觀，預防犯罪。

九、取締青少年不良組織：青少年參加不良幫派，進而發生犯罪之行為。因此對青少年不良組織應嚴予取締。切實依行政院核定的有效防制青少年參加不良幫會組織方案及實施要點的規定辦理。

# 第四章　少年犯罪防治理論（下）

## 前　言

　　一九五〇年代以後，由於傳統矯治理論之失勢，新的犯罪矯治理論推陳布新，陸續出現，其中最主要的幾個學派分別是社會學的控制理論（Control Theory），新精神醫學派的實踐治療理論（Reality Therapy），心理學派的恐嚇理論（Scared-straight Method），及社工學派的社區處遇及轉化理論（Diversion Theory）。以下，我們將分別介紹這些新的少年犯罪防治理論。

## 第一節　控制理論（Control Theory）

　　近二十年來，在防治少年犯罪理論方面，最具有影響力的是社會學家提出的控制理論（Control Theory），這項理論不僅能週延的解釋少年犯罪的成因，更能夠在矯治少年犯罪方面，產生莫大的影響力。以下我們將仔細討論這項理論之淵源發展及內涵。

　　少年犯罪控制理論與其他少年犯罪理論的差別在於一般社會學、心理學或生物學理論認為促成犯罪的因素，不論是社區組織瓦解、文化衝突矛盾、犯罪文化、家庭因素、心理、生理因素，都在於強調外在及內

在特殊、惡劣因素導致個人犯罪偏差行為，然而控制理論則從不同的角度，認為人類的貪得無厭，好逸惡勞的本性自然而然的導引人類走向犯罪偏差的途徑。多數人之所以未犯罪者，乃是因為受各種內在外在控制之故。社會組織制度之建立其目的之一即在於防制人類參與犯罪。控制理論之基本出發點與心理分析學派相同，均認為人性與社會文化是衝突矛盾者。

當代犯罪學界，最先提出控制為理論者是芮斯（Reiss, 1951）。在「少年犯罪乃出自於外在內在控制失當所致」一文中，他強調少年犯罪之主要因素出自於其人格結構之缺陷，特別是自我（Ego）及超我（Superego）之缺陷。當個人之自我、超我有嚴重缺失乃會從事不法偏差行為，以滿足一己之需求慾望。自我有缺陷者是知其不可為而為之，而超我有缺陷者是不辨是非黑白；後者之情況嚴重遠甚於前者，可以納入社會病態心理人格類型（Sociopathy）。芮斯之研究發覺多數少年犯在求學時期即經常逃學，是校內的問題人物。

一九五七年杜比（Toby）在「社會解組及投入正當管道之賭注」（Social Disorganization and Stake in Conformity）一文中強調，一般人之所以免於犯罪，乃因為他們投入正當社會管道之賭注太大，因而任何犯罪及偏差行為均足以危害其在正當社會管道中之賭注。以我國犯罪統計數字為例，依據歷年法務部出版的犯罪狀況及其分析的報導，軍、公、教人員參與一般犯罪行為者不及犯罪人口百分之一。事實上，軍公教人員佔全國總人口的比數甚大，其所以免於犯罪，乃因其投入正當社會管道之賭注甚大，而參與任何犯罪行為均可能損害及其正當管道之賭注。

又以一九八七年國內開放赴大陸探親政策為例，政府唯一的限制是在職軍公教人員不得前往。軍公教人員由於其投入於軍公教職務之賭注

太大，自然不敢冒然前往；即使是退休的軍公教人員，也因爲退休金的
關係而不敢前往大陸探親。這些現象都足以說明杜比的投資觀念與犯罪
行爲之間的關係。

一九五八年，賴（Nye）出版《家庭關係與少年犯罪》一書，特別強
調家庭爲管制少年的主要機構，他認爲少年犯罪主要出自於缺乏管制，
而出自於直接接觸犯罪文化羣體者很少。管制又可分爲三類，首先是直
接管制，例如：父母、學校、師長之督導管教，社會法規及司法機構對
青少年行爲之種種限制約束。其次是內在管制，主要出自於少年之良知
品德。第三是間接管制，例如少年與父母之親切關係，對父母、師長及
社會法律之認同，參與正常社會羣體，正當活動娛樂的機會，以及參
與正當社會管道以滿足其一己需求慾望之可能性。如果少年家庭情況良
好，學業正常、與師長及其他人際關係良好，多參與各種正當社交活動
及運動，內在良知完整，又能透過正當社會管道，滿足其需求慾望，當
然這位少年參與犯罪偏差行爲的可能性就大爲降低。

賴之研究對象爲美國華盛頓州在學中學生，其問卷設計中的犯罪內
容多屬輕度偏差行爲，不足以構成嚴重犯罪，後人因而批評賴研究之正
確性，是否能眞正測量嚴重少年犯罪之心態及背景。

一九六一年，芮克萊（Reckless）在《犯罪及少年犯罪的新理論》
一書中，企圖整合過去所有犯罪理論。後人對芮克萊的理論冠以抑制理
論（Containment Theory）。芮克萊認爲每一個人在其生命歷程中都承
受各方面的壓力及限制，有的壓力導致個人走向犯罪偏差的途徑、有的
則限制其參與犯罪及偏差行爲。導致個人參與犯罪偏差行爲的壓力包括
惡劣的生活環境，經濟狀況，惡劣家庭環境，惡劣學業成績，不良友伴
及不良新聞媒體影響等。除此之外，另有若干生物及心理因素亦足以促
使個人走向犯罪偏差行爲，例如：仇恨、憤怒、內在緊張焦慮、挫折、

攻擊、不滿的心情，對權威的反抗性、懊悔、執拗、乖戾及其他各種變態心理。除了上列各種導致個人犯罪偏差行爲的動力之外，另有一些社會動力則限制個人參與犯罪偏差行爲；這又可分爲外在及內在抑制力量，外在抑制犯罪的力量來自法治、司法機構、家庭、學校之控制，親切正常人際關係，參與正常社會羣體活動，及向道德法治之認同等。內在抑制犯罪力量，包括個人的自我，超我組織結構之完整性，個人的責任感，對挫折的容忍能力，對外在不良引誘的抗拒能力，個人之適應性等。芮克萊的理論內容廣泛，幾乎涵蓋所有導致犯罪偏差行爲的因素，同時他又比較犯罪少年與正常少年的自我觀念，強調良好的自我觀念，足以防止少年參與犯罪偏差行爲。

一九六四年社會學家馬札（Matza）提出少年犯罪飄流理論，強調少年犯罪主要出於許多偶然的機會，促使少年飄流走向犯罪偏差行爲。馬札認爲傳統社會學過於強調少年罪犯與正常少年在人格性向及背景方面的差別。事實上，他認爲二者在人格、背景方面的差別不大。以少年罪犯日常生活、心態行爲爲例，大多數皆非犯罪性者，少年罪犯直接參與犯罪的時間佔其全部生活時間中的極小部份。馬札的飄流理論強調在社會文化組織鬆弛的地區，少年的心態行爲流動性很大，多重複雜的社會價值規範都展現在少年眼目之前，而眞正導致少年參與犯罪偏差行爲的因素，常常出自於偶然的時機。以美國少年犯罪叢書中的一個個案爲例：一位成長於都市貧民窟的少年，由於他姊姊與黑社會小混混接觸，這個黑社會小混混爲了討好他姊姊，時常携帶這位少年出遊，展示炫耀其財物能力等等，久而久之，這位少年也逐漸感染黑社會的風氣，最後在黑社會人士牽引之下參與非法犯罪組織活動。

在《少年犯罪與飄流》一書中，馬札強調犯罪少年仍是向中產階級的價值規範認同，他們的犯罪偏差行爲心態乃出自於自我防禦，曲解社

會價值規範，在理性化（Rationalization）的面具之下，他們一則自以為接受傳統社會價值規範，然而在行為上又可免於受傳統社會價值規範之約束。馬札顯示犯罪少年在理性化的過程中如何逃避傳統社會規範的約束，如何逃避，推卸責任，將一己之過失推卸於家庭社會，同時曲解社會公正意識、認為法律及執法人士都是偽君子，維護上層社會階級利益而殘害下層與社會。當個人一而再的以合理化的方法，曲解是非黑白，則其參與犯罪偏差行為的可能性乃隨時日而俱增。

一九六九年，赫許（Hirschi）發表其《少年犯罪因素》一書，內中強調管制理論，認為個人如果與家庭、學校、工作機構、社團等關係密切，則個人參與犯罪偏差行為之可能性乃隨而下降。赫許劃分個人與社會之關連為四層面。首先是歸屬（Attachment），如果少年之家庭關係良好，學校關係良好，一般人際關係良好，透過親切人際關係，個人乃得以內化社會價值規範，模仿學習父母師長的心態行為。個人與社會關連的第二層面乃約束義務及投入（Commitment），也就是杜比的「投入正當行業，正當管道的賭注」概念。以一位大學生而言，他在正當行業及正當管道中的投資甚多，無容反顧，從事犯罪行為是絕對不利的。在這種情況之下，大學生從事犯罪者當然很少。反之，如果是一位國中生，離開學校之後在工廠工作，工資低而工作沈重，在這種情況之下，這位國中生在正當管道中無投資可言，因為在正當管道中他不會有什麼發展，其參與犯罪偏差行為的可能性乃自然增加。

個人與社會連繫的第三層面乃參與（Involvement）。如果一位少年參與學業，及各種有意義的課外活動，當然這位少年從事犯罪偏差行為的機會減少。反之，如果一位少年平時無所事事，又不受朋友同學歡迎，日日遊蕩街頭、戲院、舞場、彈子房、電動玩具場等，則這位少年雖未必走上犯罪之途，也一定會走上偏差行為的途徑。

與社會連繫的第四層面是信仰，赫許認爲社會人士對於法律規範之信仰，認同程度有別。有眞正循道人士，可能百分之一百的遵從所有的法律社會規範，而另一極端的人士則極少遵從法律社會規範。多數人則介乎這二者之間。是而個人對法律道德之認同程度亦足以影響其行爲；對法律認同較低者參與犯罪偏差行爲的可能性自然較大。

赫許之控制理論，亦以其一己之實證研究爲基礎，在調查四千餘名加州在學少年行爲之後而建立的理論。在結論中，赫許強調子女與父母、朋友、學校之間的親切關係是防止少年犯罪最重要的因素。此外，他也發現，少年罪犯語言智力較低，學校成績較差，對師長不甚尊重，對學校缺乏好感，對權威不尊重。少年罪犯在學業期望及職業期望方面較一般少年爲低，少年已加入工作行列、約會、看電影、看小說較多、或是參與遊戲較多者，其參與犯罪行爲的可能率也較大。

多年來，在解釋少年犯罪成因，及防治少年犯罪策略的爭辯中，控制理論終於提供我們一套合情合理的解釋；如果我們能遵循控制理論的路線，認眞的去做，是可能抑制少年犯罪的狂濫，拯救無數無辜的貧困少年，使得他們免於走向偏差犯罪的途徑。

# 第二節　實踐治療理論 (Reality Therapy)

### (參閱 Glasser, 1965；Corsini, 1982)

在治療偏差犯罪行爲及精神疾病方面，目前最盛行的是一九五〇年代，精神醫學家葛拉賽 (Dr. William Glasser) 所創立的實踐治療法。葛拉賽早年接受傳統精神醫學訓練，而後背叛師門，自創一格。實踐治療法在本質上與傳統心理治療不同，後者強調當事人的過去，而前者則重視當事人現在的行爲。在治療過程中，治療者擔任教師及模範角色，

其目的在於幫助當事人面對現實，在不傷害自己及別人的原則下，實現其基本需求。實踐治療法相信當事人有能力自行負責，解決其困難。實踐治療的關鍵在於使一個人對自己的行為負責；唯有對自己行為負責的人，才是真正心理健康的人。

在實踐治療法一書中，葛拉賽駁斥傳統精神醫學理論，強調實際生活之醫療價值。對於治療偏差行為，或是精神病患，他提出三項原則：

1. 現實主義（Reality）　每一位病人或罪犯在日常生活言行中，必須隨時遵循現實主義之指導，不做空泛不切實際之思想言行。

2. 責任原則（Responsibility）　葛氏所運用之責任觀，較乎日常所運用的意義更廣泛。葛氏認為個人不僅要對社會羣體負責，更必須對自己負責，個人對於一己之責任主要在於培養一己之能力，以滿足個人之需求。人類生而具有無窮盡的慾望，然而「能力」卻是後天培養訓練出來的。許多精神病患及偏差行為之根源出自於無法滿足個人之基本需要。葛氏認為個人必須培養能力，以實現個人之需求，解除精神情緒之困擾。

3. 道德主義（Morality）　葛拉賽主張每個人在日常生活言行中，必須時時遵循傳統道德的指示。傳統道德一則為個人生活準繩，個人如時時遵循，自可免於觸犯法律道德，免於製造精神困擾。傳統道德也同時是個人人格、心靈之支柱；只有在傳統道德基礎之上，個人乃得以建立完整人格，維護內心安寧。

從葛拉賽所提示的原則中可以看出，他的學說及治療精神病與偏差行為之方法，與傳統精神醫學不僅不同，更是背道而馳。葛氏之理論與現代行為科學不謀而合，結合成為新精神醫學之一主要潮流，是為社會精神醫學。

實踐治療法與傳統精神醫學之區別：

1. 實踐治療法排斥心理疾病的概念，也不從事心理診斷的工作。它認為當事人行為錯亂是不負責任的結果，而負責任的行為，就是心理健康。

2. 實踐治療法著重現在的行為，而非情緒或態度。實踐治療法並不否認情緒或態度，而是強調現在行為的重要，因為行為遠較情緒易於控制。我們不必空等情緒的好轉，我們可以行動改善我們的情緒，故「行為」才是治療的重心。

3. 實踐治療法著重「目前」，而非「過去」，因為過去已不可改變，只有現在和未來才可改變，如果在治療中提到過去，這些過去一定是和當事人現在行為有關。治療者強調的是當事人的能力、潛力、成功和價值，而不強調其悲傷和病症。葛拉賽不鼓勵將治療時間放在個人問題或失敗上，而建議治療者在會談中強調當事人的能力。

4. 實踐治療法強調價值判斷。每一個人必須以批判的眼光來看自己的行為，並且判斷其是否具建設性。

5. 實踐治療法不似傳統精神分析學派之強調轉移理論；實踐治療法認為治療者是一位專家，不應該扮演當事人的父母角色，治療者應該讓當事人認清現實，以幫助當事人建立真正的人際關係。

6. 實踐治療法強調意識，而非潛意識，反對傳統心理分析學派之強調潛意識；實踐治療法不允許當事人以潛意識動機作為自己行為誤失的藉口，強調當事人必須接受錯誤行為的責任，並且建立一套切實可行的計劃，切實執行，不得以任何藉口推卸責任。

7. 實踐治療法反對懲罰。他們認為懲罰只會增長失敗者的失敗感與破壞治療關係，治療者的任何否定或輕視語言都算是一種懲罰，治療者應當避免施用。

8. 實踐治療法強調責任，當事人必須建立責任感。

　　實踐治療法的治療目標，乃在於教導當事人經由參與，學習如何運用實踐治療方法，滿足其需求，也就是幫助當事人達到自律，使當事人不再依賴外在支持，轉而求諸自己內在的力量，支持自己。當事人必須對自己的現在及未來負責，發展一套合乎現實的計劃以達到自己的目標。

　　治療者的基本工作，是與當事人發生互動，鼓勵後者面對現實。葛拉賽在一九六五年曾說過：「當治療者激勵當事人時，會強迫後者採取負責任的行徑。」但他並不代替當事人做任何判斷或決定，以免剝奪當事人的責任，他只是忠實地扮演嚮導的角色，幫助當事人面對現實，負責滿足個人的需求。

　　治療者的另一重要功能，就是在治療情境中，或是在當事人的日常生活中，設立限制。葛拉賽認為治療者與當事人建立契約，以設立限制，契約的內容，則應包括案主平日工作的成敗報告，作為治療程序的一部份。

　　目前，實踐治療理論暢行世界各國，是戒毒機構、犯罪機構，及精神病院運用最多的心理治療方法。據估計，美國軍中戒毒所，美國少年及成人犯罪機構運用實踐治療法的約佔 80% 至 90% 左右。實踐治療法的理論簡單，合乎常理，而且施行容易，因此為廣泛大眾所接受。在沒有更新的創見發表之前，實踐治療法是最切實可行的心理治療方法。

# 第三節 恐嚇理論
## (Scared-Straight Method)

## 一、導 言

　　恐嚇理論是少年犯罪防治方法中最具有創意者。一九七六年，一位被宣判無期徒刑的重犯，由於其年幼的兒子犯罪而痛心懺悔，決定發起拯救少年罪犯的運動，而創設了具有獨特性的「恐嚇治療法」。

　　恐嚇理論遵循心理學的增強原理 (Reinforcement) 及傳統制約理論 (Classical Conditioning)，以恐嚇的方法遏阻少年犯罪的意圖。施行的方法很簡單，由一羣嚴重罪犯在監獄內對一羣少年罪犯現身說法，述說監獄生活之恐怖及犯罪之嚴重後果。由於這些陳述者都是犯罪累累的嚴重罪犯，在監獄裏以粗獷的口吻直接向少年犯陳述監獄生活，所以其效果較爲顯著突出，能夠產生嚇阻的作用。恐嚇治療法自一九七六年，由紐澤西州羅威監獄實施以來，由於美國新聞、大眾傳播的報導、宣傳，電視界更爲之拍攝影集，廣播及於美國人民大眾，恐嚇治療法乃聞名全美國。

## 二、恐嚇治療法的實施過程

　　由警察局或是由少年法庭轉介少年犯至紐澤西州的羅威重刑犯監獄 (Rahway, New Jersey)，這羣爲數約十五名至二十名的少年犯在進入監獄的時候，首先必須經歷罪犯入獄的各種檢查驗身手續，然後由監獄官帶領巡視監獄內狀況及設施，由於紐澤西州羅威監獄是重刑犯監獄，內部設備與其他監獄不盡相同，包括死囚監禁室、個人禁閉室等處刑設

備，使人望而卻步，毛骨悚然。當少年罪犯巡視監獄一周之後，乃步入獄內之大廳，接待他們的是十幾名判處無期徒刑的重犯，這些重犯依次以粗獷的口吻向這些少不更事的少年犯陳述監獄內部之生活實況。這些鮮為外人所知的重囚犯監獄內幕，包括經常發生的同性戀、強姦、自殺、謀殺、凶殺等殘暴案件，及犯人之無聊、無奈、憤恨及抑鬱的心情等。這種以恐怖的方式告知年幼無知的少年罪犯，其場面是可怕而動人的。

## 三、恐嚇治療法的績效

當少年犯進入重刑犯監獄之前，他們都自以為是英雄好漢，然而在巡視監獄，面對許多重刑犯現身說法之後，這些少年罪犯開始領悟犯罪及監獄生活真實的一面；實際的監獄生活及犯罪的後果比他們想像的可怕多了。許多少年犯被嚇的面無人色，更有許多少年犯當場痛哭流涕。

施教的重刑犯，不僅以恐嚇的方式教導這些無知的少年犯，並且陳述他們走向犯罪不歸路的可怕心路歷程，從監獄受教歸來的少年犯都被恐怖的實況嚇倒。

依據追踪研究調查，百分之八十至九十接受恐嚇治療法的少年犯，都因而改邪歸正，不敢再冒然從事犯罪行為。自從公共新聞傳播媒體宣揚恐嚇治療法之後，美國各州許多父母親都帶領他們有犯罪意圖的子女前往紐澤西州的監獄請求施以治療。另外美國十二州的少年感化院及無數的學校、法院、警察局都請求紐澤西州羅威監獄准許參與治療。自從一九七六年實施以來，紐澤西羅威監獄接受的名單人數日益增加，應接不暇，自一九七六年實施開始，每天上下午各一班，每班以十五名至二十名少年犯為限，由十餘名重刑犯現身說法、施教，這種治療法不知拯救了多少誤入歧途的少年。

## 第四節　少年犯罪轉化理論
## (Diversion Theory)(Klein, 1979)

一九七〇年代，有鑑於傳統機構處遇觀念之消沉，轉化及社區處遇觀念乃代之而起，成為目前犯罪處遇理論之主要潮流。一九七九年，克萊因撰文，闡述轉化概念。

克萊因（Klein）預期在最近之未來，美國對少年犯罪之處遇，將全面解除機構處遇，轉而實施轉化（Diversion）處遇。美國 1960 年代少年犯罪法案及 1967, 1968, 1974 年之少年犯罪防治法案，均朝此邁進。在這一段時期之內，許多重要犯罪行為理論相繼出現，例如：機會結構理論及標籤理論。其次，美國少年犯罪率日增，而以機構處遇為主之傳統少年處遇策略及方法，無能阻止少年犯罪之潮流，因而，產生 1970 年代的社區處遇。

俄林及米勒（Ohlin, Miller）等人在 1970 年對麻省少年處遇機構提出之各種批判，引致麻省全部少年處遇機構之關閉。同時因為少年監獄及感化院中少數民族，特別是黑人的比數較大（下層階級子女佔絕大多數），在 1960 年代人權運動領導之下，因而引發許多對少年處遇機構之抗議。

然而，直至1970年代末期，少年犯罪處遇方面仍未能達成「轉化」及「廢止機構處遇」之目的。鄧福（Dunford）在 1970 年代提出之評論，認為美國政府從未認真考慮給予少年罪犯轉化方案以實施機會。

轉化概念與廢止機構處遇之差別不大，主要在於後者着重已入獄之少年為對象。廢止機構處遇方案包括三項方法：

(1) 加速釋放少年罪犯；

(2) 縮短少年罪犯在觀護機構之時間；

(3) 防止不必要之監禁。

一九六一年，美加州少年局實施社區處遇計劃(Community Treatment Programs, C. T. P. )將數以千計的少年犯納入社區處遇計劃之中。一九七二年，麻省實施實驗計劃。在一九七二年以前兩年時間之內，麻省企圖改革少年監獄及感化院而無成效，於是麻省少年局乃斷然廢止所有少年處遇機構（監獄及感化院）。

轉化之內涵，一則避免將少年犯置於機構處遇，一則有從輕處遇之意，並有別於尋常處遇，通常社區處遇符合轉化之要求。

一九七五年加州少年局調查 74 項轉化計劃，發覺其中三分之一具有評審之制度，然而這些評審過於簡單草率，安培（Empey, 1967）指示少年犯罪轉化處遇方案之困擾出自於幾項原因：

第一：缺乏專業知識，缺乏系統性運作，缺乏完整一貫之理論。轉化如果缺乏這些條件則無異於將舊有的處遇體制方法施諸於不同之層面，例如以社區爲基礎，加以不同人事組織，而在處遇計劃之本質方面，則無變動。轉化處遇主要理論基礎爲標籤理論及差別結合理論，二者都只是簡單抽象之概念，缺乏具體實施之法則，特別是標籤理論，更缺乏任何處遇之實質意義。

第二：轉化運動之第二項困擾是難以決定實施之對象，因此我們必須切實地做各種試驗，例如加州 CTP 計劃，以測量試驗各種轉化及非機構化處遇方案，是否以虞犯（Status Offenders）爲主要對象，或是以輕度罪犯爲對象，或其他少年罪犯。

第三：「轉化」實施之各種困擾：

①轉化之實際工作如何進行：目前轉化實際工作做得太少，以我國爲例，蔡德輝教授指出，機構處遇費用太大，超越社區處遇幾乎二十

倍，然而，試問：在目前的情況下，社區處遇中我們眞正做了什麼工作？

②實施「轉化處遇」的人事問題：如果運用以往機構處遇人員而缺乏適當之再訓練，則無異於換瓶不換酒。如果必須運用新的人員，然而又牽涉及如何處理舊有人員的問題。例如：麻省於 1972 年廢棄所有少年犯罪處遇機構，如何處理舊有人員是一大問題。自 1939 年，哈佛大學所做的少年犯罪防治研究，發現各種心理輔導措施對少年罪犯並無助益；少年犯排斥、拒絕接受輔導。

其次羅米格（Romig, 1978）對少年犯罪各種輔導計劃之評估：

(1) 個案輔導（Case Works），共十項研究計劃，證明個案輔導對少年犯無助益。

(2) 行爲改變計劃（Behavior Modification），十四項研究都證明無效。

(3) 羣體輔導（Group Counseling），二十八項研究計劃對少年犯監內適應有助，而對外適應則無助。

(4) 個人輔導及心理治療（Psychotherapy）（共十項研究）九項證明無效，一項證明有效。

(5) 家庭輔導（Family Counseling）（共十二項研究）證明較爲有效，教導父母如何與子女溝通，如何解決家庭問題，以及教養方法。

轉化理論之實施遭遇傳統機構及輔導人員之抗拒。法官、警察及其他法務機構人員拒絕授權給別人，從事少年罪犯之處遇工作。轉移計劃如缺乏警察及其他法務機構人員支持，亦難以實施。

轉化機構設立地點也構成實施過程中的一項問題。例如目前臺灣設立三所「中途之家」，均設立在感化院附近，以接近處遇機構爲原則。然而轉化機構應以少年適應工作就學爲優先考慮。此外，美國許多轉化

機構在選擇地點時，常遭社區人士之排斥；社區人士不希望犯罪少年介入社區生活，影響社區子女或學校。又例如加拿大蒙特利城，天主教修女們創辦之少年感化院，成效顯著。準備從事轉化運動之國家，必須預先籌劃，訓練專業人員，必須實地去觀察其他國家已進行之轉化計劃。

轉化之各種後果分別討論於下：

一、史皮格（Spergel, 1976）指出社區防治計劃無異於將集中之犯罪少年機構分散於各區，而處遇之方式及內容並無改變。

二、轉化處遇所帶來的標籤並不亞於機構處遇

1975 年佛羅里達州的法律規定：　輕犯、初犯改名爲缺乏照顧之少年(Dependent Children)，而二次以上累犯乃定名爲少年罪犯（Delin-quent）。如此可減輕少年罪犯標籤之後果。

三、擴張法律的網絡（Net-widening Effect）

「轉化」及「社區處遇」均可能造成此後果。轉化計劃常形成政府協助機構處遇計劃之一部份，而擴張法律網絡。

最後，我們剖視美國 1986 年罪犯處遇情況。1986 年中，美國二億三千萬人中有三百二十萬人是罪犯。在全國 18 歲以上人口中，每 55 人中就有一人爲現行犯，較之 1985 年增加 7％。根據美國法務部統計局的報告，人犯中由社區處遇的人數日增，而相對的，由機構處遇的人數則日減。

從 1983 年至 1986 年之間，緩刑處遇人犯（Probation）增加了32％，共 210 萬，假釋人犯增加了 33％，共 327,000 人，監獄人犯爲547,000 人，增加 25％，而地方監獄人犯爲 273,000 人，增加了 23％。

在過去十年中，假釋出獄人犯在全部釋放人犯中，由過去的百分之七十二，降爲現有的百分之四十三，其所以降低者，是由於美國判刑政策之改變，美國現行判刑政策多採用定期刑（Determinate Sentencing），

犯人判刑之後，不得更改刑期。故於刑期內，由假釋出獄的機會降低。

　　美國各州政府均已面臨監獄人犯過多之患，然而美國輿論界則又要求從嚴處遇罪犯，各州政府乃不得不以轉化的方式將人犯交以社區或其他機構處遇，而在處遇的過程中則從嚴。

　　目前我國在少年犯罪處遇觀念方面，還沒有發展至轉化的階段，然而監獄也有人滿之患。政府司法機構自民國七十七年釋放一清專案之重刑犯之後，對於普通罪犯，亦有從輕處落的趨勢。希望我們可以吸取美國在犯罪矯治方面的經驗，一則對輕度罪犯施以轉化，以達矯治之目的，同時對於嚴重罪犯則從重處罰，予以長期監禁，使他們不再為害社會人民，以確保社會安全及安定。

# 第五章　中小學教育、大衆傳播與少年犯罪防治

## 第一節　中小學教育與少年生活之關係

　　教育為立國之本，建國之基礎。我國的古訓「十年樹木，百年樹人」足以說明教育之長遠，永恒目標。其影響所及之廣泛，涉及國民生活、國家興衰、民族存亡。學校教育的目的，不僅在使每一個學生成為有用的人，更要使成為奉公守法的好公民，為國家、民族、人類，盡一份心力。在人格陶冶方面，學校教育希望培養積極進取、樂觀奮鬥、和平、合羣、負責任、守紀律的一個大國公民。在目前社會轉型時期，社會問題重重，青少年犯罪構成社會治安之主要禍源。近兩年來，國內少年犯罪更加速提昇（見警政署，七六年公布之犯罪統計，法務部，民七六年，犯罪狀況分析），對於這個問題，社會、家庭、學校、社區環境及青少年個人都必須負擔部分的責任。在本書的前一部分，我們已討論少年犯罪之生理、心理、家庭、親職教育等因素，在這一章中，我們將討論如何改善學校教育，以期減低少年犯罪問題。

　　兒童在入學前是以家庭教育為主，但入學以後，則學校成為主要的教育場所，也是青年從家庭走入社會的主要階梯。故除了家庭環境之外，學校教育對兒童行為的發展，具有莫大的影響。

學校教育本來具有德、智、體、羣、美五育之功能，但是今日國內教育，在升學主義、形式主義、文憑主義價值觀之下，忽略了生活教育與人格陶冶，由於僅注意知識的傳授，忽略了德育、體育、羣育及美育的重要性，復以師資、編制、設備、教育政策及其他外在不良因素，學校反而被認爲是導致少年犯罪的原因，爲各界所詬病。

在這升學主義競爭激烈的時代，而升學之門又很狹窄的情況之下，中小學義務教育與高等教育之間形成了一道鴻溝，許多受過義務教育的國中畢業生，感到惶恐，投奔無路。這不僅是國中畢業生個人的不幸，也是國家社會的損失。每年，數以萬計少年的前途、人材都被埋沒了。針對如此之情況，政府乃推展多元化教育政策，省政府教育廳乃自七十二年始，試辦延長以職業爲主之國民教育，使未能繼續升學之國中畢業生，可繼續接受教育，以減低國中畢業生無業或就業人數，因爲這些未成年的國中生，一旦脫離學校之後，不論有無職業，其參與犯罪偏差行爲之可能率均高。

少年在國中階段，由於生理、心理，急速演變，導致心態不平衡，如果缺乏適當外在及內在的控制，復加以外在惡劣環境之引誘、壓迫，可能走向犯罪行爲之途徑。

少年犯罪偏差行爲發展之趨勢，大約可劃分爲四步驟：第一，少年在學校的學業成績普遍呈現下降。成績下降的因素很多，但葛魯克 (Glueck, 1970) 在犯罪的預藏一文中，強調犯罪青少年在學成績之下降，不是出自天資的缺陷，而是因爲不努力。據研究結果顯示，85%的青少年罪犯，在未從事犯罪之前，在校學業成績普遍下降。當然，除了學業成績之外，犯罪青少年在校之操行及人際關係，特別是與師長的關係，亦走向明顯的惡化。

少年參與犯罪偏差行爲的第二步驟是參與地下舞廳、吸膠、聚賭、

晚歸、朋黨。這些外向而又不愛讀書的青少年，所從事的樂趣都可能涉及違規事件，可能被學校記過開除。在這時期，高品質的親情還可能挽救他們，設法輔導少年課業及心理，以期浪子回頭。第三步驟是陷入危境，少年跑進成人的世界裏，賭博、咖啡廳、MTV、茶室、色情秀、舞廳、速賜康，這些使他們沉淪。他們甚至還可能充當保鏢，以換取吃、喝、玩、樂。在這階段，少年已進入危險期，若是有人設計犯罪意圖，就會使其進入犯罪體系中。第四步驟是加入幫派、販毒、賭場、舞廳，以此爲生。一失足成千古恨，再回首已百年身。到了第二、三步驟，家庭的親子吸引力已經是強弩之末，尤其在孩子國中畢業離家之後，父母對子女之親職教育，已鞭長莫及，不能發揮作用。

# 第二節　當前我國中小學教育之缺失

當前我國的教育，由於若干嚴重之傳統缺失，久已爲人所詬病，構成了少年犯罪之趨導因素。以下，我們將分析當前國內教育制度之缺失。

一、過於重視書本知識之傳授，許多形式化、教條主義的思想教育，對於學生只構成一種負擔，對於學生之人格操守並無助益。大多數學生在升學主義壓力之下，肩負沉重的課業，都感到心情沉重，精神情緒都呈現升學主義症候羣的現象，包括緊張、焦慮，集中注意力於書本知識之累積，忽視德育、體育、羣育，及周遭國家社會所發生的大大小小事情。同時，老師與學生之間，除了傳授書本知識之外，缺乏親切、關懷、愛心之聯繫。在這種情況下，學校變成學店，學習變成機械化，學校生活對於少年人格之發展，產生負面的影響。

二、目前中小學之班級過大，每班人數過多，導師在教學、考試、

改作業、試卷之餘，已心疲力竭，無力從事德育、羣育之輔導工作。學校內之訓育人員很少，學生人數過多，再加以其他雜務繁重，因此學校之訓育工作流於形式主義、教條主義，對學生之人格、操行都無所助益。人格之培養必須建立在親切、關懷、小羣體的基礎之上。目前教育制度旣背離此一培養人格之原則，自然無法達成德育、羣育之目的。

三、強烈的升學主義。在我國歷史文化傳統中，「教育」一直被推崇爲一項崇高價值。但是由於目前教育制度結構上的限制，大多數中學生的升學理想，都必然是半途中斷。由於這種結構性的限制，反而增強升學主義的勢力，家家戶戶爲子女升學計劃而籌畫，國內多數小學，從一年級開始，即爲學生作升學準備，除了加強正常課業之外，復加以額外補習，使學生疲於奔命。在強烈升學主義壓力之下，學校變成了學店，學生變成了學習機器，學校教育忽略了德育、體育、羣育的目標。爲了達成升學主義的目的，一般國中均將學生劃分爲「升學班」及「放牛班」。「升學班」的更加深書本教育，而「放牛班」的學生則任其自生自滅。這種以升學主義爲輪軸的教育結構，殘害了無以數計「放牛班」學生的自尊及心靈人格之成長，迫使他們接受社會所賦予的不名譽標籤，並且不得不遵從社會的指使，放棄學業或從事低賤的工作，放棄偉大、理想的人生目標，最終是成爲一個失敗者，或是犯罪偏差羣體的一份子。

四、輔導人員之不足，及輔導專業訓練之不足。目前，我國社會仍處於新舊承遞轉型的過程中。傳統的輔導工作趨於思想教育、教條主義、及形式主義，對於學生人格操守，羣育之訓練，並無助益。輔導人員數目不夠，因此只能因應有問題的少年，腳痛醫腳，頭痛醫頭，處理若干訓育方面的實務問題。

爲了建立眞正德育、羣育、體育的教育目標，我國教育機構必須徹

底改革籌畫，建立一個眞正能達到四育——德、智、體、羣——並重的教育體系。我們必須摒除教條主義、形式主義的積習，認眞、切實的去做，如此，我們才有希望建立一套全育的教育體制。

# 第三節　改善我國中小學教育的建議

爲了防治靑少年犯罪，針對我國中小學教育在制度及施政方面的缺失，我們提出以下幾項改善的建議：

1. 教育機關應全盤檢討修正我國現行學制，灌輸國民健全的擇業觀念，徹底消除升學主義、文憑至上的錯誤心態。

2. 重視中、小學的教育方式與師資。爲人師者首應以身做則，而且宜在目前師範教育中，對於有關心理及輔導課程應加重學分，確立中、小學教師專業地位，達成培育健全國民的使命。

3. 教育當局宜從速改善中、小學課程與教材設計，以適應各種不同能力水準學生的需要。

4. 應加強國民中、小學及高中、高職學生之民主法治教育與性教育之實施。

5. 以積極的獎勵代替消極的懲罰，愼用記過、開除等處分，若訓導方式能啓發其自尊心與自愛的觀念，可免除學生墮落。

6. 普設學生活動中心，加強課外活動，增設心理輔導中心，聘請心理衞生專家輔導與治療。

7. 縮減學科上課的時間，相對地則增加輔導學生及學生休閒、運動、自修和社團活動的時間。可以西方社會學校體制爲參考，他們通常上課時間從上午八點半至下午三點左右，需要携帶回家的作業不多，而作業的性質偏向啓發，創造性的教育，學生必須去市區圖書館，參閱專

業資料，以完成作業。

8. 增長義務教育為十二年，少年自十二歲至十八歲，是成長過程最困擾、最需要輔導的階段。十二年的義務教育不僅可以加強每一位少年的學識品德，更可以帶領他們走過艱難的成長過程。

9. 對於不適於學業研究的國中畢業生，應推廣多元化職業教育。目前我國的五專制及三專制都是多元職業教育的一部分，我們應該更擴展多元教育的領域，例如設立：攝影、屋內裝潢設計、舞蹈、電腦操作科學等，以適應青少年之興趣及市場的需求。

10. 利用暑假，給予教師再教育的機會。例如歐美社會規定，中、小學教師在平時必須進修，或在大學或研究所修習一定學分的相關學科。

11. 學校要盡其可能，擴充硬體、軟體的建設，例如體育館、游泳池、運動場地、圖書設施、電腦設施、資訊設施等等。

12. 加強學校與家庭間的溝通聯繫。學校在普遍缺乏心理輔導專家來輔導適應困難學生之情況下，教師除負責知識之傳授外，亦應扮演積極的輔導功能，對行為偏差或家庭環境特殊的學生加強個別輔導；經常實施家庭訪問，舉行家長座談會或懇親會，藉以溝通導師與家長的管教及輔導意見，以有效輔導遭遇適應困難的學生。

13. 學校應成立諮商輔導中心，積極推展輔導活動。敦聘具有輔導專業知識者擔任輔導人員，除可使學生盡吐露其所遭遇困難外，並可主動地對情緒不穩定，或成績突然退步及犯錯學生，盡早發現，並對其性向及心理予以測驗分析，對其家庭背景等予以調查研究，尋找其癥結所在，建立個案，以採取適當之處置及輔導措施，以導其走向正途。此較之動輒予以記過或勒令退學，使其喪失求學機會，在解決及預防少年犯罪方面，較能收到正面效果。

14. 改進訓導工作，加強導師制度之功能。學校訓導工作的好壞，影響學生行為及生活態度甚鉅，舉凡操行成績之考查，優良事蹟之獎勵及不良行為之懲罰等，均足以左右學生情緒，故應積極改善訓導工作，客觀地了解學生行為的動機、品行、情緒、態度及適應能力等，作為個別輔導之參考；至於導師制度功能之發揮，除應重視導師人選外，導師亦應主動與學生經常接觸，幫助學生解決困難。

15. 提高師資素質，加強教師職責。有良好的教師，才有良好的教育；有良好的教育，才有良好的社會。故老師的職責是神聖而重大的。關心而負責的老師不少，但也有敷衍了事、誤人子弟的老師，這對國家作育人才上是一大弊端；所以提高師資，減少班級學生人數，增加學校老師的配額，使老師得以在量少（學生人數減少、負擔減輕）情況下，達到質精（學生水準提高）的目標。而提高師資的直接管道，就是要發展師範教育，充實師範教育的內容，提升師範教育的水準。這點我國已漸漸有所改善，如將師範專科學校改制為師範大學，同時也改善教師待遇，希望這些新措施，能使教師們更安心於教育崗位上，付出全部的心血及心力，來培育健全的下一代。

16. 改正脫軌的教育方針。今日有部分學校，僅注重校舍表面的富麗堂皇，爭取各種校外競賽優勝，博取社會之虛譽；在校內則只重考試成績之優劣，拼命複習，採填鴨式的教法，不切實際，完全忽略道德情操的培育，往往造成學生為拿高分不擇手段的作法，對品行良好而學業成績平平或不好的學生，造成心理上的不平衡，違背了教育的宗旨。因此，應該加強品德教育，能品學兼優是最好，若無法兼得，寧可培育品行良好而成績平平的學生，也不要培育出品行惡劣卻絕頂聰明的學生。這是我國教育應改進的新趨勢。

17. 身教重於言教。真正優良的人師乃是以身作則，以己身的行為

作爲學生模仿學習的表範，隨時注意己身之行爲是否合乎規矩。若老師行爲不檢，或修養不夠，則如何能作爲學生學習模仿的典範，讓學生心服口服呢？故對學品不良的老師，應本寧缺勿濫的態度予以淘汰，以免誤人子弟。

18. 注重因材施教。學生有不同的個別差異，老師應根據個別差異，施以最佳的教育內容及教學方法，使每個學生都能獲得最適當和最充分的發展，以期「人盡其才」。而欲因材施教，則須先對學生有客觀多面的了解，故應先觀察學生的性向及困難癥結所在，鼓勵學生發展所長，讓學生易於在專長上獲得滿足，如此才不會因缺乏學習興趣，而發生畏懼學校與逃學的心理；同時因學習進步，可增強其自信心，而獲得成就感與明朗的自我觀念。

19. 加強輔導功能。

　　a. 所有老師除傳道、授業、解惑外，亦應參與學生問題之輔導。

　　b. 提高專任導師費，促使每班導師對行爲偏差或家庭環境特殊之學生，加強個別輔導，並經常做家庭訪問，與家長溝通聯繫並合作。

　　c. 生活輔導避免責罰打罵，或隨便爲學生加上壞的標籤，而應爲他們伸出援手，協助其處理困境，並與家長密切聯繫，共謀解決之道。

　　d. 儘量採小班制上課，增加學生與老師接觸的機會，並縮短師生間之距離。

　　e. 適時對學生實施性教育。把性教育視爲一般普通教育來傳授，學生便不會對性產生特別的神秘感。由學校老師來傳授性教育，較少年自不當的書報雜誌獲得不正確的性知識，對少年未來的身心發展有較大的裨益。

　　f. 建立完整的學生檔案資料。對學生的生活背景、健康狀況、

教育經過、能力及性向、個性表現、情緒適應、興趣與娛樂，詳細記載，並善加利用，當可眞正了解學生，收到良好的輔導效果。

g. 定期舉行團體輔導，經由精心設計，並由具有實際經驗的輔導人員負責實施。

h. 輔導老師及人員應以同理心了解當事人之主觀世界，讓當事人自由表達情感，自壓抑中得到解脫。輔導過程中應表現和藹可親的態度，使其產生安全感和信任感。

20. 加強課外活動。不可因升學主義的影響，而忽略課外活動的價值。除了讓學生獲得課本上的智識外，亦應使學生自課外活動中獲得實際生活的各種知識、應變能力及健全完美合羣的人格，故加強課外活動是必要的。

21. 加強法律教育。少年罪犯中，有不少年幼無知，因不諳法律常識而觸犯法令，故宜把法律教材，以實例說明，併入公民課本內；並定期邀請法院辦理少年案件人員，講解法律常識，或參觀少年觀護所、監獄、少年法庭，使其知法而自加警惕，減少少年犯罪。

22. 培養正確的價值觀念。 故總統蔣經國先生曾經說過：「許多青年，放浪形骸、游談無根，悠悠忽忽，自毀其青春活力，自絕於人羣社會，爲什麼呢？由於他們沒有中心思想，迷失了人生方向的緣故。」又說：「我們面對的不是『問題少年』，而是『少年問題』。」故學校教育應指導青少年建立正確的生活價值觀念，使青少年有正確的人生觀及價值觀，在紛紜複雜的社會中，能把握自己的正確方向，成爲國家社會的中流砥柱。

23. 普設家政課程。師範學校及中等以上學校應普設家政課程，並充實家庭教育教材，幫助學生了解作爲家庭一份子之權利與義務，及幸福家庭之構成要件。

爲了防止靑少年犯罪，中、小學教育更必須與社會教育相配合。

中、小學教育，今後不僅應使學生具有蓬勃朝氣與奮發精神，尤需加重倫理道德有關之教材，以挽救日趨衰頹之德育，並一面增加法律常識於公民課程，以啓發其崇法守法觀念；一方面充實民族精神教育，以養成其對國家民族之責任感。

此外，提倡休閒活動，加強學校與家庭之聯繫，使學校、老師、學生與家長打成一片，則學生必能充分接受正常之學校教育，亦能充分發揮教育之效果。

另外，學校教育與方針對靑少年氣質之薰化、品格之陶冶，影響至巨。尤其導師及訓導人員與學生每日相處，更屬重要，故導師與訓導人員實應善盡深入輔導之責任，而學校更應健全教學方針，相互配合，其要點如下：

1. 學校建立個案資料，隨時予以適當之輔導。

2. 多用獎勵方法，積極鼓勵學生向善，以培養其善良行爲。

3. 注意寄居學生之狀況，以作適當之輔導；設法逐年興建學生宿舍，以免感染不良之社會風氣。

4. 訓導人員必須與導師配合，交換意見，溝通觀念，不可各自爲謀，避免學生無所適從，而引起反效果。

5. 應常與學生家長、其他學校及有關之治安單位，彼此之間密切連繫，以預防學生不良行爲之發生。

6. 加強校內外生活輔導，積極清查參加不良幫派組織之學生，隨時注意，並掌握學生生活行爲之動態，以促進靑少年身心的正常發展，培養學生的正確生活理想與習慣。

7. 對優良學生多予鼓勵，對犯過學生儘量避免公開處罰，以激發學生之榮譽心，消除學生之自卑感。

8. 如果發現問題青少年時，對過失重大者，在處分時，應合情合理，不可導致不良後果，並由教育主管機關訂頒「中等以上學生改過遷善註銷不良操行記錄實施辦法」，給予犯錯少年改過遷善的機會。

最後，我們提出學生的十誡：

1. 有害心身的書刊不讀；
2. 有害心身的語言不聽；
3. 有害心身的語言不說；
4. 有害心身的場所不去；
5. 有害心身的娛樂不參與；
6. 有害心身的事情不做；
7. 有害心身的事物不想；
8. 有害心身的朋友不交；
9. 有害心身的新聞不傳播；
10. 有害心身的電影不看。

對於青少年而言，這十誡的意義相當於聖經之十誡，如果青少年能自幼切實遵守此十誡，則從事犯罪偏差行為之可能率將大為降低。

# 第四節　大眾傳播與少年犯罪防治

當社會急遽變遷，而我國已邁入工業都市社會之際，大眾傳播形成青少年教育學習最重要的媒介。根據社會學習理論，人類學習模仿不必經由面對面或直接增強作用，在間接無意的情況下，隨時可能產生學習認同的效果，一九八〇年代初期，美國社會科學家估計；一位年滿十八歲之美國青少年，在其十八年之生涯中，在課堂內上課的時間大約是一萬二千小時，而觀看電視的時間則為一萬八仟小時。由以上之資料可

見，在現代社會中，大眾傳播，特別是電視之重要性。大眾傳播尚不限於電視，其他如電影、收音機、電唱機、報紙、雜誌等都構成大眾傳播之一環。現代都市人口受大眾傳播影響可以說是無微不至，而在成長中之兒童青少年正值無知好奇模仿學習之階段，大眾傳播影響其人格心理之成長實不可言喻。

所謂「傳播」，最簡單的意義便是把資訊、意見、經驗、態度，從一個人傳給另一個人，或者從一個地方傳至另一個地方。大眾傳播之資訊活動是公開的、立即的、大量的及廣泛的。因此大眾傳播媒介之主要特性，就在於其能廣泛接觸大眾，能對大眾作深入性、持久性的影響，由報紙、雜誌、廣播，發展到電視，大眾傳播媒介不但報導社會的動態，而且影響到大眾的生活方式。

大眾傳播具有高度的社會性，藉着文字、形象、聲音，隨時對個人予以刺激和影響，它可超越空間的限制，對個人所表示的態度、意見、成見、思想觀念、價值判斷、輿論謠言、羣眾行爲模式等，予以潛在性和暗示性的影響。因此若不妥善加以運用，可能導致摧殘教育功能的負面結果。

臺灣的大眾傳播媒介，近十餘年來進步神速，但其中有些傳播內容，如犯罪新聞之誇張渲染報導、暴力犯罪影劇之大肆誇張、色情及其他偏差行爲渲染，對青少年產生嚴重不良的影響。如果大眾傳播內容過度描寫暴力新聞及具有暴力鏡頭的影片，再經過份誇張與渲染犯罪事實，則可能提供給有犯罪傾向的青少年以犯罪的價值觀及犯罪的方法。多數暴力影片往往將犯罪者予以英雄式的描寫，對學習力正強的青少年難免產生認同模仿的情結。

基本上大眾傳播對青少年的影響約可分爲三大層面：知識獲取、價值塑造與行爲反應。而在行爲反應中最受重視者莫過於電視的暴力內容

與青少年侵犯行為之關係。心理學理論證明：觀看暴力電影、書籍、畫報的兒童，會導致兒童在現實生活中採取攻擊行為，養成攻擊的個性。數十年來，這是一項中外社會研究的熱門題目。現在我們針對大眾傳播中暴力犯罪主題之影響，由四種不同的理論觀點予以解釋：

（一）淨化理論：此理論強調人們在日常生活中遭受多重挫折，導致他們產生侵略的心態行為，淨化作用則是藉抽象的他人侵略行為之替代參與，以獲取個人挫折感之疏解。因此少年在日常生活中的幻想、挫折或意圖發洩的衝動，藉由觀賞電視中的暴力內容，獲得疏解，進而消弭暴力於無形。日後這項理論經過修正，認為低階層人士比中產階級人士更需要發洩這種積鬱；中產階級的青少年家庭教育較好，可以有效的控制情緒的發洩，而低階層家庭所給予子女的訓練，並不能使之發展出較完整的內在控制機能，因此使得他們比較依賴淨化作用的電視暴力節目所提供的外來力量，以消除其內在暴力的傾向。

（二）侵略性暗示理論：這是心理學「刺激─反應」學說的應用，認為一個人暴露於侵略性的刺激之下，會增強其生理及情緒的激動反應，也就是說，會增強其侵略行為發生的可能率。但在侵略性行為暗示之下，「刺激─反應」關係並非絕對者，在以下幾種情況中，個人易於獲得侵略性的暗示：（1）暴露於侵略性的資訊時，如果個人遭受挫折感深，則容易從中獲得侵略攻擊行為的暗示。（2）如果電視主角的侵略行為愈合理（例如出於報復或自衛），觀眾愈可能獲得侵略行為的暗示。（3）如果電視節目描繪的情況，與觀眾被激怒情況類似，或與觀眾想去應付的方法愈相似，則觀眾愈易於獲得暗示。（4）但如果電視節目指出暴力行為製造他人的痛苦災難，進而激發觀眾的「罪惡感」，則可能制止觀眾模仿學習侵略行為的傾向。因此電視節目中暴力如何被描繪，影響青少年生理情緒，及侵略性行為的反應。

（三）觀察學習理論：此理論認為人類可以自觀看電視節目之侵略行為中學習侵略行為，而電視中的侵略性人物，會給予他們示範性作用。兒童在開始學習各種新行為的過程中，在觀看暴力節目時，亦學習模仿攻擊、侵略的方法。但是學習所得的侵略性行為並不是自動發作，而必須在適當的情境配合下才發生。例如一個人期望侵略性行為會獲得報償，而且電視描繪的狀況與觀眾親身遭遇之社會環境相似，則此人會模仿電視節目的侵略行為。

（四）增強理論：此理論認為電視對暴力之描繪，會增強觀眾心目中已建立的暴力行為模式。然而個人之價值觀、社會角色、人格特性，及家庭或同輩團體的影響，均足以決定暴力行為是否出現。如果個人已經發展出相當程度的暴力性格，這些人會選擇電視中的暴力行為，而這些電視節目會支持（增強）他原有的規範和態度。相對地，非暴力性的觀眾也會選擇符合反對暴力的規範和態度去理解電視節目。但是如果個人缺乏穩定的社會關係則屬例外，尤其是兒童、青少年，當他們與家庭、朋友、師長缺乏穩固的關係時，既不受團體的約束，又得不到家庭師長明確的指導，遂可能會逞強，師法暴力節目的主角，採取侵略性行為。這是值得我們注意的，因為社會上絕大多數可能犯罪的青少年都是出自於這一羣體，他們缺乏穩固的社會關係、缺乏家庭師長的指導、缺乏正當朋友、社團的約束。

在傳統社會中，家庭是兒童社會化最初也是最重要的場所，父母是兒童社會化過程中之主要認同對象。而在當前的工業都市社會中，家庭對子女的影響逐漸降低，學校、友伴、大眾傳播的影響力則相對地增加。例如電視介入家庭後，不僅改變了家庭內部的關係，而且僭取父母應有之教育任務，兒童從電視中學得很多成人並未準備教給他們的知識，這種過早而失去控制的教育，使電視時代的兒童心理早熟，同時也

打破固有的社會化程序，成人在兒童心目中的影響很早就被歪曲，很明顯的這是現代社會人格教育之一大危機。

由於現代電視的特質和電視節目的製作型態，使得電視成爲兒童最容易接受，和最喜歡的大衆傳播媒介。而今天的電視製作型態，往往以兒童爲製作目標，希望吸引他們的注意力，於是更促成了電視對兒童影響力的深入及廣泛性，而電視製作一味的幼稚化、低層次通俗化，低估了收視觀衆的水準，另外強調立卽報酬率，強調感官刺激，以神話般的題材吸引住兒童的注意，這種節目對兒童、青少年產生許多不良的後遺症。

大衆傳播對兒童的影響，主要可分爲資訊溝通的功能、社會教育的功能和休閒娛樂的功能。然而電視實地的傳播在實質上與理想有相當的差距，由於許多商業性及人爲的因素，而發生誤導的現象，提供兒童錯誤的訊息，產生負向功能。

以暴力電視節目對兒童青少年的影響力爲例，北卡羅萊納大學心理學教授羅賓斯坦曾說：「經常看暴力電視的兒童，具有侵略行爲的比例較大。由於兒童、青少年的意識模糊、薄弱、易受暗示，同時又缺乏抵抗誘惑的情緒穩定力和自我控制力，因此長期浸淫在充滿暴力的環境中，極易造成青少年犯罪的心理傾向。」

多元社會特別重視從不同角度來探討與了解問題，從中可澄清疑問，破除成見，培養容忍異己之民主風度。因此電視等媒介對社會問題的報導方式，將深深的影響到青少年對社會的體認及思考。

現代社會的青少年具有一種「他向」的性格傾向，樂於附合他人，並以同輩團體爲主要的認同對象。由於大衆傳播的滲透力量，使他們形成一種超越地區性的青少年次文化，這種次文化的行爲模式，使青少年的生活態度，自成一格，用以自別於社會中所流行的大衆文化。由於青

少年的可塑性強，心智成長未臻成熟，任何外來的資訊與刺激，都足以影響其日後的生活參考資料，甚或引起立即的反應與改變。因此任何不良的媒體報導，都將導致青少年人格的不健全發展，甚或導致其犯罪傾向。近年來臺灣地區的大眾傳播媒介，對犯罪新聞、暴力鏡頭、色情內容有過度渲染的傾向，對兒童、青少年發展產生許多負面的影響，分別討論於下：

（一）對犯罪過程或謀害方法，描寫詳盡，易於給青少年暗示而學習犯罪的方法。

（二）有時對犯罪新聞作英雄式的描述，使青少年因英雄崇拜而模仿犯罪行為。

（三）強調復仇的觀念，易養成青少年復仇的習性，此等情形在武俠片中尤其明顯。其結果是青少年遭遇外來侵襲的時候，有訴諸非理性暴力之傾向，而不是憑理智及法律程序解決事情。

（四）倫理觀念的歪曲。武俠片常只是扭曲誇張些糾纏不清的江湖恩怨，使青少年誤習其內容，而誤用於現代法治社會中。舉一個淺顯的實例，幾年前幾位年輕的兄弟姊妹們，認為法庭審判不公，將他們的父親判以重刑，在審判完畢，父親遣送往監獄的過程中，這幾位年輕的子女竟然企圖以械搶救其父親，結果傷害護送的警員，不僅未能達成搶救的目的，這幾位青少年子女更被判入獄。這些青少年的行為就是受了武俠故事的影響而產生錯誤的判斷及行為。

（五）現代電視節目過度描述社會生活奢侈糜爛的一面，易於導引青少年虛榮心的發展，一旦現實生活不能滿足其需求時，會進而產生反社會的心理，萌發偷竊、強盜的動機。

大眾傳播既然是當前社會教育最重要之媒介，因此如何運用大眾傳播以發揮防治犯罪的功能，實有慎重思考及討論之必要，分別敍述於下：

　　（一）運用大衆傳播倡導勤勞儉樸之生活觀念，以建立一種新的社會規範與生活模式，加強公民生活教育，使我們社會擺脫當前無規範之境界，減低成年、靑少年偏差犯罪行爲之可能。在靑少年的節目中，應配合靑少年崇拜英雄之心理，建立正確的英雄模式，例如我國歷史故事的英雄人物，美國的超人故事及警探爲主題的故事都是很好的題材。但是現代黑社會故事或 007 警探的故事，則主題不正確。

　　（二）淨化大衆傳播內容，提高社會教育的功能：大衆傳播除娛樂之外，尚有其重要的社會教育功能。然而一般的大衆傳播媒介祇注意前者，而忽略後者，諸如渲染、誇張社會的黑暗面，以打鬥、性愛爲主題，迎合大衆的低級趣味。殊不知人性易受暗示，喜好模仿，其中又以靑少年爲甚。因此如何端正主題，淨化電視節目及檢討大衆傳播之內容和報導方式，實爲當前大衆傳播界之重要工作。

　　（三）促使大衆傳播加強法律知識教育，預防少年犯罪。靑少年由於血氣方剛，不諳法律，以致爲滿足一時的情緒衝動，做出犯罪之行爲，而不知其後果之嚴重。大衆傳播若能加強法律知識教育，使靑少年知法、守法、明白自己的行爲之後果，學習自我控制，不但可減低靑少年犯罪，亦可協助靑少年加強自我控制的能力。

　　目前社會人士以悲觀的態度來衡量大衆傳播對靑少年所造成的負面影響，以致有些家長鎖起電視，禁止孩子接觸。這種作法如果沒有良好的替代方式，極可能造成少年的另一種挫折。禁止少年看電視不是根本的解決方法，重要的是幫助他選擇，並隨時爲他們解釋。而社會、政府也應當形成壓力、制度，確立合宜的節目製作規範；業者更該加強自律，努力改善各項節目內容，如此乃能節制犯罪的發生，使社會邁向安和樂利的途徑。

# 第六章　親職教育與少年犯罪防治

## 第一節　導言：親子關係與少年成長

青少年犯罪之原因至爲複雜，乃是生理、心理、精神、家庭、學校與社會、文化、環境等多種因素交互影響的結果。在我國歷年來各地少年法庭所處理之少年事件中，其主要犯罪原因屬於家庭因素居多，民國六十九年一至十二月之間，共計一萬三千零七十五件少年案，而因家庭因素者爲五千三百二十四件，約佔總數三分之一強，家庭因素當中，以管教不當居大多數，佔百分之九十三。

民國七十五年臺北市新和國民中學之家長對子女的教育態度問卷分析結果發現，現在的父母教育子女過度溺愛，致使一般青少年之生活富裕，挫折經驗少、挫折容忍力低；心理成熟低；升學壓力大，學業挫折力大，心理壓抑多，無力感嚴重；物質引誘多，抗拒力小；表達能力普遍提高；喜歡新鮮刺激的事物，好奇心強；自私自利，無原則，缺乏耐心；強調結果，不重過程；不重權威；自尊心強；渴求關懷，討厭干涉。但一般家長的心態則爲：（1）最令父母頭疼的爲國中階段的孩子。（2）現代子女最令父母心痛的是不聽話，愛頂撞父母，不用功讀書，好逸惡勞，成天看電視或與不良青少年爲伍。（3）多數家長認爲現代孩子

行為欠佳，受不良社會風氣影響，子女受社會、風氣影響遠大於父母對其的管教。(4) 多數父母不否認由於不忍見子女再像自己以前一樣吃苦，而對子女呵護備至，嬌生慣養。但子女常曲解父母的關懷，不接受父母的意見。(5) 更委屈的是社會輿論及專家學者每每強調青少年的過錯，源自於家庭及家長教育失當，使父母常感父母難為。(6) 對子女的課業壓力，父母大多認為是社會趨勢所迫，無可奈何。

一九八〇年代青少年的父母，所受的教育有限，以臺灣省為例：90％的父親為高中程度以下，小學程度者佔 40～80％，母親教育更低，小學程度者佔 60～80％，雖然比起三十年前，現代父母的教育程度提高了許多，但還不夠好。不過據「張老師」機構之調查，不論教育水準之高低，其對家庭盡責的程度都差不多。這意味著，青少年的父母所接受的教育雖不夠，卻都很盡責的撫養孩子，只是不懂得更貼心的表達，故現代父母對子女的照顧，嚴格來說是屬於「勞碌命的愛」，父親賣力工作賺錢養家，母親則整理家務洗衣燒飯。我們的父母做到了盡責，卻無法進一步在家庭教養上有更高層次的表現：爸爸想鼓勵孩子然而說不出口，反而罵一頓；媽媽想照顧孩子，卻嘮嘮叨叨；要父母和子女的心併在一塊兒細細談心，卻是心門難開。父母抓不住孩子的心，張著迷惑的眼睛，看不懂也想不通這些青春期孩子怎麼想，甚至他們抱怨孩子的心莫測高深、變化萬千，甚至不可思議。口拙是一般中低教育程度父母的通病，他們對子女的愛只能用「賺錢給孩子讀書」或「煮好吃的菜」來表達。我們提倡高品質的親情，意即情意並重的親情。高品質的親情是愛、喜歡與關心；高品質的親情是尊重與信任。事實上在調查中顯示：40％ 的孩子能感受到高品質的愛意、喜歡與關心，祇有 15％ 的孩子能感受到高品質的尊重與信任。12.3％的孩子覺得父母輕貶子女，16.5％的子女覺得父母不信任子女，這表示以臺北市而言，就有二萬左右的青

少年受父母不當的待遇。更甚而有 6.4% 感覺父母冷淡子女，17.2%感覺父母不喜歡子女，這樣的子女將很容易脫離家庭，爲非作歹。

在調查中，我們發現有 8.7% 的青少年常有離家的念頭，14.5%的青少年偶爾想離家。91% 的離家傾向少年強烈感到在家裏得不到愛，94%的離家傾向少年覺得自己不喜歡家裏人，家裏不溫暖，而有 17.8%的青少年覺得常受家人批評與指責。32%的青少年常覺家裏無聊而有離家慾，19.4% 的青少年覺得在家被束縛著，7.2% 的青少年覺得外面的世界充滿有趣的事物深深被吸引。由以上研究可知：子女興起離家念頭最大的原因是「孩子在家裏得不到愛」。事實上父母對子女的愛包含合理的要求，但 67% 的孩子並不樂意被束縛。更重要的是 20.8% 的孩子不滿父母探問其外出地點，15.4% 的青少年怪父母多嘴干涉其交友，這幾乎充分說明了父母難爲。再以課業而言：80%～85%的孩子認爲課業困擾父母，而父母卻無力幫助。這是非常嚴重的問題，以提高親情品質而言，這一一顯現了高教育與高品質親情之重要性。在提倡高品質親情之前題下，我們一再高聲呼籲父母：「愛他就是告訴他，愛他就是讓他知道」，與子女愉悅的交流，一齊成長，互相分享方得以達到抑制少年犯罪之功效。

討論了一般家庭中親子關係之後，我們也討論年輕父母與子女關係，及父母身份的預備工作。一般來說，我國教育制度重視實質教育，因而青少年所學偏重科技知識，忽視社會教育，對於如何建立美滿的家庭，夫妻關係，親職教育等，缺乏教導。社會教育更包括性知識、家計維持、人際關係等。在婦女懷孕期間，缺少眞實父母角色的訓練，通常在訂婚期間及結婚之前，雙方有機會去發展調適婚姻時期所發生的問題，可以利用討論彼此價值觀，生命目標，分享社會經驗及和朋友的關係。由於年輕夫妻以往是由父母照顧，現在卻要照顧自己的孩子，一旦

工作之餘，責任就是照顧子女。在婚姻調適方面，年輕的夫妻比成熟的夫婦困難。因為缺乏親職教育及經驗，年輕父母不知如何帶孩子。

對於子女的教養，沒有任何人或力量，能代替父母親扮演對於子女人格正常發展的功能。在嬰兒時期，子女與母親之關係是未來成人行為發展型態之基礎；成長之後，男性少年在人格發展過程中，以父親角色為認同的模式，所以，男性少年與父親角色的平衡發展，應獲得重視。

在當前開放式的民主社會中，女子就業者眾，子女不得不送往托兒機構保育。子女與父母分別早出晚歸，終日難得歡聚。在嬰幼兒階段人格塑造最重要的階段，就陷溺於缺乏「愛」與「安全」的境地，縱使父母身心都很健全，也無法以身作則為子女表率，更無從談到潛移默化的教育功效。根據精神分析學者的研究，五歲以前的生活經驗塑造了人格發展的基本型態。為了奠定嬰幼兒健全的人格基礎，防治犯罪，必須重視這一階段親職教育並加強其推行與實施。

國立師範大學特殊教育中心主任吳典武博士曾做過問卷調查，問國中生與高中生：「最了解你的人是誰？」回答父母的不到 2 ％，「最能幫助你的是誰？」回答父母的也不到 2 ％，最多的人回答是「同伴」──同年齡的人。我們不相信同伴真的能了解他、幫助他，只因同伴和他年齡相當、知識相同，心理成熟一樣，心靈比較容易接近罷了，那有能力給他更好的建議或幫助？為什麼孩子會把了解和幫助依賴放在與他年歲相同的人身上？由此研究可見，今天父母對孩子的影響已大不如從前，父母的權威已經一落千丈，孩子有煩惱向同伴傾吐，有困難找朋友幫忙，其實同伴的幫忙不一定有用，真正能幫他的應該是年齡比他大、經驗比他多、學養比他豐富的父母師長，如何重新恢復父母的影響力（不是權威），是很重要的。

很多青少年問題是出自於父母管教不當而產生的。父母親往往不能

隨著青少年年齡的增長，而改變對孩子能力方面的態度，常以子女幼年期的方法來對待孩子。另一方面，當他們想要孩子擔負某些責任時，卻又要求孩子符合年齡的表現。然而親子間的衝突也不可以完全歸咎父母。在所有發展階段裏，幾乎沒有一個階段像青少年期的孩子，既無責任感，又難以相處，難以預測，容易動怒。

許多少年犯罪行為之發生，是由於少年心理不健全所致。少年期是可塑性最大之時期，也是準備將來人格個性之重要教育階段，故此時期人格發展之成敗，對個人將來心理健康影響很大。

每一位少年，大約從十二歲開始，由於生理急速變化成長，人格心態亦隨而加速演變。西方心理學家稱這一段時期為「暴風雨時期」，佛洛依德稱之為「性器期」，以別於十二歲以前之潛伏期，強調這一段時期性生理發展對人格心理之影響。

在青春少年時期大部分的父母對子女的心境都只能部份的瞭解，有時即使希望和孩子溝通，眼見孩子矛盾痛苦，亦束手無策。並不是父母不關心，不瞭解孩子的心情，而是他們擔憂卻又無法幫助。儘管他們知道自己所定的一些規則未必是對的，但是仍然強迫孩子遵循以消除他們內心的不安。

造成父母不安最主要的原因，無非是認為十幾歲的年齡，是人生最重要的時期，個人人格的成長都是在這個階段塑造的。例如一個人的自信自尊，乃至於自卑感以及謙虛、博愛、自私、嫉妒等，此外還有個人的嗜好與性向，都會在這一段時期不知不覺地定型，而這些性格的發展都將密切地關係著孩子未來一生的幸福。生活快樂容易與人打成一片的孩子，長大後自然有積極的人生觀；而個性孤僻，常感被拒斥的孩子，長大後，這種鬱悶的情緒，仍舊不會褪色。

少年在這個階段是極端情緒化，會無奈地以形而上學的哲理解釋人

生的一切事物，不僅對感情及性存著憧憬，對文學、音樂及其他屬於年輕人的活動，也都抱著同樣的狂熱，但在他們意識中的許多想法，都是不切實際，近乎幻想。父母面臨著如何幫助孩子順利成長的困擾，不知用何種方法才能不傷害孩子滿懷的熱情，輔導他們把夢想變成理想。

身為父母的人，面對著成長中的孩子，最重要的是建立其自我肯定的信心，在孩子成長的過渡期，應該以溫柔的態度，探討孩子犯錯的動機。

第一，如果孩子不願意表達心裏的意願，父母應該用何種方法來幫助他們解決困擾？根據達特馬斯大學（Dartmouth College）醫學院小兒精神學教授科班斯的意見：十幾歲的孩子非常渴望別人的關懷，但又倔強地不願表示。他們潛意識中，對父母所要求的不外是下列幾項：（1）父母能支持鼓勵孩子；（2）父母幫助孩子過獨立生活支持他們的行為；（3）雖然孩子表面上拒絕父母的支援，但父母卻仍默默地給孩子關懷與照顧；（4）父母高尚品格與道德，在孩子的心目中有良好的形象。也就是說父母親除了照顧孩子的生活之外，同時也要和他們建立朋友般的關係。

第二，子女為什麼不喜歡和父母說話？南卡羅萊那州醫科大學精神分析學科的喬治·亞文說：十幾歲的孩子之所以有這種態度，通常是不知道應該如何回答父母的問題。於是以此敷衍。當然，有時是不同意父母所說的話，而以此種方式來拒絕回答。此外，十幾歲的孩子還面臨一種困擾，即很難用言語表達出心裏所想的事情。雖然沒有特別的方法，來促進與孩子的溝通，但保持最基本的親切態度，卻能收到很大的效果。例如：當孩子做了某些大人認為不可思議的事時，父母一定會訝異的問：「為什麼這麼做呢？」孩子定會以聳肩來代替回答。如果父母以另一個態度來問孩子：「你當時有什麼想法呢？」這種較溫和的語氣會讓孩子感到親切，反應自然也不同。

　　第三，當孩子悶悶不樂時，基於關懷心理問他到底為什麼生氣，孩子卻總是回答：「沒有什麼事啦！」為什麼孩子不願把心事告訴父母呢？根據紐約州聖畢山塔醫院精神分析科的保羅・大衛說：通常孩子被迫回答某些問題時，就會表現得非常情緒化，所以，他很可能只是無奈地回答：「沒什麼啦！」。常常孩子困擾的是關於性及道德方面的問題，而這件事既不便與父母討論，同時也不是自己一個人所能承擔的，他們想請教父母，卻害怕自己提出的問題被指責為幼稚，所以只好以「沒有什麼事」來敷衍。遇到這種情形，父母不應就此作罷，應該再問孩子：「是嗎？」以溫柔的態度和關切的熱心來激起孩子說出心底的欲望。

　　第四，令子女沒有安全感的父親。父親的態度常是軟弱、消極，是否會對孩子的人生觀有不良影響？羅得斯大學精神分析科的亨利・比拉表示：父親在孩子的人生中，往往扮演非常重要的角色。因此，父親處事的態度也總是直接或間接影響孩子人格的發展，尤其是男孩子。此外，其他的男性在孩子的生活中以及對他們的人格塑造，也都具有重要的意義。母親與孩子的關係也非常密切，因此，如果母親有看不起父親或其他男性的傾向，往往是造成孩子性格偏差的因素。

　　第五，父親過份的批評，看不起自己的孩子，會有什麼樣的後果呢？依照加州大學亞文分校醫學院小兒科的唐納・奧亞表示：有一些高級的知識份子，因自己本身接受了良好的教育，而能力、智慧、普遍受到父母、師長的肯定，日常生活中所接觸的不是專家就是學者，所以，他們不能了解，甚至不能接受自己的子女事實是平凡的人。另一種情形是，父親不能接受子女超越自己的事實。在這種不平衡心態下，也可能批評子女。但對孩子而言，這是一項危機；他們可能會接受父親的看法認為自己真是愚昧無能。由於父親這種潛意識的拒絕與排斥，也會造成孩子無法信賴他人的處事態度，將成為他們與人相處的最大障礙。

第六，要讓年輕人學習自立。據科羅拉多大學醫學部小兒精神分析科的柯波利羅表示：父母親眼看著子女成長時的喜悅心情，以及孩子離開身邊時的悵然若失，但如果這種感情太強烈的話，父母容易沈溺於單方面的感情反應，而忽略了孩子的想法和心態。孩子逐漸表現不需要父母的保護，這並不代表親子間的疏遠，而是成長過程中的正常現象。如果孩子在這段時間遭遇太多的挫折，而覺得無法承擔時，自然會渴望回到父母身邊，接受保護。在這段艱辛的心路歷程中，也能逐步訓練他們學習獨立自主的處事態度。

第七，孩子到底喜歡具有威嚴的父親，還是較能接受溫和態度的父親？據賓州州立大學人類研究學科利索百表示：事實上大多數的子女對具有權威的父親都會產生排斥畏懼感。當然，這種父親的確較不善於和孩子維持親密的關係，但也不能因此說他們不瞭解，不關心子女。根據研究，父親對孩子採取溫和的管教態度，並適時給予關懷和鼓勵，是建立父子親密關係的秘訣，而在這種情形下，孩子會努力學習對自己的行為負責。

第八，被父母寵愛的孩子。據史丹福大學醫學院小兒精神分析科的索爾‧巴薩曼表示：所謂寵愛是父母對於孩子的任何要求，不論對錯，都不加以拒絕。這種情形對孩子不太理想，因為父母的縱容，孩子更不會控制自己的欲求，而造成嚴重的依賴心，阻礙孩子的獨立。事實上，根據心理學者的測驗，適當地讓孩子的欲望受到某種程度的挫折，反而是一種加速孩子成長的很好刺激。寵愛孩子的父母，往往沒有給孩子真正需要的東西，他們否定了孩子成長所需要的刺激。子女的安全感並非物質所能建立的，如一味寵愛，父母為孩子所做的，並沒有滿足孩子的需求，只滿足了自己本身的要求。

第九，父母無法經常在家陪伴孩子。依夏威夷醫學院小兒精神分析

研究所的艾狄、龐斯表示：（1）父母應坦誠向孩子說明自己內心的矛盾與孩子商量解決的方法，或選擇適合的活動讓孩子參與；（2）每個禮拜一定要固定地安排留給孩子的時間，有時候不妨讓孩子全權決定如何渡過這段時間，同時也藉著這個機會訓練孩子安排時間的能力，可說是一舉兩得。

其次，父母的職業，年齡及教育程度亦影響少年人格成長，分別討論於下：

1. 父親職業：父親的職業牽涉父親的威信，直接影響子女對父親的態度及對自己的態度。並且，它也決定家庭的社經地位，影響子女在同儕團體中之地位，及對家庭成員和家庭生活的態度。父親的職業也影響其對子女的願望與行為規範的樹立，尤其急於向上流動的父親，常希望能由子女身上獲致補償，因之，常在無形中施予子女過高的期待、壓力及要求。父親職業也影響家庭的情緒氣氛，特別是動搖不定的職業，常導致家庭成員情緒不穩定，尤其因工作須離家一段時間的父親，每當他回來時，導致家庭成員「再適應」的壓力。根據史托利（Stoly）等的研究，父親經常不在家的子女較父親在家的子女有較多的問題、情緒困擾與不良適應，對男孩的不良影響較對女孩為大。而且根據國內學者研究發現，在各職業類別中，以公教人員家庭的親子關係適應最好，以工人與漁業家庭的適應最差。

2. 母親職業：由於職業婦女在家時間較少，與子女接觸溝通的機會相對減少，在子女的管教態度上重視獨立與訓練，對子女往往有較多的規定與期望。

3. 父母年齡：在親子關係適應中，父母年齡這一因素，可就兩極端來說，一是年齡太輕的父母，二是年齡太大的父母。年齡太輕的父母，特別是忽視為人父母職責與重視同儕團體的年輕父母，往往不能提

供子女健康的家庭氣氛；反之，年齡太大的父母親，是屬於社會生活中一個不同的週期，因而對事情的看法和做法常與子女產生衝突。其次，由於顯示生理老態，常使重視外表的青年以擁有年老的雙親爲恥，同時，年老的父母對子女的行爲多顯得過份焦慮，常形成過份的保護與要求，增加子女的責任重擔與家庭氣氛的緊張。

4. 父母教育程度：一般而言，受過良好教育的父母，常要求子女在行爲上負責，符合團體規範，學習抑制情緒等；在管教方式上通常是比較民主開放，關心子女，少懲罰、允許子女自由發言與尊重子女意見，因此親子關係是開放的，具有彈性及平等性質，其子女在行爲上表現較負責任、競爭、富於想像力的和廣爲友伴所接納。反之，教育程度較低的父母，雖然允許子女有較多身體及社會性自由，但對子女的管教方式多採取嚴厲的體罰，較少給予子女鼓勵讚賞的機會，也難得在意見上與子女溝通，在子女的眼光中，其父母的權威高高在上，其親子關係通常是嚴肅的、緊張的、權威性的與階級性的。根據學者研究發現，父母的教育程度越高，其親子關係適應愈爲良好，尤其以父親教育程度的高低影響特別顯著。

# 第二節　有關父母管教態度之研究

國外有關少年犯父母對子女態度的研究甚多，有些是採用臨床研究的方法，對少年犯與非少年犯父母作比較研究；其中較重要者如下：

希利和布朗諾 (Healy and Bronner, 1926) 之研究：二氏研究芝加哥與波斯頓地區的四千名少年犯，研究結果發現百分之四十少年犯之雙親管教態度不良，而對少年犯有拒斥及剝奪情愛之傾向。

布爾特 (Burt) 之研究：布氏對少年犯早期生活的研究結果，發現

少年犯絕大部分出自具有缺陷的家庭，尤其是來自破碎家庭；在此，「缺陷」一詞包含父母管教鬆弛、漠不關心，管教不一致或是過度嚴格。

黑維特與傑金斯（Hewitt and Jenkins）之研究：二氏研究父母對子女的排斥拒絕、忽視或放任及壓抑等三種態度，對於少年產生非社會化（孤獨性）侵犯行為、羣性侵犯行為與過度抑制行為等三種不良適應行為的相關性。研究結果發現：父母的拒斥態度與少年非社會化侵犯行為的相關最高（r＝0.48）、父母的忽視或放任態度與少年羣性侵犯行為的相關最高（r＝0.63）、父母的壓抑態度與少年過度抑制傾向的相關最高。由此可見，父母的拒斥子女與忽視或是放任的態度，與子女成為少年犯，可能有若干關係。

梅利爾（Merrill）之研究：梅利爾曾採用「親情量表」（Affection Scale）比較少年犯與非少年犯的父母親對子女的同情、仁慈或敵對。其研究結果發現非少年犯中僅百分之三來自父母具有敵對態度的家庭，而少年犯中則高達百分之二十二。在管教態度方面，梅氏發現少年犯中四分之三的父母管教態度均為太鬆弛、太嚴厲或不一致。

葛魯克夫婦（Glueck and Glueck, 1934）的研究：葛氏於 1934 年所發佈的《一千名少年犯》論著中，發現父母管教態度失當，乃是犯罪少年的重要成因之一。1950 年他們出版《少年犯罪之剖視》一書，比較五百名犯罪少年與五百名正常少年父母管教態度與對子女情感，結果發現：（1）在父母管教態度方面，少年犯的父親管教態度不一致者，佔百分之四十二，其次為過度嚴格與太鬆弛的態度，各佔百分之二十六與百分之二十七，而僅有百分之五少年犯的父親，其管教態度是穩固而溫和的；但是，非少年犯之父親持穩固而溫和的態度者，佔百分之五十六，不一致與太鬆弛的，各佔百分之十八，過於嚴格者僅佔百分之八。

至於母親部份，少年犯中最常見的是太鬆弛的管教態度，佔百分之五十七，其次爲不一致的態度，佔百分之三十五，最少的是太嚴格與溫和的態度，各佔百分之四；但是，非少年犯的母親，其管教態度穩固而溫和者，佔百分之六十六，其次爲不一致的態度，佔百分之二十一，再其次爲太鬆弛的態度，佔百分之十一，太嚴格者僅佔百分之二。由此可知，父親的不一致管教態度與母親太鬆弛或不一致管教態度，均與少年犯之形成具有相當密切的關聯。

(2) 在父母與子女的情感關係方面，少年犯的父親具冷漠態度者，佔百分之四十三，具溫暖態度者，佔百分之四十，敵對或拒絕佔百分之十七；在非少年犯中父親具溫暖態度者佔百分之八十一，具冷漠態度者佔百分之十六，具敵對或拒絕態度者僅佔百分之三。少年犯的母親具溫暖態度者佔百分之七十二，其次爲冷漠的態度，佔百分之二十一，具敵對或拒絕態度者佔百分之七；在非少年犯中，母親對待子女以溫暖態度者佔百之九十六，冷漠與敵對的態度各佔百分之三與百分之一。

葛魯克夫婦於 1962 年更綜合其數十年對少年犯罪家庭因素的研究結果， 出版《家庭環境與犯罪》一書。 書中指出由於父母對子女的拒絕、冷漠、敵對以及過份嚴厲或放任的態度，導致子女敏感、多疑、情緒衝動、情緒不穩定、缺陷感 (Feeling of Inadeguacy)、無助感、孤獨感、怨恨感、不被需要與愛護感等傾向，乃是形成少年犯罪行爲的主要原因。

麥科得 (McCord) 夫婦之研究：麥科得研究二百五十三名十一歲男孩的家庭關係，再經過十六年追蹤研究之後，將這些樣本分成犯罪組與非犯罪組，然後將其家庭關係中父母對子女的態度分爲常態的愛護、焦慮性的愛護、過度保護、神經質的愛護、殘忍的、漠不關心的、消極性的與忽視的態度等八種類型。結果發現父母具有忽視態度者，其少年犯

罪率高達百分之七十二，僅百分之二十八未犯罪。具消極態度者，子女犯罪佔百分之五十七；漠不關心者，少年犯罪率為百分之五十；殘忍態度、神經質的愛、過度保護、焦慮性的愛又次之，而以常態的愛之少年犯罪率最低，僅佔百分之二十七。由此可知，父母對子女排斥、冷漠、消極、不關心、殘忍易於促使子女走向犯罪偏差行為的途徑。

麥科得夫婦又於 1959 年與柔拉氏（Zola）共同研究父母親對子女的情感關係，對少年問題行為的影響。研究結果發現受父母親拒絕的少年，其犯罪率最高，受父母親愛護的少年，其犯罪率最低；而當雙親情感態度不同時，父親拒絕子女，母親愛護子女的少年，其犯罪率低於母親拒絕而父親愛護的少年，以上研究結果證明母親對子女拒絕態度與少年犯罪之形成，關係較為密切。

安得利（Andry）之研究：安得利比較八十對經過細心配對的再犯少年與一般少年之父母對子女之情感，結果發現：犯罪少年雙親情感之不適當程度，甚於一般少年，且以父親的情感關係最為重要。

在國內也有許多學者從事這方面的研究，而其研究結果也大致相同，例如蘇發興，他以臺北地區 80 名正常少年與 30 名犯罪少年為研究對象，結果發現：父母親的管教態度和少年犯罪之形成有密切關係。李淑玲之研究，比較高雄少年輔育院 80 名學生與 105 名國中學生在父母管教態度上之差異，結果發現：少年犯與國中學生在父親的拒絕態度、嚴格態度、期望態度與紛歧態度以及母親的拒絕態度、嚴格態度、期望態度與矛盾態度上，均有顯著差異，而且均係以國中學生的父母管教態度較為適當。賴保禎之研究以 134 名少年犯與不良少年以及 165 名國中學生為研究對象，比較兩組少年在父母管教態度方面之差異，結果發現：除了父親的溺愛態度上無顯著差異之外，其他均有顯著差異；犯罪之少年父母管教態度，傾向於拒絕、嚴格、期待太高、前後矛盾、雙親

意見紛歧，且犯罪少年之母親較一般少年的母親更溺愛其子女。

　　張華葆民國七十七年的研究，比較二百餘名少年犯與二百餘名正常少年的社會家庭背景及人格個性，也發現少年犯之父母在管教督導方面有許多缺失。綜合國內外的研究，我們得到一致性的結論是親情，父母對於子女之管教督導對子女之人格心態影響重大。

# 第三節　管教子女的原則

　　父母是子女最早接觸，接觸最多的成人；在兒童心目中，父母是最重要的影響人物。親子關係是人際關係的一種，因此從小卽應培養良好之親子關係。

　　父母管教子女的行為本身並不是重要因素，子女對於父母管教的「知覺」，才是最重要的影響因素。所以在管教上最值得注意的，是要力求避免使子女認為是一種「洩恨式」的管教。父母對子女行為的表現應該適當：子女做得到時，給予贊同和鼓勵；做錯時給予不贊同的表示。

　　在管教上，父母必須先了解孩子們的需求。

　　（一）人類共同的需求：

　　1. 生理需求——父母提供孩子的第一項就是滿足他們生理上的基本需要。

　　2. 安全需求——「家」是個庇護所，要讓孩子不受風吹雨打，不被人欺負。

　　3. 愛的需求——孩子都希望被父母親關愛，我們常常發現母親打了孩子，孩子依然拉着媽媽的衣袖說長道短，為什麼？他希望母親在打了他之後能對他笑一笑，安慰他一下，他就滿足了。

4. 隸屬的需求——一個家庭一定要讓孩子覺得他是家裏的一份子，在家中有地位、有價值。

5. 尊重的需求——孩子雖然小，但他也有和大人一樣，希望自己的想法能被尊重，人格也能被尊重。

6. 自我實現的需求——這是每個小孩子最高層次的需要，他們需要有機會發展自我能力。

父母管教態度可分爲四類：①接受或拒絕。②溫暖或冷淡。③開明或武斷。④容忍或限制。持接受態度之父母容許子女培養發展其天賦，不妨害其個人與社會的適應性。他們也盡力去了解子女的興趣和潛力，並提供發展的機會使他們有成就感；不勉强子女做能力不及的事情，或與別人比較，最大的特點是容許子女和他們不同，而且鼓勵他們成爲一個對己對人負責的人。受到接納管教的子女，往往比較友善，合作而誠懇；能表達感情、情緒穩定；有較强的自我控制能力、注意力、持久力、及做事的恒心；爲人比較自然、坦率可靠，心情也比較愉快寧靜。拒絕的管教態度可分爲消極的和積極的。消極的指不聞不問的態度，不讓子女妨礙自己的生活和工作，不關心子女的需要，並往往將管教及照顧子女的責任推給別人，其最大的特點是，不給子女時間與關懷。積極的拒絕態度指偏用專橫壓制的管教方式，如懲罰、批評多於獎勵與輔導。他們定的規則多，要求嚴格，有時甚至出言諷刺、傷害子女的自尊心，如此無異是排斥子女，與子女站在敵對的地位。拒絕的管教態度使子女因爲經常受到挫折，而內心充滿敵意，對人對事傾向攻擊性行爲，常表現不合作、不合羣、不服從的行爲，無法適當的表達感情，難以有效的集中注意力，做事缺乏信心，對人冷淡，難控制自己的慾念及情緒。

溫暖或冷漠的管教態度，與親子間溝通情感有關。前者樂於向子女表露感情，也讓子女表達自己的感受。冷漠態度的父母不向子女表示喜

愛之心，常與子女保持空間與心理距離。有些父母以爲不糾正子女錯誤
便是溫暖、接受，其實這是縱容、溺愛和不加管教，這些誤解是需予澄
清的。 開明的管教態度基本特徵是民主， 父母容許子女對家庭參與意
見， 家規較少較寬， 而且凡有規定必說明理由， 父母樂於回答子女問
題，鼓勵他們探求知識，與子女的關係是親蜜融洽。這種態度使子女樂
於探討事務， 從事建設性創造性的活動， 並對學術活動產生強烈的興
趣，一方面善於領導與支配，同能也比較能接近別人，因此適應社會能
力較優。

武斷管教態度之父母，則完全不相信子女有處理自身事務的能力。
家中規定多且嚴， 又不喜解釋原因， 對子女提出的問題覺得不耐煩。
這種獨斷式家庭中的子女，不喜探討事情，對學術工作缺乏興趣，支配
與領導能力差，與人和睦相處的能力也較弱。事實上極端容忍的父母加
於子女的限制少，幾乎不設立任何行爲標準；極端管制的父母則常超過
適當管教子女的需要， 所以皆弊多於利。 據研究， 犯罪青少年多半來
自控制太少，控制太多，及無規律性控制之家庭。故父母管教態度之配
合與互動關係，原則上應是接受子女，儘量採取民主與開放的方式與態
度，並能在容忍與限制之間，調節適中，才能對子女的性格產生良好影
響。

事實上明智的管教是給予子女親切的允諾、清清楚楚的說明，以及
明明白白的禁止。 首先須由成人直接去體認孩子的自我力量， 並且在
能忍受挫折又不被其擊潰的範圍內實施。否則就可能造成管教過分的現
象，使他們在應有某種作爲表現時，卻只會被動地接受各種加諸於其衝
動之上的限制。這也說明管教子女或限制他們某些事物時，須進一步了
解和考慮孩子們的能力，並站在孩子的立場設想。值得關切的是，孩子
對行爲控制的發展遭受失敗時，就很可能變成有困擾且不快樂的孩子。

一個孩子常遭受到許多衝動的衝擊，其中有些會由於父母的贊同而獲得滿足，其他不能輕易或不完全滿足的孩子就必須發展適當的自我控制和昇華的作用。如果在控制衝動和滿足衝動二者之間，未能獲得協調以發展滿意的平衡，他的行為就變成放縱而無法預測。尤其在沒有適當模式可循的情況下，少年可能自行衝動的尋求各種獲取滿足的途徑。因此，明智的管教宜及時指引其方向並說明其理由。

　　一般說來，孩子有自己的想法或主張，而父母也有他們的原則和要求；二者如果無法取得協調，則產生衝突。權威型的父母，當孩子的行為和他的要求違背時，往往大發雷霆，採取以暴制暴的方式來處罰孩子，子女在此種教養下，可能形成兩種後遺症：一為反抗性愈來愈強，對家庭產生敵意，終於離家出走或加入幫派。二為失去自信心，過度壓抑自己，變得神經質，即使一點小事也無法自行抉擇，依賴畏縮。另一種完全放任的父母，因為對子女已經失望而放任，子女覺得父母無視其存在，更是我行我素變本加厲。這兩種型態都過於偏激，不易為子女所接受。事實上民主型的父母，也並不易為，當發覺與子女有磨擦時，都急於想解除僵局，去了解孩子轉變的原因，進而幫助孩子，可是父母的意見卻不為子女接受，令父母有受挫的感覺，為了避免正面衝突，影響家中氣氛，只好假裝無事，裂痕任其日益擴大。當彼此的價值觀不同，各持己見時，父母能否站在孩子的立場來看一件事，去接納孩子的想法，都是打破僵局的關鍵點，要改變一個人的態度可能不太容易，但要搭起父母子女間的橋樑，父母改變其本身的行為是有效的步驟。

　　有些學者從不同角度，探討父母教養子女態度的類型，如賴保禎教授修定的「父母管教態度測驗」中，將父母管教態度分為六類型：拒絕、嚴格、溺愛、期待、矛盾與分歧型；美國學者普羅（D. K. Pumroy）將全美有關父母管教量表加以綜合分析，歸納為四類：保護、嚴厲、拒絕

和放縱四種類型。

根據威廉士（W. C. Williams, 1985）雙層面分類法，把父母教養態度分為權威和關懷兩個獨立層面， 權威指的是父母對子女要求的多寡， 關懷指父母對子女愛護的程度； 再依兩者程度分成高低：「高關懷、高權威」、「高關懷、低權威」、「低關懷、高權威」、「低關懷、低權威」四類型。

教養子女的基本原則如下：

(1) 充分的愛心和關懷，適度的要求和約束。

西諺：「僅祇是愛是不夠的」（Love is not enough）， 愛子女必須配合適當的管教。愛是要協助子女，不是代勞；父母應該提供子女較少威脅性、挑戰性的工作情境，並不是讓孩子事事順遂，完全舒適。

(2) 對子女應一視同仁，不可厚此薄彼；宜因材施教，因勢利導。

(3) 顧及子女對父母教養態度的知覺與感受。

(4) 父母應該成為一面反映子女真正形象的平實鏡子。

(5) 父母教養子女的態度與方式須協調一致，相輔相成。

(6) 善用獎懲原理，以協助子女建立正確的道德標準和價值觀念。

其次應充分發揮親子間交流。

親子間有沒有充分交流的機會，往往影響子女日後人格的形成和未來的成就。 親子間交流的形態是多方面的， 而最基本的一種方式就是「語言」。經常與子女交談，給予關懷，使得彼此感情得以交流，同時讓子女也感覺到溫暖，這是極其重要的。每個家庭親子間交流的方式並不一樣。要去研究一個家庭親子間交流方式是很困難的，最好的方法是觀察法。父母應尊重子女的地位，了解子女的需要，容忍子女的衝動，充分發揮交流作用，使子女獲得自我的發展。

青少年最常接觸的人是父母。親子間有一份與生俱來的情感。父母

愛子女是基於血緣關係，會愛到無微不至的狀況，猶如靑少年所說的愛比天高、比海深，這是一種自然現象。由血緣而產生的親情，是動物的本能之一。

親子溝通時，父母應注意事項：

（1）傾聽孩子說話——父母如樂意花一點時間與子女溝通，一定可以促進了解孩子，及早發現孩子的問題，幫助孩子解決困難。

（2）強調重要的，忽略不重要的。做父母須就事論事，從大事上強調，小事不要囉嗦。卽使要糾正，也要找適當時機。

（3）溝通時要具體，言詞要合理。

（4）尊重與接納——尊重孩子獨立的人格，尊重孩子不同的意見，不管他意見對和錯，都讓他表達。

（5）以身作則。

（6）可發脾氣，但不可以羞辱孩子自尊心。

（7）適當的讚美及稱讚。

（8）切忌說教。

（9）多運用建設性的討論，不要惡劣的爭吵。

（10）不找藉口，不可遷怒。

（11）適當的許諾，合理的限制。

家庭氣氛影響家庭溝通，而家庭氣氛大致可分爲四種類型：

（1）嚴厲式：

親子關係爲「單向溝通」。例如傳統式家庭，父母管教嚴，使孩子內心受到某種程度之影響：心理恐懼、怨恨、悲觀、膽怯或神經質。

（2）縱容式：

以溺愛方式管教子女，會使子女不滿現實，衝動無禮，性情暴戾，放蕩不羈。許多少年犯來自縱容式家庭，值得我們警惕。

(3) 民主式：

採雙向溝通，彼此接納，是最佳溝通方式。

(4) 父母教養態度不一致：

父親過嚴，母親縱容，養成孩子虛偽的個性。在教養上一方過嚴，一方溺愛，造成「混亂的溝通」。

高登 (Thomas Gordon) 是美國撫育兒童的專家。在他的著作《怎樣做個好父母》(*Parent Effectiveness Training*，簡稱 P.E.T.) 中，他提出一套培養孩子負責任的方法。P.E.T. 技巧中有二個核心，一個是「主動的傾聽」(Active Listening)，這可以幫助父母成為孩子們的好聽眾而更了解孩子；另一個是「共同參予解決問題」(No-lose Problem Solving)，透過這些技巧可以減少家庭衝突而協助解決問題。

葛拉賽 (William Glasser) 也發展了一套教養子女的法則，他訓練父母親從事親子溝通的方法 (這套方法，簡稱 P.I.P.)，目的在於建立親子友愛的關係，更而企圖改善子女的行為心態。葛拉賽的訓練課程着重教導父母參與 (Involvement) 子女的思想及生活。親子之間必須坦誠、信任，着重當前的情境，而非過去。

葛拉賽的訓練課程又可分為七個步驟：

(1) 建立並且維持參與感，參與子女的生活；

(2) 強調現在，不要追溯過去的許多原因，重視當前的行為，人際關係及情境；

(3) 重視社會道德及價值規範，這些是正常人格之基石，是維持正常心態的支柱；

(4) 擬定計畫，決定現在及未來生活規律及目標；

(5) 承諾。要求子女，包括父母本身承諾，一定去遵行既訂之計畫，諾言；

（6）絕不允許以任何藉口破壞承諾或計畫；

（7）不處罰。子女有錯誤時，以不處罰爲原則。

少年在人格轉化期間，家庭所給予的影響最大。羅米格（Romig, 1978）對少年犯罪各種輔導計畫的評估，指出十二項家庭輔導（Family Counseling）較爲有效，敎導父母如何與子女溝通，如何解決家庭問題以及敎養方法，對培植新生代之人品，影響重大。

依據以上的分析，我們的結論是，要培育年靑上進奮發的下一代，必須有完善的家庭結構、夫婦和協、家庭和樂，最重要的是，敎養子女重質而不重量，應有一套完備的輔育計畫，配合夫婦經濟狀況，以家庭計畫中心的輔導方式去安排，另外應先儲存子女敎育基金，而且應該全心全力投注於孩子的敎育、人格、品性發展，以身作則，給予最適當的敎導。

在親子溝通方面，父母應注意的是：

（1）傾聽孩子說話

父母盡量留在家裏晚餐，不要太沉迷連續劇，多分點時間給孩子，耐心聽孩子講話，細心於孩子談話內容，專心於孩子的問題，讓孩子多表達意見，然後給予適當的反應。

（2）強調重要的，忽略不重要的

父母要就事論事，從大事上強調，小事不要一再囉嗦；卽使是不能疏忽的小事，要糾正也要找個適當的時候，方不會造成孩子的不愉快甚至反抗。

（3）溝通要具體，言詞要合理

（4）尊重與採納

尊重孩子獨立的人格，及其不同的意見，不但不要在公眾面前批評孩子的意見，若其意見不適合，私下予以勸導。接納孩子，鼓勵孩子發

表他心裏的想法，鼓勵孩子作適當的情緒反應。要求孩子勇敢，但若眞的很傷心時，就讓他痛哭一場，以發洩他的情緒。

(5) 以身作則

(6) 非語言的溝通比語言的溝通更有力， 卽善用身體語言 （Body Language），如父母說「好」時，用點頭或微笑等姿勢配合以表示願意。

(7) 可發脾氣，但不可羞辱人

孩子犯了錯，可以糾正他，但不要用不當的言語、體罰，或當眾羞辱子女。

(8) 適當的讚美

心理學家指出， 獎勵的效果優於懲罰， 故能用獎勵的， 就少用懲罰，但注意不可過度。

(9) 切忌陳詞和說教

以「疏導」的方式較好。

(10)多運用建設性的討論，不要用惡劣的爭吵。

(11)不找藉口，不可遷怒

父母最好不要以孩子爲「出氣筒」。有困難時，用孩子聽懂的方式說出來，而不要以孩子爲「代罪羔羊」，遷怒於孩子；孩子也要體諒父母因困境而產生的壞情緒。

(12)適當的許諾，合理的限制

父母對孩子不要「有求必應」，而要加以選擇，給予合理的限制。父母最好不要輕於許諾，但旣許諾後，必要實現。

要預防少年犯罪，必須從加強親職教育方面著手。如何推動親職教育的工作，鍾思嘉提出下列建議，可作參考：

（一）在高中、高職、大專院校設立親職教育課程。個人認爲其實從小學就可以開始親職教育；年齡雖小，但就是要在他還未有正確判斷

概念時，即給予他親職教育的概念，讓他有健康、正確的親子關係態度和健康的人格，先於不良環境及朋友的接觸，在未來碰到時能有辨別是非的能力和自制的定力。

（二）獎勵辦理親職教育優良的機構、學校或民間團體。

（三）廣播電視等傳播媒體中，增闢一系列親職教育、婚姻教育等講座。

（四）在各縣市社區設立家庭諮詢服務，並請專業人員提供各項專業服務。

（五）在各社區心理衛生中心、衛生局所，配合原有心理諮詢、家庭計畫等工作內容，增加親職教育和婚姻教育的工作項目，工作人員並且接受在職教育和訓練。

（六）對於犯罪少年父母的處置，除了公布其名單外，加以再教育方式，如子女犯錯，指定其父母接受親職教育訓練，以督促父母親重視和接受教育兒女的責任。

（七）運用一些已有基礎訓練的輔導、社工人員接受親職教育師資訓練，以為充分的人力資源。

（八）成立親職教育工作隊，至全國各地招訓親職教育工作人員，再由他們推展和輔導當地的親職教育，由政府有關單位與學術界集思擬定訓練計畫，並請各地方社教單位協助施行。

（九）聯繫各民間企業、教會組織、社會公益團體，共同舉辦親職教育講座，親職教育夏令營或研習會等活動。

（十）訂定長期家庭教育發展計畫，並進行有關親職教育研究。

除了以上十點外，蔡德輝教授認為社區或學校應多辦「媽媽教室」「爸爸教室」活動，使父母有再教育的機會，使其能夠成功的扮演為人父親或母親的角色。

至於親職教育內容如何？依據蔡德輝教授的研究及作者的見解可分述如下：

（一）父母應示範建立正常的家庭生活

犯罪少年中，有不少是因父母失和或生活不正常所引起的，因此父母有責任建立健全的家庭生活，以身教代替言教，宏揚家庭倫常，使青少年有從屬性和被愛感，建立起健全的人格。

（二）父母必須使子女有隸屬感

子女於家庭生活中，除生理需求應予滿足之外，心理需求如愛與溫暖，也應得到滿足。愛的具體表現是受父母重視、接受，在父母心目中有地位，才能獲得眞正的安全感。如果在家裏有被拒絕的感覺，則心理上將遭受無法負荷的打擊，嚴重者將產生恐懼、妒忌、憤恨、孤獨之心理，在此情況下，子女將難以發展健全的性格。

（三）父母應培養子女一種或多種正當嗜好

這不但可以做爲個人合理的情緒發洩方法，減除個人挫折壓迫感，同時亦可增加其與良好社會環境接觸的機會，擴大眼界，增其智力，亦可調劑身心，而不致以煙酒嫖賭來做爲排遣休閒活動之方法。

（四）發現子女有適應困擾時，應及時輔導

少年時期在成長過程中，面臨各種轉變、反抗、競爭及適應困難。在此過程中，子女不免遭遇學業、行爲、思想、人際關係的困擾。爲父母者，應體諒子女的困難，隨時主動對子女加以關心，並給於適當的鼓勵，而非責罵。若子女不願說出原因，可透過朋友或老師的協助，以解決其問題。

（五）父母對子女不要要求太高

對子女期望水準要依其能力與興趣而定，不可苛求，否則易使子女好高騖遠，操之過急，一旦希望破滅，則將葬送其美好前途。因此父母

應注意觀察其潛在能力及其心理發展，設法使少年依其興趣、性向，發揮其潛力，而知樂觀進取。

（六）勿輕易給子女加上不良標籤

根據美國犯罪學家貝克（Becker H. S.）及李瑪特（Lemert E. M.）所提標籤理論，勿輕易給偶爾犯錯的子女加上不良的標籤，如「壞孩子」、「笨小孩」、「問題少年」等，因任意給子女加上不良標籤，非但無助其改過遷善，反將使子女改變其自我形象，認同於此一不良標籤的期待角色，極易促使其陷入更嚴重的偏差行為。

（七）父母應改變升學主義的教育價值觀念

目前，由於升學主義引導我國教育方針，父母期望子女學有所成及接受高等教育，自是無可厚非，但如果子女對讀書或升學缺乏興趣，則不可過分勉強，並勿期望過高，免因子女無法達到父母要求而遭受挫折，產生自暴自棄，無法適應及心中充滿苦悶與挫敗感，遂以逃學、逃家、打架及吸食迷幻藥等偏差行為來宣洩內心的苦悶心緒。

（八）建立適當的獎懲觀念

對子女獎勵與懲罰是良好社會化的必要手段，如果一味懲罰而缺少獎勵，子女可能對父母產生懷恨或敵意，而日漸疏遠；如果獎懲模糊不清，子女便不知何者當為，何者不當為。

除此之外，我們更強調合理的管教，父母應採用嚴而不苛及寬嚴適中的管教態度。父母應以身作則，檢點言行，戒除不良嗜好，實施民主方式的獎勵與懲罰以教導子女。捨棄打罵教育，以免傷害子女的自尊心或使子女模仿大人的攻擊行為。

近年很流行「代溝」一詞，指的是兩代之間的差距，父母常抱怨現代的子女太不尊重他們，而子女也抱怨父母太不了解他們，使得原本和樂的家庭時起爭端。在大多數充滿衝突的家庭裏，不和諧的主要原因，

只是由於家人沒有把感受到的愛和所懷有的善意，恰當地溝通出來。爲促進和諧親子關係，父母親應該：第一、積極傾聽。所謂積極的傾聽，就是聽者嘗試瞭解說話者的眞正感覺或訊息的含義，然後，他將所瞭解的轉爲語言，再傳送到原說話者處，待他作進一步的證實。這位聽者，並不插入其個人的意見，如批評、勸告、邏輯分析，只將他所理解的不折不扣的反映回去。父母與子女雙方都應學習聽的能力；許多人都有一種毛病，光講不聽，抑或聽不懂對方的意思，結果無法接受對方的感覺。因此，父母與子女之間，在表達意見時，應該多學習去聽。

第二、儘可能表達好的溝通：孩子不是天生就會表現好的行爲，這需要大人用愛心、細心和耐心去呵護培養。好的行爲需要得到讚賞，包括口頭的、行動上的，諸如：「我們很高興你今天在餐廳的表現」，「你學得眞快」等等，都是對孩子有用的讚賞。不論用的是一個微笑，一個讚美的動作，甚至物質上的獎勵，每個孩子在表現好的時候，都需要被承認、被接納。

第三、溝通時要清楚、具體：稱讚孩子的時候，要注意針對具體的行爲，表現和進步，不要做一般泛泛的誇讚。父母只要具體地針對子女好的表現表示接納和讚許，至於結論，讓孩子自己去下吧！他知道自己做得多好，但是也需要你的接納來肯定自己，在一次又一次的肯定中，他的自我觀念得以成長。即使必要作批評時，也要以誠懇的態度，具體提出來，不要用貶損、嘲諷的語氣。

第四、採平衡的，雙向的溝通：在這種溝通模式裏面，溝通是雙向的，你來我往，是一種相當平衡和諧的溝通。親子之間能夠自然表達人的感覺和思想，而不會被拒絕或受到威脅，彼此互相敬愛，互相接納，親子雙方面的認知和情緒功能，都能正常發揮運用，子女在這種模式裏學會了如何平等且平衡的與別人溝通。

第五、不要以自己的尺度來衡量孩子：許多父母慣於設立一套公式，將孩子套入自己所期望的模式，殊不知時代變遷之後，有很多事情也改變了。常聽有些父母對孩子說：他們現在生活已經夠好了，還不知足，我們以前那有那麼好，有布鞋穿就很高興了，那敢想一定要穿皮鞋。而孩子的回答常是：現在時代不同了。做父母的應該接納子女是一個獨立完整的個體，尊重子女的看法，並且願意進入對方的感受裏面，從對方的立場來看事物。因此，父母與子女之間有了代溝，並不是最嚴重的問題，如何彼此欣賞，彼此接納才是最重要的。

第六、父母要注意子女身心的正常發展：父母平時須對子女的身心健康狀況加以關注，若發現生理、心理殘缺或精神異常，應及早延請醫師治療，並加以指導正確的性知識與生活習慣。

第七、努力培養家庭和睦的感情：父母之間的情感要融洽，不在子女面前吵架。子女不良行為，偏差行為，甚至犯罪行為，有來自父母的不道德、違法、犯罪的看法與想法的內化結果。

第八、鼓勵子女參加正當娛樂活動及家庭娛樂：並以愛心多加關懷，以期子女在潛移默化中養成正常的人格，舒展其過剩精力及過份的壓抑情緒。

成功的父母，至少具有五個共同的特性：

（1）成功的父母對孩子不僅提供生存所必需的「奶」，也提供孩子對生活感到愉快的「蜜」。

（2）成功的父母必定是一位良好的學習者。

（3）成功的父母樂意接受社會文化所賦予的角色，及其應有的角色行為。這不僅是父母的角色，更包括其他社會性的角色。

（4）成功的父母知道理想的親子關係，是長期培養的結果，不是一朝一夕能獲致的，而他們願意為了建立這種關係而付出自己的心血。

(5) 成功的父母是和諧家庭的創造者。

為了幫助子女成長，將來成為獨立、正常、有道德感、有能力的人，為人父母應培育健全的青少年人格，包括以下幾項重點：

1. 建立正確的人生觀。

2. 加強自我控制能力。

3. 與他人建立良好人際關係。

4. 應面對現實解決心理衝突。

5. 應了解父母的苦心，努力縮短代溝之差距。

6. 把握現在環境充實自己。

為了預備青少年去面對將來複雜的世界，必須訓練他能有明確的思考能力和健全身心的發展。決定孩子每一階段智力發展的優劣，有一最重要的因素，就是孩子受到情感的滋養的程度如何？父母在無條件、真正地愛孩子方面做得愈好，孩子的智力發展便愈好。孩子愈能體會到被愛，他愈能有清晰合理的思考能力，否則他的心智就顯得脆弱，貧乏及混亂，容易受情緒干擾。

若要孩子具有堅定健全的心智，他必須對自己懷有美好的信念，然後，他才能長成有智慧、懂事的人，能以正確的眼光來衡量一切事物，並控制超越自己的情緒，許多青少年沒能深深感到自我確信和自我贊同，因為他們沒有從父母或長輩處得到確認和讚許。許多父母犯了一個錯誤，就是只改正孩子的錯誤；但孩子除了被糾正外，還要得到贊同、確認和讚美，他們才能對自己產生信心。

父母應隨時聆聽孩子的意見，真正了解其中的涵意，先不管自己的想法如何，不要急著指出他們的錯誤或與他們爭論不休，應以尊重的態度來討論他們的觀點，並冷靜表明自己的看法。一旦孩子明白你對他們的愛和尊重，他們便會逐漸將你的意見和價值觀融入他們的思維之中。

　　要教養未成年的孩子，在目前的社會裏是很困難的。孩子就像是一塊璞玉等待耐心、愛及技巧，將它琢磨成發光的美玉。從孩子出生，就開始教養他，不能放任、溺愛，應施予了解，愛的教育。少年人格的塑造，健康心理的發展，足以影響其一生，更而影響社會、國家。

# 第四節　親子關係與少年犯罪

　　美國犯罪學家芮克萊（Reckless, 1961）根據內在控制系統與外在控制系統之交互作用而提出其抑制理論，說明少年犯罪形成的原因。芮氏認為如外在環境有誘發少年趨向犯罪因素時，而少年本身又無法抑制其內心之慾望，則極易導致犯罪行為之發生。芮氏認為少年如有良好的自我觀念，卽使生活在一個足以誘導其犯罪的社會環境中，亦能發生絕緣作用，亦能排斥外在不良環境之誘導。因此預防青少年犯罪，探本追源，應加強青少年之自我觀念、自我控制能力，健全發展之超我，強烈責任感，以及在願望不能滿足或遭遇失敗挫折時，應如何轉化尋求其他合法之取代和培養高度的自我控制能力。

　　問題青少年出自於特殊的家庭結構及親子關係。根據周震歐教授「臺灣地區男性少年犯罪與親職病理」的研究結果顯示，犯罪少年的父母親在親職角色之扮演上較有病態表現，因而影響到家庭情緒氣氛、父母親的管教功能、子女的行為反應與表現，及親子之間的關係，也因而促使少年犯罪行為之發展。根據其研究結果顯示，犯罪少年在情感上較認同於母親，而母親也較常給他們關愛。犯罪少年的雙親，尤其是父親，對子女表達親情時有較多的困難，很明顯的不能順利對子女表示關愛。犯罪少年較少和父母親（尤其是父親）從事心理上的溝通，也較少一同從事境遇上的溝通，較少一起參加活動，所以家庭成員之凝聚力較

差。根據調查，有很多犯罪少年是來自不健全的家庭，例如失去母愛或父愛的單親家庭。在破碎家庭中，少年難以發展正常人格，無法形成良好人際關係。他們社會價值觀，是非善惡的概念都沒有獲得正常的引導與發展，這些少年很容易為尋求情感上的支持而與次文化結合，或因彼此同病相憐，與類似少年組合成犯罪次文化團體。

家庭動力理論（Theory of Family Dynamics）認為家庭對兒童青少年扮演重要的角色，如果兒童感受到父母的關愛，則會自覺有義務去施行社會規範，而很少參與犯罪偏差行為；反之，兒童若自幼即缺匱父母之愛，則易形成少年犯。其次，兒童因破碎家庭或其它不良的親子關係，可以導致不良社會化，易於促成不良行為與少年犯罪行為。第三，凡是兒童因家庭解體而致不能充分社會化，則易產生社會病態人格、攻擊性行為等特殊類型之偏差行為。第四，家庭中父母管教態度是否一致，懲罰是否過於專斷等，幾乎與各類型青少年犯罪均有密切關聯（李興唐，民74年）。

以下我們將分別討論各種可能導致少年犯罪的家庭模式：

## 1. 不和諧的家庭

有的家庭物質條件非常充裕，然而家庭氣氛惡劣，夫妻如同仇人，時起爭執，整個家庭充滿了暴戾的氣氛，在這種家庭中長大的孩子雖然能享有很好的物質環境，但是容易養成冷漠、敵視別人的個性。加上因為在家裏得不到溫馨的感受，易於往外發展，但是因其冷漠、敵視別人的個性，不容易和別人建立良好的關係，因而形成適應不良，容易走上歧路，產生偏差行為，成為青少年犯罪者。

## 2. 單親家庭

　　社會變遷，導致離婚率越來越高，離婚率增加的結果，造成了很多單親家庭。在單親家庭中長大的小孩子，無法同時接受雙親的關懷，也就是說無法得到完整的關愛，導致不充分與不良的社會化，容易產生不良行為與犯罪行為。再者單親家庭現在雖然越來越普遍；但是社會上仍將之套上「不正常」家庭的烙印，在這「不正常」標籤之下長大的青少年常常受到嘲笑，甚至不被同儕團體所接受，造成心理的適應困難，逐漸改變自我觀念及價值觀，容易走上犯罪之途。

## 3. 過份溺愛子女

　　當前工業社會的家庭多傾向於小家庭，因人口較少，父母對子女往往施予過多的關懷與溺愛，使子女嬌生慣養與任性。這種嬌生慣養與任性的個性，在家庭裏受到父母親的容忍，不致於產生問題，然而當子女和社會接觸，問題即隨之而來，社會人士不似雙親，不能容忍他的為所欲為。他的行為和社會價值、規範無法配合；矛盾、衝突接踵而至，為了解決其內心的矛盾和衝突，他可能尋求其他不正當的管道，產生犯罪行為，參與不正當羣體，以求「參與」、「認同」及被人接納。

## 4. 父母錯誤的價值觀

　　當前我們正處於一個強調升學主義及文憑至上的社會。父母望子成龍，望女成鳳的心態，使得現今社會許多父母不訓練子女適應社會規範，也不考慮子女的特殊才能與興趣，僅要求子女各方面要與別人一樣，導致競爭上受挫折的小孩情緒孤立的傾向；父母或老師甚至祇要求青少年努力讀書，對偏差行為姑息或袒護，導致少年缺乏公德心和社會紀律，愈加自私自利，發生更多偏差行為。

### 5. 與子女接觸時間太少

　　工商業的現代社會，婦女不再扮演傳統家庭「女主內」的角色，職業婦女越來越多，夫妻兩人同時出外工作者比比皆是。加以現代社會盛行小家庭制，家中人口非常少，因而小孩放學回到家裏，往往必須獨自面對空屋，感到無限的孤獨與寂寞，父母親因為和孩子接觸的時間不多，因此無法真正了解孩子，造成兩代之間的距離。孩子因為在家無法得到愛的關懷，又和父母親有隔閡存在，變得不想回家，在外鬼混，久而久之，種種不良行為隨之產生。

### 6. 家人有不良的嗜好

　　青少年階段仍是一個模仿能力強盛的階段，如果家中分子有不良嗜好，青少年在耳濡目染情況之下，容易學習不良嗜好，久而久之遂而不能自拔。而這些不良嗜好，如酗酒、賭博等，都容易導致青少年犯罪。

　　父母對子女的影響，最重要的是經由暗示或明示的過程，兒童有意無意地學習父母親之價值觀念、態度與行為；對子女提供愛心、安全，使子女產生認同。

　　親情與少年犯罪之間的關係，可以圖示如下：

圖一：親情、子女認同與少年犯罪

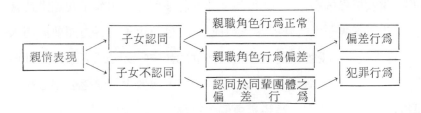

圖中，親情表現適當時，子女對雙親產生認同感。在此種情形下，

若親職角色行爲正常，則子女之行爲學習能夠符合社會規範；若親職角色行爲偏差，則子女在偏差的認同情況下，容易學習偏差行爲或犯罪行爲。當親情表現不適當時，子女不易發展認同感，甚至有反抗心或敵意，則子女轉向其他人或團體尋求情愛及安全感，此時若認同於偏差次文化團體，則很快的發展出偏差或犯罪行爲。（周震歐，臺灣地區男性少年犯罪與親職病理的研究。臺北：桂冠，1982。）

## 第五節　加強親職教育、防制少年犯罪

加強親職教育發揮家庭功能，是預防少年犯罪最好的方法。孩子的人格特徵與親子關係及父母的管教方式息息相關。身爲父母的第一個責任，就是預備一個溫馨快樂的家，而家庭最重要的關係就是婚姻，它是親子關係的起源，也是決定孩子的安全感和親子密切的關鍵。爲人父母的第一個責任，就是使孩子能感受到眞正被愛；而第二個責任，就是要立於權威的地位，在愛中訓練子女。

希望與未成年子女建立親密的關係，最重要的就是無條件的愛，只有無條件的愛，可以避免子女產生憎恨，害怕或沒有安全感等問題。親子關係建立在無條件愛之上，爲人父母者才可能適切地去管教孩子。因爲如果沒有這個穩固的基礎，就不可能會眞正了解孩子，不知如何引領他們，也無法適當地處置他們的行爲。

若缺乏無條件的愛，則管教孩子會是一種煩人的負擔。這份愛有如明燈照亮，告訴你和孩子正身之所在，及如何跨出下一步。若以無條件的愛開始，便可以天天累積下知識和經驗，知道如何帶領孩子，並滿足他們的需要。

什麼是無條件的愛？無條件的愛意義是：不管孩子如何，都全心全

意愛他。不論孩子的形象如何；不論他的稟賦或缺失如何；不論他的表現如何；但這並不表示你喜歡他所有的行為；無條件的愛是，或許你不喜歡他的行為，但仍然愛他。無條件的愛是個理想，我們不太可能每個時刻都愛孩子。但愈接近這個目標，便會對自己愈感到信心和喜悅，也帶給孩子更多的喜樂和健康的成長。

　　除了無條件的愛，父母也必須了解子女的需要，孩子也有如馬斯洛所謂的需求，包括生理、安全、愛、隸屬、尊重和自我實現的需求；父母要隨時留意，多花時間去做，並注意個別差異。

　　應付少年期的孩子需要很多的耐心、愛、包容、技巧與方法。子女在青少年期如能保持健康身心的成長，那麼，他的一生就能有平衡、健全的發展；而個人的健全，能促進社會羣體的健全及進步。帶孩子確實很費心，教養子女是父母一輩子的挑戰及一輩子的學習，所以加強親職教育和發揮家庭功能，對孩子健全身心的成長，是絕對必要，有絕對影響力的。

　　或許我們應該將父母教養子女的工作稱為「親職」，那麼要把親職做得好，作父母的也得像從事其他專門職業一樣，接受專門教育。為人父母之前，不論是在中學時代、大學時期或是已經工作，已經結婚的男女，都應接受親職教育訓練。親職教育訓練的方式，大致可劃分為以下四種：

　　一、父母效率訓練：由高登（Gordon）承羅吉士（C. Rogers）的理論而提出。主要目標在解除父母與子女間的衝突。使用的技巧最常用的是主動傾聽，用「我的感覺是什麼」的口吻與孩子說話，讓父母的訊息正確傳達給子女，父母與孩子共同商議解決問題。

　　二、父母共同參與的課程：由威廉葛雷塞博士發展出的理論架構，目的在建立子女與父母間的友善關係，達到改善行為的目的。課程分七

個步驟：建立和維繫參與感，強調此時此刻，友善的價值判斷，擬定可行且彈性化的計畫，承諾並實現，不允許任何藉口破壞計畫或承諾、不採用處罰。此種現實治療的目的是要達到自我認同的心理需求，以使父母能圓滿達成改善溝通之目的。

三、行為式的父母訓練過程：其著重的方向並非認知方面，而是直接使其行為改善，其中有兩個重要步驟：觀察與記錄，獎勵與處罰，用增強作用來改善子女行為。

四、阿德勒團體：由阿德勒提出，反對家庭權力的操縱，父母應以鼓勵、輔導代替紀律。

以上四種是父母在親職教育中學習改善自己的態度所提供的方案。在父母與青少年的溝通中，父母基本上應有幾點認識：對子女壓力不要太大，父母的角色需要重新學習，不必有矛盾的心理，學業指導並非必要，態度要一致，以身做則，互相傾聽、反應、不隱瞞、多相聚、不以自己的尺度來衡量孩子，解答各種疑問，如性、及性的認同。最後，我們特別要指出，父母與子女的年齡差距總在二十歲以上，這二十年間的社會變遷，價值觀念的改變是不容忽視的。無論怎樣開明的父母，怎樣努力，也很難達到意見完全一致，這種代溝是我們必須認識的，當父母與子女發生誤會時，一定要想辦法澄清，才不會使誤會加深，造成敵對，經由協調之後雙方達成協議，才可做到較好的溝通。

# 結　　論

家庭是人類接觸最早與最久的社會單位；是人類生活中最基本、最重要的社會組織，它促使個體社會化，滿足個體的基本需要，也是個體人格發展的根源，是決定個人行為的關鍵所在。

親子關係是個人一生中最早接觸的人際關係，其適應良好與否，非但關係著個人日後更廣泛的人際關係發展，亦影響著個人人格健全發展。

親子關係適應的最初發展，係建立在人類基本生理與心理需求的滿足之上。黃正鵠氏在其《嬰兒期親子關係之研究》一書中，將嬰兒期的親子關係適應發展依據精神分析心能投置的理論，將其劃分爲四個時期，其中，人生的第一年，實是親子關係建立的關鍵期，此時期無條件母愛的滋潤與充份父愛的誘導，將使嬰兒獲致身心需求的滿足，也形成良好親子關係適應的基石。幼兒期是人生中看起來最可愛的一個時期，也是親子關係最親密的時期，在幼兒的心目中，父母是最完美的，父母的一言一行，一舉一動都是他們模仿認同的對象，他們對父母親的態度是親近的，依附的與希望佔有的，此時父母親的教養態度在親子關係中，扮演一相當重要的角色，並成爲兒童期以後的親子關係適應發展的基礎。

家庭，不僅可以滿足個人生活所需，維持個人生存的棲息，並且負責個體延續的職掌，是個人人格發展的搖籃。個人的行爲、態度，在家庭中生活即已形成，因爲兒童不是生而爲善，或是爲惡，他們對於是非觀念的養成及何者應爲，何者不應爲的認識，完全是由父母親或其他家庭成員處學習而來。經過心理「內化」過程，牢記在心，成爲終生奉行不渝的行爲指導。當兒童成長離家後，對自己四週環境所作的反應，直接顯示出父母所加諸其身的行爲規範與態度。因比，父母在管教態度上須注意幾點：

第一、子女對父母的拒斥態度是非常敏感的，一旦子女覺察到父母的拒斥以後，其自然反應是恐懼、不安。其安全感受到威脅，因此易於出現不良或偏差行爲。子女所需求的除了生理上的食、衣、住、行之

外，心理上更需要愛、接受、父母的親情，兄弟姊妹的友情，父母的重視、注意、關懷、在父母心目中的地位，才能獲得眞實的安全感。許多子女嚴重的不能適應社會，實係他們在家中被拒絕或以爲被拒絕的感覺，所產生的後遺症。

第二、子女缺乏親情會產生受拒絕的感覺，影響不良人格發展；但過份的愛護，在溺愛的情況下，對子女人格成長也會產生不良後遺症，導致缺乏自制及本我之擴張，超我之萎縮。

第三、避免管教態度不一致：父母態度前後不一，以致子女無法判斷是非，心存疑問，無所適從，心情搖擺不定。

爲求強化親職教育，縣市政府及各級機構應注意事項：

（一）臺灣省各縣市應配合所有社會資源，從速設立靑少年問題或家庭教育問題諮詢中心，以加強家庭與學校之聯繫，提供父母教育子女之方法，編印家庭教育叢書，贈予急需輔導之靑少年父母參閱。在各社區內之教育學校或其他適當場所，普設「媽媽教室」，主動聯絡需要輔導之靑少年父母參與講習座談會。

（二）各級學校應加強親職教育，增加家長開會次數，家長開會時應邀請專家學者，講演有關教養子女之知識與方法。

（三）運用大眾傳播工具，加強親職教育之知識，並宣傳改善社會風俗，強調傳統家庭的功能。

（四）省市政府應依兒童福利法有關規定，逐步充實兒童福利設施，並加強辦理對於兒童之保護、特殊及殘障兒童之重建、兒童心理衛生之推行，兒童狀況之調查統計分析等工作。

少年犯罪以家庭病理因素爲主。美國少年犯罪研究學者，哈佛大學教授葛魯克，曾以家庭病理因素作爲少年犯罪預測的指針。所以我們強調消除家庭病理因素是正確的方向。家庭病理不但包括親職教育，並包

括家庭分子間不健全關係，破碎家庭，父母身心殘障，父母缺失，貧窮等，因此要健全家庭制度，對破碎家庭加以輔導，對貧困家庭加以援助，使年老父母能夠與子女同住，加強父母之再教育，健全家庭組織，如比對少年犯罪之防制與矯治，乃能發生良好的效果。

杜比（Toby, 1960）比較世界各國之青少年犯罪率，發現富裕社會之青少年犯罪問題特別嚴重，特別是財物犯罪。在開發中的國家，因工業化及都市化，家庭多已變成小家庭，又因就業機會，經常遷移。故小家庭失去傳統大家庭親屬及鄰里之照顧。加上父母工作忙碌，疏於照顧注意子女的言行舉止，少年與同輩團體或同學遊樂，有時因交友不慎而觸犯法律。不少下層階級青少年對學業不感興趣，而父母強迫教育，期望過高，更是違背其意願，促使其在學校中滋生事端，無心向學，逃學曠課，更而至於偷竊財物，參與暴力犯罪。

杜比的論文中更討論破裂家庭與少年犯罪之關係。在竊盜初犯少年中，約有 10% 來自破碎家庭，而在重犯少年中，來自破碎家庭者，幾達30%。並根據少年法庭觀護人之家庭調查劃分，只有父母與兒女同居之家庭，屬小家庭，有祖父母共居之家庭，屬中型家庭，有祖父母以外之親屬共同居住者，屬大型家庭。自統計數字中發現：初犯少年之家庭，屬中型家庭者占三分之一，小家庭占三分之二。在重犯少年中，只有四分之一屬中型家庭，其餘四分之三屬小家庭。可見老年人與子女同住，特別是生長在破碎家庭之少年，有祖父母同住，對少年之管教及照顧，會有益處。故健全家庭制度，應包括家庭類型、經濟、完整性，使少年有堅固而完整的避風港，加上內部家庭成員間人際關係的和諧融洽，使少年對家庭有強烈的向心力，自然可以減少很多因家庭因素而產生的犯罪少年。

在《讀者文摘》「亞洲青年出類拔萃」一文中，對於亞洲青少年在

美國榮獲「科學天才」甄選優勝者所做的研究。「何以亞裔美籍學生有如此出色的成就？」研究人員一致的解釋是：這些學生的家庭關係穩定密切，他們尊敬長輩，知道教育的重要。西博格說：「他們對父母及祖父母有尊敬的態度，孩子們從小得到的教育是要成功一定要努力。」其中一位得獎青年回憶他做功課時，父母總是從旁鼓勵；在他需要時，總會給他推動力。足見家長對兒女的影響力，家長對子女教育的方式與方向，直接影響子女未來的發展方向。今日的父母難爲，物質生活條件已不是最重要的因素，身教、言教的潛移默化才是爲人父母，親職教育不可忽視的重心。

# 第七章　少年犯罪之預測

## 第一節　少年犯罪預測之重要性

　　預測少年犯罪是防治少年犯罪的最基層工作；俗語說：「一分預防勝於九分治療」，強調事前防範之重要性。在少年犯罪防治工作方面，預防的意義更重大：預防不僅減免國家社會因犯罪所遭受之嚴重損失，更消除國家因監禁、矯治犯人所花費的財力及物力。預防少年犯罪更為國家創建了一個新的人材，也因而挽救了一個家庭。

　　民國七十七年底，臺北連續出現了「臺北之狼」及「士林之狼」極其殘忍，兇暴傷害婦女的事件。在十一月至十二月中的時期中，多名婦女遇害，人人談狼色變。所幸的是，臺北警察局迅速的偵破這兩件暴力兇殺案，然而這件事的餘波不知會滯留多久，從此以後，單身婦女夜晚在街頭行走，或是乘坐計程車的人數恐將大為降低。如果再出現幾件類似的案件（七十七年十二月二十五日新竹又出現類似的暴力案），我國的大都市也將步美國都市的後塵；入夜以後，除了繁華的街道之外，行人將逐漸稀少。

　　如果我們在這些殘暴的兇殺案件未發生之前，即探取預防的措施，例如我們可以對少年施以預測，使我們知道那一些少年將來可能會變成

爲暴力罪犯或惡性罪犯，而採取預防，輔導政策，使得這些少年不致於發展成爲惡性罪犯，如此不僅解救了這些少年，也解救了許多無辜的生命。

其次，我們再看看犯罪統計數字，才知道少年犯罪問題之嚴重。

1. 根據官方少年犯罪統計數字與非官方少年犯罪行爲統計數字之比較，青少年眞正從事犯罪行爲大約是官方逮捕少年犯數字之九倍 (CYA, 1978)。

2. 美國加州一九七六年少年犯罪率 (Arrest Rate, 以司法警務機構拘捕案例爲準)，總共捕獲少年犯人次爲三十五萬三千七百五十二少年犯罪人次，平均爲少年犯罪率 1644/100,000 人口 (CYA, 1978)。

3. 美國全國在一九七七年，估計約一百萬少年犯將被捕，其中 10% 將處以機構處遇，而政府防治少年犯罪費用約在十億美元以上 (CYA, 1978)。

4. 漢尼及古德 (Hane & Gold, 1973) 研究，在五百二十二個正常少年中間，其中四百三十三位自己承認曾經從事犯罪行爲，總共從事二千四百九十項違法事件，其中僅四十七人，共八十項違法事件被納入警方記錄，由此可見，被偵察的犯罪事件與少年實際參與犯罪事件之比率很小，前者只佔後者 11% (犯罪偵察率爲實際犯罪率之 11%) (CYA, 1978)。

5. 俄伏幹 (Wolfgang, 1972) 之研究，在九千九百四十五名少年之中，百分之三十五在十八歲以前曾經至少被警方逮捕一次以上。首次犯罪之少年，其中百分之五十沒有再與司法界接觸；兩次以上犯罪之少年，其中三分之一未再與司法界接觸。在九千九百四十五名少年中之百分之六（六百二十七名少年男性），各犯案在五次以上，這些百分之六的少年參與所有少年犯罪的百分之五十二，可見少年犯罪之集中性。

其次，我們再看看有關少年犯罪預測之爭議：

1. 支持少年犯罪預測的學者認為：

（1）防治少年犯罪最有效的方法仍是及早辨識可能犯罪之少年。

（2）預測少年犯罪之工具亦有助於少年罪犯之矯治。

（3）及時而有效之預測及干預，足以防止少年走向犯罪之不歸路，節省社會財力資源。最有效率預測少年犯罪的年齡是十至十三歲之間。

（4）填寫問卷的方式不足以預測少年犯罪，而導師、老師對少年之觀察、認知、評估較為有效。

（5）過度誇張少年犯罪之可能性可以修正。

（6）預測少年犯罪所採取的措施不足以危害少年，肯定某些少年具有心理問題及犯罪傾向，而給予適當之輔導，對少年無害而有益（參閱 CYA, 1978）。

2. 反對少年犯罪預測的學者則認為：

（1）目前所運用的預測少年犯罪工具，可能會過度誇張少年犯罪的可能率。

（2）在少年未犯罪之前，即冠以犯罪少年之標籤，足以產生嚴重不良之後果（參閱 CYA, 1978）。

## 第二節　有關少年犯罪預測之研究

一、自少年犯罪研究開始，諸多學者專家即重視少年犯罪之預測，選擇可以預測少年犯罪之因素。最早從事少年犯罪預測而享負盛名者為葛魯克夫婦（Glueck and Glueck, 1950, 1959, 1968, 1970, 1974）。葛氏比較五百名少年犯與五百名正常少年，分列各項少年犯罪預測因

素，其中最主要者又分列入三項少年犯罪預測表，包括：

(1) 家庭因素。

(2) 人格因素。

(3) 個性因素。

最受世人矚目者為其家庭因素少年犯罪預測表，其中包括四個主要項目：

(1) 母親對子女的督導。

(2) 母親對子女的管教。

(3) 家庭是否和諧。

(4) 親子關係是否親切。

日後許多少年犯罪研究都印證了葛氏家庭環境預測表之可信度 (Graig and Glick, 1963; Taif and Hodgers, 1971)，然而葛氏之預測研究亦曾遭受多人的指責 (Reiss, 1951, Gottfredon)。

二、羅賓 (Robins, 1966) 等人研究聖路易城精神醫療院之五百多名少年病患，以之與一百多名正常學童比較，並作長期追踪研究，以探測童年之心態行為及人格結構，是否影響日後行為，研究範圍包括童年是否有偷竊行為，攻擊性或偏差行為、逃學、說謊及其他反社會心態行為。在諸多因素中，他們發覺十項少年人格個性因素足以指示日後是否犯罪，而十項因素中約半數屬於反社會病態 (Sociopathic) 心理因素。

三、同年層研究 (Birth-cohort Analysis)：

俄伏幹等人從人口資料中提取同年層少年從事追踪研究 (Wolfgang, 1972, 1983, 1987)，他們發覺少年開始犯罪的年齡愈早，則日後犯罪之機遇愈高，人種及社會階級與少年犯罪、嚴重犯罪及重犯罪 (Recidivism) 均關係密切，而少年之家庭搬動次數、少年之學業成績、智慧

及與學校之關係則與少年犯罪無密切關係。俄伏幹等人追踪研究，始自少年七歲而及於三十歲，他們發覺犯罪機遇最高之年齡為十六歲；少年之社會經濟背景、人種，及是否退學，與成年後是否參與犯罪行為關係密切。商勒（Shanner, 1978, 1980, 1982）等人在其他地區所作之同年層少年犯罪追踪研究所得結果與俄伏幹相似。

四、英國劍橋少年犯罪研究：

維斯特及費寧頓等人（West and Farrington, 1973, 1977, 1981, 1982, 1985）在英國劍橋所作之少年犯罪研究亦為舉世所矚目。他們研究四百餘名少年犯罪之各種因素，包括個人人格、個性、學校、家庭、友人及犯罪資料等等，最後他們選擇若干重要項目，以預測少年犯罪，其中最主要者為：

（1）貧困家庭。

（2）家庭成員眾多。

（3）父母管教不當。

（4）少年智力低及學業成績落後。

（5）父母參與犯罪偏差行為。

（6）結交不良友伴。

（7）教師評鑑不良。

他們發現少年早期從事不良行為最足以預測少年犯罪，而少年之人格結構、心理病態或是外向的個性則不足以預測少年犯罪。在二十五歲時，研究之少年人口中三分之一已有犯罪記錄。少年早年從事犯罪行為最足以指示少年日後是否從事犯罪生涯。

布魯斯汀等（Blumstein, et al., 1985）從英倫研究中選擇七項重要預測少年犯罪因素，是為：

（1）早年犯罪。

(2) 低收入家庭。

(3) 早年行爲不檢。

(4) 學校記錄不良。

(5) 心理反應遲鈍。

(6) 低智能。

(7) 兄弟姊妹參與犯罪偏差行爲。

這七項因素足以清楚劃分四種不同少年類型，是爲：(1)少年犯，(2)非少年犯，(3)偶然犯罪，(4)持續犯罪。然而預測終究無法解釋各種犯罪因素。維斯特及費寧頓指出在六十三名被預測有犯罪可能的少年中，日後其中三十一名成爲少年犯，而三十二名則未犯罪，此外，在八十四位從事犯罪的少年中，其中五十餘位在預測期並無任何跡象。

五、全美犯罪少年調查（National Youth Survey）：

艾里諾等（Elliott, et al.）一九七六年始以一千七百餘名全美少年樣本（十一歲至十七歲）爲對象從事五年追踪研究（Elliott, et al., 1985, 1987），運用少年第一年之自我行爲報告及官方少年犯罪資料爲依據，預測少年五年期中犯罪之可能率，劃分少年爲四種類型：

(1) 正常少年。

(2) 非職業性少年犯。

(3) 輕型的少年犯。

(4) 嚴重的少年犯。

其預測準確度高達百分之七十，預測所選用之因素包括：

(1) 少年交友的性質。

(2) 父母間之關係好壞。

(3) 父母對待子女的態度及方法。

芮克萊等（Reckless, et al.）一九五五年至一九五九年在美國俄

亥俄州所作的研究調查，劃分少年為好與壞兩種，他們以十二歲小學六年級的學生為對象，以老師評鑑為依據選擇兩組少年。芮克萊等以加州人格測量表及其他量表測量少年之自我形象，並訪問少年，以調查少年家庭背景、交友狀況及學校生活 (Cf. Reckless, 1956, 1957)，在以後的四年中追踪調查，發覺居住於惡劣地區的一百零三位好少年中僅只有四名參與少年犯罪活動，顯示少年自我形象與少年犯罪關係密切。

韋納 (Werner) 等，在夏威夷州一九五四年追踪研究新生嬰孩，分別在一歲、二歲、十歲及十八歲時作詳細調查，包括：

(1) 醫生檢驗。

(2) 父母評鑑。

(3) 身體、心理檢查。

(4) 教師評鑑。

(5) 智力測驗。

(6) 家庭訪問。

七百名少年中，一百零二名在十八年時期中參與少年犯罪行為，韋芮等發覺以下四項因素：

(1) 貧困家庭背景。

(2) 家庭不穩定 (父母間關係惡劣)。

(3) 低智能。

(4) 嬰孩時的活動率過高或過低 (Hyperactive, Hypoactive)。

均構成預測少年犯罪重要因素；相對地，生為長子、高的語言及智能、高度人際關係智能 (Social Skills)、自我形象良好、父母關係良好者均構成阻止少年犯罪之重要因素。

一九六八年，美國費城之史匹瓦 (Spivack and Cianci, 1987)等，以六百六十名幼稚園及小學生為對象，以教師評鑑為依據，預測其犯罪

可能率，而以官方少年犯罪記錄爲衡量標準，史匹瓦發覺小學生在一、
二、三年級所受之教師評鑑足以預測少年是否犯罪，特別是小學三年級
時的評鑑。克普南（Kaplan）等，於一九七一、一九七二、一九七三年
在美國休斯敦市收集初一學生資料，於初二、初三時複查，以少年之自
我形象爲分析依據，以預測其犯罪可能率（Kaplan, 1975；Kaplan and
Robins, 1983），少年自我貶蔑、少年感受父母排斥或受學校、友人排
斥者，其犯罪可能率較高。

　　一九七九年，辛加及費根（Simcha and Fagan, 1979）在紐約城以
一千名少年爲對象作追踪調查研究，以五項因素預測少年犯罪，預測因
素包括：

　　(1) 少年社會背景。

　　(2) 父母的行爲。

　　(3) 親子關係。

　　(4) 少年的行爲。

　　(5) 少年在校的行爲。

他們發現少年之早期社會背景、家庭因素及少年的行爲均足以預測少年
犯罪之可能率。

　　懷特等（Whyte, et al., 1987）追踪研究調查八百八十二名少年，
於三年之後復測之，探測少年犯罪及吸毒行爲。他們發現父母對子女
教養，及少年學校成績、少年與學校關係均構成少年犯罪預測之重要因
素，可預測百分之八十四的少年吸毒率及百分之九十六的嚴重少年犯
罪，然而最重要的預測因素爲少年之友人對毒品、犯罪行爲的態度及參
與程度。

　　伯克及俄倫（Burkett and Warren, 1987）追踪研究二百六十四名
高中學生，發覺少年宗教信仰與少年是否吸食大麻相關，少年之交友狀

況為最重要預測因素。

　　威爾斯及蘭吉（Wells and Rankin, 1988）追踪研究一百名初二學生四年之久，發覺父母管教為預測少年犯罪最主要因素。

　　此外，北歐國家所作之少年犯罪追踪研究，多強調生物遺傳因素。梅德尼等（Mednick, et al., 1977, 1983）研究雙生子及受領養之後果發覺犯罪具有遺傳性。

　　少年犯罪預測研究中，發現多項重要預測因素，早期葛魯克夫婦（Glueck and Glueck, 1950）及麥科得夫婦（McCord and McCord, 1959）之研究，強調家庭因素及居住環境因素，特別是家庭結構、父母管教子女方式、親子關係、父母是否參與犯罪偏差行為，以及少年是否參加幫派活動等。近年之研究除了重視家庭因素之外也重視少年之社會經濟背景、智力、學業成績、友伴之性質、早年是否展現攻擊性行為及偏差犯罪行為。

　　羅伯等（Loeber, et al., 1983, 1986, 1987），分析過去之研究，指認最有效之少年犯罪預測因素如下（見表一）。

　　六、紐約市少年局（N. Y. C. Youth Board）之少年犯罪預測研究。

　　1. 在兒童五至六歲時作預測。

　　2. 預測後，將可能犯罪之少年送往輔導中心，施以矯治或感化教育。

　　從事研究者克瑞格與葛立克（Craig and Glick, 1963）在一九五二、一九五三年於紐約市少年犯罪嚴重地區選擇兩所小學，一共是三百零一位少年，其中 57.4% 是黑人及波多黎哥人，追踪研究至十七歲。

　　研究過程中所遭遇的困難：

　　在運用葛魯克的少年犯罪社會預測表，決定家庭內在凝聚力（Co-

## 表一 預測少年犯罪因素分析

| 一、預 測 一 般 性 少 年 犯 罪 因 素 | 預測準確度 RIOC |
|---|---|
| 1. 綜合性的預測表 | 0.64 |
| 2. 吸毒經驗 | 0.53 |
| 3. 家庭因素 | 0.50 |
| 4. 年少時具攻擊及問題行為 | 0.32 |
| 5. 友伴參與犯罪偏差行為 | 0.32 |
| 6. 偷竊、說謊、逃學 | 0.26 |
| 7. 家人具反社會性行為及犯罪行為 | 0.24 |
| 8. 少年學業成績低 | 0.23 |
| 9. 父母管教 | 0.23 |
| 10. 與父母分離 | 0.20 |
| 11. 貧困家庭背景 | 0.18 |
| 二、預測少年再犯罪率之因素 (Recidivism) | 預 測 之 可 能 率 |
| 1. 綜合性的預測表 | 0.87 |
| 2. 偷竊、說謊、逃學 | 0.46 |
| 3. 學業成績差 | 0.43 |
| 4. 吸毒 | 0.42 |
| 5. 年少時展現問題行為及攻擊行為 | 0.38 |
| 6. 家人具反社會性行為或犯罪 | 0.36 |
| 7. 少年以前曾犯罪 | 0.36 |
| 8. 綜合的家庭因素 | 0.26 |
| 9. 家庭經濟狀況 | 0.14 |

資料來源：Loeber and Dishion, 1987.

hesiveness）時候， 如果是單親家庭（許多下層社會、黑人家庭爲單親
家庭）如何決定家庭內在凝聚力， 又在決定教養（Discipline）、 督導
（Supervision）時， 研究者亦難以作肯定之判決。最後他們兩位徵求葛
魯克之同意，將預測表中兩項有關親情的項目取消，葛魯克的重覆研究
亦證明，如果取消該兩項目亦不致於影響預測之效果。最後二位以三項
目預測少年犯罪，其結果，少年可能犯罪者爲全部被測的少年人口百分
之十一， 符合紐約社區少年犯罪率。

克瑞格及葛立克之研究，發現：

（1）被預測爲犯罪少年人口中， 84.8% 在十七歲以前均成爲少年
犯。

（2）被預測爲正常少年者，97.1%在十七歲以前仍舊沒有犯罪。

（3）有二十五位少年，其犯罪率被預測爲 50% 者，其中十六名至
十七歲以前未犯罪。

比較犯罪少年與正常少年（都是被預測的）之家庭狀況，犯罪少年
之家庭具備以下特色：

1. 破裂家庭。

2. 父母、兄弟姊妹參與偏差犯罪行爲。

3. 少年爲私生子。

4. 家庭接受社會救濟。

5. 家庭與社會福利機構接觸頻繁。

以上研究所得之結論：少年犯罪爲家庭組織破壞及家庭情況惡劣所
產生的後果。家庭因素與少年在校問題關係密切，如果父母教養子女的
方式是寬鬆或不一致者，則 81.6% 的子女在學校內有行爲問題出現。

葛立克（Glick）追踪學童研究達十年之久，被研究對象日後成爲犯
罪少年者，其中 79% 在小學一、二、三年級時卽已展現行爲、品行問

題（59.1％ 的少年犯在小學一年級時已展現品行、行爲問題），在非少年犯中，僅 27.3％ 在小學一、二、三年級時展現了品行問題。除了數量的差異之外，在操行之質地上，犯罪少年與正常少年亦有區別，日後成爲犯罪少年者在學校時展現出攻擊性、反抗、仇視、侵犯、壓制其他同學、打架、厭惡學校、成績低劣（特別是閱讀、數理能力低）。

　　被預測爲少年犯，而後來並沒有變成犯罪少年的，在學校所展現的問題是喜歡講話、引人注意、參與打鬧、難以管教。

　　學校教師之職責在於鑑別：

　　(1) 何種行爲是出自於情境、情緒，而會很快的消失，事過境遷後少年就沒有問題了。

　　(2) 何種行爲展現出病態心理，日後這些少年將形成爲犯罪少年。

　　七、波斯頓—劍橋薩莫維硏究 (Boston – Cambridge Somerville Study)。

　　這項硏究收集了麻州六百五十名六至十二歲少年之資料，其中部份被預測爲未來少年犯，有的則被預測爲正常少年，有的則不能肯定，以下三項不同的預測方法同時運用。

　　(1) 由一位心理學家與兩位少年犯罪實務專家合組之審核團。

　　(2) 學校教師之審核。

　　(3) 以行爲測量表預測。

　　少年犯罪預測工作於一九三七年至一九三八年進行完成，二十年之後再檢驗預測之結果。

　　(1) 心理專家及兩位實務人員預測與事實上少年犯罪率之相關度爲 0.49。

　　(2) 教師預測爲 0.48。

　　(3) 行爲預測表可以劃分嚴重少年犯及非少年犯之間的分界。

　　杜比（Toby, 1965）對於波斯頓—劍橋薩莫維研究之批判，認為後者預測有誇大事實之傾向，在其預測犯罪之三百零五名男童中，一百九十一位（63%）沒有變成犯罪少年（沒有被警察、司法機構拘捕）。對於正常少年之預測則效度較高，一百五十名被預測為正常少年者僅十二名（12%），日後成為少年犯（被拘捕）。波斯頓—劍橋薩莫維研究所作之預測，其中之特色是以少年居住地區環境之優劣判斷少年是否犯罪，杜比認為許多犯罪案件沒有公諸於世，未為人所知，所以降低了預測的效度。

　　八、一九五七年，霍斯維及莫那奇斯（Hathway and Monachesi）運用 MMPI 在明尼蘇達州研究初三學生，共一萬五千名，同時加以老師之評鑑，繼以十年追蹤調查，嚴格劃分可能成為犯罪少年及正常少年，然而研究結果並無成效。根據這些研究發現，教師之鑑定效度不高，他們認為可能成為犯罪少年者，偏重於貧困社會階級及學業成績較差者，他們很少會選擇成績優良的學生為未來少年犯之人選。

# 第三節　少年犯罪預測之方法

　　首先，針對少年犯罪預測，我們提出幾項建議，供防治犯罪實務機構參考：

　　1. 發展有效的預測工具，並繼續以長期追蹤調查，以證明該工具之實效。

　　2. 少年犯罪行為測量之制度化，以下是衡量標準之可行性。

　　（1）是否以司法、警政機構拘捕為標準。

　　（2）是否以少年慣性犯罪紀錄為標準。

　　（3）少年自我提出之犯罪報告，是否可用作衡量標準。

　　3. 研究犯罪標籤對青少年的影響，依據標籤理論，對一位少年定

罪或施以特別處遇，均可能帶來嚴重不良後果。

4. 少年犯罪之預測，可以運用以下幾項指標：

(1) 學校老師的評審。

(2) 少年犯個人的記錄。

(3) 學校操行記錄（目前已沒有多大作用，因爲學校人數太多，而訓育人員有限）。

5. 預測少年嚴重犯罪的可能性。例如，暴力犯罪、吸毒等等。

6. 發展有效正確的方法，以輔助老師鑑別少年日後發生問題之可能性。

7. 少年犯罪防治機構，應該與學校建立密切合作的關係。

8. 一九五九年，克拉蘇斯及米勒（Kvaraceus and Miller）提出兩項預防青少年犯罪的建議。

(1) 增強社區組織，包括家庭，使得少年成長發育能在健康的環境中進行。

(2) 及早辨識問題青少年，特別是在童年時期，可收預防及矯治青少年犯罪之功效。

9. 葛魯克（Glueck, 1972)認爲及早辨識具有犯罪傾向之青少年，具有防治少年犯罪之實效，意義重大。

10. 凡尼齊（Venezia, 1971）認爲及早指認具有問題之兒童，需要輔導幫助者，可以輔導這些兒童成長。

11. 介斯尼（Jesness）指示，及早指認則易於改正少年之心向行爲，防患於未然乃最經濟之策略，在少年尙未惡化之前，應予以遏止。

其次，有關預測少年犯罪的方法，可參看以下諸專家的建議：

1. 華納（Warner, 1923）在麻省感化院首次運用預測少年犯是否會犯罪而決定少年犯之是否假釋。

2. 葛魯克夫婦（Glueck and Glueck, 1959）認爲一九二八年布吉（Burgess）在芝加哥大學所作之研究爲少年犯罪預測之先導。

3. 提白（Tibbetts）認爲最有效預測少年犯再次犯罪之因素爲：

(1) 犯罪紀錄（初犯或屢犯）。

(2) 少年犯罪居住地區的環境。

(3) 少年的工作紀錄。

4. 芮斯（Reiss）研究，以少數的重要因素，預測少年犯罪之可能率，其中包括：

(1) 家庭經濟狀況。

(2) 逃學紀錄。

(3) 被學校開除、退學、記過（因打架鬧事）紀錄。

(4) 個人自我控制、約束之能力。

(5) 矯治方法之建議。

5. 克拉蘇斯（Kvaraceus, 1954）製作少年犯罪預測表，其中包括重要項目：

(1) 家庭內部之人際關係。

(2) 家庭狀況。

(3) 居住環境。

(4) 家庭經濟狀況。

(5) 逃學記錄。

(6) 學業成績。

(7) 學業興趣。

(8) 對學校之態度。

(9) 人格是否成熟。

(10) 是否參與社團活動（好的一面）或幫派活動（壞的一面）。

(11) 友伴的性質。

(12) 家庭搬家的次數。

6. 鄧特及門羅（Dentler and Monroe, 1961）預測少年竊盜犯罪，他們調查九百一十二位國中初一、初二學生，依據國中生自我報告來判斷。

7. 葛魯克(Glueck)之少年犯罪社會性預測表(Social Prediction Table)。

(1) 父親教養兒子的方法（Discipline）。

(2) 母親對兒子的督導（Supervision）。

(3) 父子親情（Affection of Father toward Boy）。

(4) 母子親情。

(5) 家庭內部之凝聚力（Cohesiveness）。

艾墨林（Elmering, 1972）之著作中描述多項研究，證實葛魯克預測表在回溯既往（Retrospective）之研究中，具有甚高效度，正確效度高達百分之九十以上。艾墨林之研究是以犯罪少年為研究對象，追溯既往少年之家庭結構、親情、教養等。

八、克拉麥（Kramer）在華盛頓特區（Washington D.C.）所作的研究，認為在惡劣社區環境中，家庭是防止少年犯罪最主要的社會組織。如果家庭內部氣氛惡劣，例如父母爭吵、父母子女不和、父母等從事犯罪偏差行為（吸毒、酗酒、同性戀等），則少年參與犯罪偏差行為之機率高。

（參閱: California Youth Authority, *A Review of the Literature of the Early Identification of Delinquency Prone Children*, Sacramento, California: CYA, 1978.）

# 第四節　嚴重罪犯之早期鑑定及預防
## (Haapanen, 1981)

## 一、導　言

本研究之目的，在於及早鑑定嚴重成年罪犯。成年罪犯最嚴重的犯罪時期爲十八至二十六歲；如果我們能夠在其少年時期即辨識、鑑定這些嚴重罪犯，則可及早採取預防干預措施。

(1) 在加州少年局十年研究時期內，管制下的二七八三名少年犯曾先後犯案 26212 次，平均每位少年犯從事十次犯罪。

(2) 據研究的結果顯示，嚴重少年罪犯在成年以後，成爲嚴重罪犯之可能率爲 86%。52% 的少年犯成年後，將從事暴力犯罪（謀殺、強姦、傷害）。

(3) 研究的少年犯對象中，半數以上在假釋之後的第一年內即再次入獄。

(4) 成年以後，犯罪率隨年齡而降低。例如，25 歲的犯罪率只及 19 歲時之 50%。

(5) 在財物罪犯中，若干有專業化的傾向，然而在嚴重罪犯中，則無專業化傾向。

(6) 嚴重罪犯與非嚴重罪犯，在社會背景及人格、心態、行爲各方面，均有顯著的差異。

(7) 在五種不同罪犯的類型中，各類型皆具有其特性，其中以最嚴重罪犯爲一極端，而非罪犯爲另一極端。

## 二、嚴重罪犯之預測

(1) 嚴重罪犯在少年時期預測之可靠性高，約在 85% 左右。

(2) 嚴重罪犯之間差異不大。

(3) 同質性之嚴重罪犯很難以預測，其中何者會再犯罪，何者不犯罪。

## 三、暴力犯罪之預測

(1) 在所有預測爲嚴重罪犯之中，66%將從事暴力犯罪。

(2) 在最危險的一羣少年罪犯中，83%將從事暴力犯罪。

(3) 嚴重暴力犯之社會背景、人格、行爲、心態，均具有特色。

## 四、犯罪青少年參與暴力犯罪被捕之預測因素

(1) 少年犯罪之特質（特別是，是否曾參與暴力犯罪）。

(2) 學業成績低。

(3) 智力低。

(4) 家庭經濟狀況惡劣。

(5) 心理變態（反社會心態，與眾不同之心態）。

(6) 缺乏焦慮感。

(7) 惹人討厭的行爲。

(8) 人種（例如黑人參與暴力犯罪的比率較高）。

　　許多嚴重罪犯及暴力罪犯，在幼年時期即呈現許多癥候，這一類具有明顯犯罪癥候之少年，在少年時期即從事犯罪行爲；成年以後，犯罪率很高。爲了防治犯罪，針對這些特殊性質的罪犯，若能及早施予干預，可降低社會之犯罪率。如果及早干預可以產生10%之預期效果，則

在加州之二六〇〇名之少年犯中，可減少二六〇〇件犯罪案件，其中至少包括四百件暴力犯罪。由於嚴重罪犯之及早辨識、鑑定，我們可以採取不同的矯治方法。

俄伏幹等（Wolfgang, et al., 1972）一九七二年之研究指示，研究對象是費城一萬名十至十八歲之少年，其中百分之三十五曾與警察有糾纏；與警察有糾纏的少年中，54％有第二次犯罪記錄；有第二次犯罪記錄的少年中，65％有第三次被捕的經驗。三次犯罪以上之少年犯，其再犯率為 70～80％；五次以上犯罪之少年，佔全部研究對象的 6.3％；而他們總共涉及全部犯案之 52％。 在暴力犯罪中， 他們所牽涉之比例更高。俄伏幹等人之研究更指示， 嚴重少年犯（犯罪五次以上者）， 成年以後犯罪率為 75％。如果能及早鑑定這些惡性少年犯，而且及早給予輔導矯治，或者可以降低全國少年犯罪數字。

彼德席拉等（Petersilia, et al., 1977）研究指示，對於這些惡性少年犯最適當之處置方法是及早鑑定，而在他們還未達到犯罪最高峯年齡之前，予以長期監禁，以維持社會之安寧。彼德席拉等之研究，源自於訪問在獄之 49 名武力搶刼犯（Armed Robbery）。這四十九位犯人在過去之二十年內，總共犯案達一萬五千次之多；而在這四十九名惡性犯之中， 犯案次數差別很大， 犯案最多之三分之一與犯案最少之三分之一間，犯案次數差別達十倍之多。

犯案次數隨年齡增長而降低。青少年時期每月平均犯案 3.2 次，成年期每月平均犯案 0.6 次。由以上的數字顯示，如果能夠及早鑑定惡性罪犯，及早監禁，則可降低犯罪次數；若能及早鑑定，亦可及早實施嚴格管制，以及各種預防干預策略。

過去對於嚴重少年犯或暴力少年犯的預測， 並不很成功。 文克等（Werk and Emrich, 1972）所作的大膽預測嘗試， 並無成效。維爾金

(Wilkins, 1972) 在文克書中作序時指示，以後應該停止對於暴力犯的鑑定工作。

在另外一方面，法務機構及他人對於再犯（Recidivism）之研究，較具成效，以加州少年局所作之研究爲例，皮爾查（Prifchard, 1979）審核七十一項有關之研究結果發覺，預測再犯之重要因素爲：

(1) 犯案之類型。

(2) 過去是否有犯案記錄。

(3) 職業是否穩定。

(4) 第一次犯罪被捕的年齡。

(5) 居住情況（獨居、婚居、與朋友共居、與家人共居等）。

(6) 收入。

(7) 酗酒歷史。

(8) 吸毒經驗。

哈本能等人（Haapanen, et al., 1982）認爲有更好鑑定惡性罪犯之方法。他們第一次研究始於普來斯敦感化院(Preston School)；該院收容嚴重少年犯，全院包括十六個居住單位，容納九百名少年犯。

嚴重少年犯（Chronic Offerders）之背景，與輕度少年犯之比較如下：

表一　嚴重少年犯與輕度少年犯背景、個性比較

| 背　景、　個　性　特　徵 | 嚴重少年犯<br>(Chronic) | 輕度少年犯<br>(Non-Chronic) |
|---|---|---|
| 特　性 | | |
| 　1. 人種——黑人 | 32.3% | 14.4% |
| 　2. 低智，中等能力以下 | 26.0% | 8.0%** |

家庭背景

| | | |
|---|---|---|
| 1. 居住於寄養家庭的<br>　　(Foster Home) | 18.4% | 7.8%** |
| 2. 父母社會、經濟地位低於中等 | 64.1% | 41.6%** |
| 3. 接受社會救濟 | 28.3% | 15.5%** |
| 4. 父親失業 | 16.8% | 15.9% |
| 5. 父親有犯罪紀錄 | 30.1% | 21.6% |
| 6. 四個以上兄弟姐妹 | 62.3% | 43.1%** |

個人教育背景

| | | |
|---|---|---|
| 1. 初中以上 | 16.0% | 34.4%** |
| 2. 對學校態度良好 | 20.0% | 29.7%** |

經　歷

| | | |
|---|---|---|
| 1. 第一次與警察接觸之年齡 | 12.5歲 | 13.2歲** |
| 2. 第一次受加州少年局監禁之年齡 | 14.4歲 | 14.8歲* |
| 3. 朋友中有犯罪經驗的 | 82.6% | 78.4% |

個　性

| | | |
|---|---|---|
| 1. 社會失調 | 66.0% | 62.9%** |

親子關係

| | | |
|---|---|---|
| 1. 家庭管教鬆弛 | 39.0% | 29.8%** |
| 2. 年輕時受責罰多 | 19.6% | 12.2% |
| 3. 對父母說話謹慎 | 34.4% | 23.2% |

過去行為背景

| | | |
|---|---|---|
| 1. 參與幫派戰鬥 | 52.5% | 40.0% |
| 2. 參與攻擊別人 | 35.6% | 25.8% |
| 3. 以武器威脅別人 | 35.6% | 25.8% |
| 4. 好朋友中多曾經犯罪 | 64.1% | 50.6% |
| 5. 犯人本身認為有犯罪記錄並不嚴重 | 77.0% | 68.7% |
| 6. 每天晚上與朋友同在 | 36.9% | 26.5% |

| | | |
|---|---|---|
| 7. 經常（每天、每週）見到警察抓人 | 51.8% | 42.1% |
| 8. 經常（每天、每週）見到人打架 | 42.4% | 28.4% |
| 9. 逃學十次以上 | 55.3% | 53.0% |
| 10. 停學兩次以上 | 56.1% | 47.5% |
| 11. 在監禁時期曾經與人打架 | 59.8% | 48.8% |
| 12. 在監禁時期曾經威脅其他犯人 | 23.7% | 18.0% |
| 13. 對監禁主管不友善 | 12.8% | 6.6% |

註: * P＜.05　　** P＜.01

參閱: Haapanen, et al., 1981.

　　加州少年局對嚴重少年罪犯研究結果發現：嚴重少年犯之中，十八至二十六歲爲犯罪率最高年齡，80%曾有一次以上之刑事犯罪，66%曾有一次以上之暴力犯罪記錄（殺人、強暴、傷害、搶刼）。在出獄以後十年時間內，93.5%曾再次犯罪一次以上，每名嚴重罪犯在十年內各有 9.42 次犯罪記率。根據彼德遜等人（Peterson and Braiker, 1980）之計算，每位人犯被捕之機會與其實際犯案之機會，在搶刼案爲一比六，若是偸竊案則爲一比二十；50%以上之少年犯在假釋第一年內，都曾再次犯罪。

　　惡性（Chronic）少年犯具有以下若干社會背景及人格特徵：

1. 家庭經濟地位較低。

2. 兄弟姊妹較多。

3. 學業較差。

4. 對學校印象不良。

5. 首次接觸警察年齡較低。

6. 過去犯罪記錄較多。

7. 反社會情緒較濃。

8. 行爲表現具仇視，擅逞無忌，不具責任感，不服從社會規範。

9. 黑人少年犯佔比例較高。

10. 人格不成熟，特別是在人際關係方面。

惡性犯愈嚴重的少年，以上的特性愈明顯。

惡性少年罪犯之特性中，最重要的幾個因素，形成一體系。

1. 惡劣家庭環境。

2. 攻擊性行為。

3. 反社會心態。

4. 缺乏約束管教。

少年犯具以上所列諸情況愈嚴重者，其從事犯罪之機率愈大；而成年以後，繼續犯罪之可能率愈大。此外，過去研究發現，大腦受損亦構成惡性少年犯罪因素之一。成年人犯罪次數，與幼年攻擊性行為，有密切關係。

## 五、對於惡性少年罪犯之預測

加州少年局對於惡性少年罪犯（有三次以上犯罪記錄者），再次犯罪的可能率被列為 86%；而俄伏幹等（Wolfgang, et al., 1972）之預測則為 75%。

## 六、對暴力少年犯罪之預測

83%的嚴重少年犯，均曾參與暴力犯罪，其社會背景、心理、人格特徵皆異。

## 七、預測少年犯之犯罪次數多寡

少年社會家庭背景，包括父母教育水準、父母社會地位，父母是否接受社會救濟。少年犯之父母教育、社會地位較低，或領取救濟金者，

其犯罪次數較多。

測量少年行為擅逞不拘，所包括之項目：

(1) 欺侮人。

(2) 吹牛。

(3) 惹事。

(4) 干擾別人。

(5) 說謊詐欺。

(6) 好爭執。

(7) 好打鬥。

(8) 容忍挫折力較低。

加州少年局研究，少年犯具備以上特性者，其社會焦慮感低。少年犯之累次犯罪，出自於過去社會、家庭背景因素，過去之行為、心態及人格所致。

加州佛里可（Fricot）感化院研究結果發現，少年犯在成年以後是否繼續犯罪，可鑑定於早年。被鑑定之少年犯中，78％成年後成為惡性罪犯，而 50％ 之少年犯，成年以後成為暴力罪犯。當這些少年在十一歲時，已大致可以判斷其未來罪行之方向。

少年犯罪不是偶然的事件，更非短暫時效的事件。少年犯罪不僅是針對少年惡劣家庭環境之反應，而更具有悠久之個人背景及特性。由於他們的習性、人格，以及生活於罪惡的環境中，成長之後再次犯罪之機遇率很高。據研究結果顯示，參與佛里可（Fricot）強化輔導計劃（Intensive Treatment Program）者，其日後參與犯罪之機遇率較低。

## 八、結　論

加州少年局這次研究之目的，除了探求早期鑑定惡性罪犯之外，更

希望探測長期監禁是否可以遏止犯罪率，特別是將少數嚴重罪犯在其犯罪率最高的年限之前，予以監禁。這些研究亦發現，犯罪率最高之年齡是青年時期（18～26 歲），犯罪率隨後則遞減。本研究所得的另一項建議是，對可能形成惡性犯罪之少年，應及早施以干預及矯治。

俄伏幹之研究提示，這一類型少年犯處於不利的社會環境，早年呈現攻擊性及不受約束的行為心態；學校老師也可以識別不良少年。少年是否具有反社會心態，是否從事不良行為，均可以辨識。而少年是否具有嚴重犯罪傾向，在少年時期是否有犯罪記錄，對於其成年後是否會犯罪，影響重大。如果能在童年及早改變這些條件和因素，則可能遏止其未來犯罪。

任何干預的策略（Intervention Program）或是輔導計劃，若能發揮局部的作用，均能發揮遏止少年成年以後犯罪的功效。以加州少年局之惡性少年犯為例，他們每人平均曾犯罪十次以上，共達兩萬六千多次。如果干預、輔導政策之功效為 10%，則每年可降低兩千六百件罪行，其中包括四百件暴力罪行；又如果干預、輔導計劃能達到 20% 的效果，則對加州十九歲的罪犯而言，每年可降低七百件的拘捕案件。

# 第八章　少年犯罪機構處遇

## 第一節　少年犯罪機構處遇之沿革
### （參閱 Haskell, Yablonsky, 1978）

　　所謂「機構處遇」，指在罪犯受刑機構，例如監獄或感化院內，實施矯治，輔導，以協助犯人建立健全人格，重返社會。機構處遇之宗旨有二，第一是矯治，第二是懲罰；然而自十九世紀末葉以來，由於矯治理論盛行，少年犯罪機構，遂趨時勢，偏重矯治，但是這種趨勢流行了七十多年而無顯著績效。一九七〇年的少年犯罪學者專家譏諷犯罪機構爲「垃圾堆」，「收容所」，徒具隔離犯人之功能，缺乏矯治之實效。

　　在監獄及感化院中，通常有兩套相互抵制的法規並存；一套是政府明文規定的監獄規則，另一套則爲犯人之間暗自建立的黑道法規。後者是由受刑人及黑社會制定的一套不成文法規；監獄內的犯人，爲求生存，都必須遵守。每一位犯人在表面上則遵循政府的法令。

　　美國紐約市一所專門監禁惡性少年犯的監獄，其中一位少年犯出獄之後，陳述獄中的生活經驗。根據他的報導，由於監獄內生活環境惡劣，黑社會及幫派勢力龐大，因此每一位入獄的少年犯，都會感染惡習，將來出獄之後會變成一個更惡劣，更有經驗的罪犯。出自獄犯的類

似報導層出不窮，間接的證明犯罪處遇機構缺乏矯治之功能。

少年犯罪機構內，少年犯之間更建立社會階級制度。居最高階層的是幫派及黑社會頭目，其次是善戰，具有自衞能力的少年犯。初入獄而缺乏幫派依靠的少年犯，受獄友測驗其自衞能力。如果是體弱無力自衞者，即受其他獄友之凌辱、利用。黑社會及少年幫派，每每利用無能自衞的少年犯為犯罪暴行的工具。而這些被利用的少年犯亦無由申訴，因為監獄管理員亦自顧不暇，拒絕干預少年犯之間的問題。

獄內少年犯對政府法令則陽奉陰違，表面上力圖與監獄管理人員維持良好關係，內心中則仇視，鄙視監獄法令及人員。犯人對於各種矯治計劃也只是表面應付，他們都是在數日子，希望早日出獄，恢復自由身，又是一條龍。

矯治機構的輔導人員或者希望與犯人建立親切關係，然而在現實的惡劣環境中，為求自保，亦只得採取「維持距離」的原則。犯人對輔導計劃及人員都無興趣，只希望維持表面友善、合作的態度，以期早日出獄。

對於多數受刑人而言，監獄生活是一次活的教訓，他們希望出獄之後，謹慎從事，不再落入法網。

犯罪學者專家通常以犯人出獄後再次犯罪率（Recidivism）計算犯罪機構之矯治績效。例如某一監獄於一年之內釋放了三百名犯人，而在以後的歲月中，如果這三百名出獄的人犯中，又有五十名因犯罪再次入獄，則依據通常的計算法，這一所監獄的矯治績效是 83.3%

$$\left( = \frac{300 - 50}{300} \right)。$$

事實上，以再犯率（Recidivism）來計算矯治的績效是很不可靠的。依據犯罪學專家的估計，每一位罪犯真正犯罪的次數與其被捕入獄的機

率是九比一。而「再犯率」只是計算犯人被捕入獄的次數。因此，以此低比例的數字去衡量監獄之矯治績效，通常是過度高估後者。

許多學者以長期追踪的研究法（Longitudinal Study）評估犯罪機構之矯治績效。俄伏幹在這一方面的研究，頗有成就。他追踪研究美國費城同一年次出生的人口，在未來數十年中，犯罪的紀錄。在其一九七二年的名著中，他的結論是：「犯人犯罪的時期愈久，其再犯率愈高，而其所犯罪行亦愈嚴重。」

在懲治罪犯方面，俄伏幹（Wolfgang, 1972, 1987）建議：（一）及早懲治。當罪犯開始犯罪之初加以懲治，可以較高之矯治效益。（二）劃分嚴重罪犯（Serious, Chronic Offender）與輕度罪犯之分野，對二者施以不同矯治懲處。（三）俄伏幹認為對於嚴重罪犯，目前尚無有效的矯治方法。唯一可行的是長期監禁，以免他們繼續為害社會。

目前，國內犯罪情況日形嚴重。嚴重罪犯（以罪行嚴重程度及累犯計算）佔犯罪人口比數甚大。這些嚴重罪犯在人格結構上有嚴重缺失，屬於社會病態人格（Sociopathy）。他們對社會法律道德不重視，心狠手辣，犯罪行為殘酷，缺乏人性。從犯罪學理論的觀點來看，企圖矯治這些惡性罪犯是相當困難的。為了維護社會治安，保障絕大多數人民的生命財產，政府必須對犯罪行為執法以嚴，對於嚴重罪犯更應從嚴處遇，不得縱容。目前政府對嚴重罪犯，如一清專案所拘捕之重犯，施以減刑、假釋的政策，其後果都是值得商榷的。作者建議以美國犯罪學幾十年的經驗為借鏡，可以省卻一段漫長的實驗道路。我們可以吸取美國近幾年在犯罪學方面所得到的經驗及最新發展的理論，以建立新的防治犯罪策略。

# 第二節　對傳統機構處遇之批評
（參閱：California Youth Authority, 1983）

羅賓（Robins）及俄伏幹（Wolfgang）等人，在少年犯罪方面所作的長期追踪研究，貢獻很大。他們發現，多數少年犯第一次犯罪被捕之後，有降低犯罪之傾向；然而，少年犯在第三次被捕之後，其再犯罪率則直線上升。其次，這些少年惡性罪犯，在社會背景及個性方面，均與常人及輕度罪犯不一樣。

然而，學者專家，對於如何處遇嚴重少年犯，則各自主張不同策略。俄伏幹強調長期監禁。羅賓（Robins）、維斯（Weis）則主張及早鑑別嚴重少年犯，而施以預防及干預措施。維斯之研究發覺，這些惡性少年犯，都是社會上之失敗者，若能及早鑑別而給予恰當之援助、補救，或能輔導這些犯罪少年走上不同的途徑。

1979 年，美國國家科學院（相當於我國中央研究院），對於犯罪矯治措施所作之評鑑：

「沒有一項單獨犯罪矯治計劃，足以防止罪犯之再次犯罪；然而一些特殊之矯治計劃，對於某些特殊類型罪犯，似乎是可以防制。」

1978 年，美國犯罪學專家，也作類似之結論。

此外，巴麥（Palmer）、俄倫（Warren）、羅米格（Romig）、詹德魯（Gendreau）及羅西（Ross）等人，提出差別干預理論（Differential Intervention, D. I.），主張若干特殊類型之少年罪犯，如施以某種特殊矯治計劃，則可產生效果。例如，智力較高，喜歡說話，而具神經質個性的少年犯，對於多種矯治方案，反應良好。而其他類型的少年犯，則對任何矯治方案，都沒有顯著的反應。

馬丁生（Martinson, 1976）對於各種犯罪矯治計劃，均採取悲觀、消極的態度，認爲均不足以產生顯著的效果，卽使是有效的幾種矯治計劃，其產生之效果也不過是 5%～15%。

加州司法部及少年局多年來從事實證研究，比較各種少年犯罪矯治計劃之效益，研究比較之重點有五：

一、比較緩刑（Probation）與受監（Imprisonment）之效益，何者具有較高之矯治效益？

在研究過程中，加州少年局將同量判刑之少年犯，一組以緩刑處遇，另一組則依判刑送入監獄或感化院。當二組少年服刑期滿之後，少年局追蹤調查，經一年、二年、三年之期，比較二組少年之再犯率（Recidivism）。研究之結果，證明二組少年之再犯率並無顯著差異，似乎是說少年犯不論是以假釋方式處遇，或是以監禁方式，二者之矯治效益相似。

二、在假釋期（Parole），如施以嚴格督導，是否可收較高之矯治效益？

加州少年局在假釋之少年犯中，分爲二組；一組施以嚴格督導，每一假釋官負責九名假釋之少年犯；另一組假釋之少年犯則以傳統方式管理，每一假釋官員負責三十六至七十二名少年犯。假釋官之功能不僅是消極的監視假釋少年犯是否犯罪，更應積極幫助少年犯從事學業、事業，並幫助改善少年犯之家庭環境及人際關係。假釋官除了訪問少年犯之家庭更應作三面溝通，調解少年與父母家人之關係，並教導少年之父母，如何恰當的行使親職教育，在新的假釋制度中，當一位假釋官僅負責九名少年犯，自然他在消極及積極工作方面所做的，比傳統制度下假釋官所做的多。然而多做，多督導是否可收較高之矯治效益？

根據少年局作爲期十二個月，二十四個月之追蹤調查，發覺在十二

個月之後，在嚴格督導下之少年犯，其再犯率爲 30%，而在傳統假釋制度(管制較寬鬆)下少年犯之再犯率爲 51%。經過兩年之後，嚴格監督下少年犯再犯率爲 41%，而在較寬鬆管制下之少年犯，其再犯率爲 61%。

從表面上來看，似乎嚴格假釋制度對少年犯產生較高之矯治效益。然而經過加州少年局仔細的驗證，他們發現二組少年犯之再犯率雖有顯著差異，這些差異未必是由假釋之不同情況所造成。最後，加州少年局之結論是兩種不同的假釋制度，對少年犯之矯治，並無不同之效益。

三、社區處遇與機構處遇之區別，何者矯治效益較高？

加州少年局依據同樣的實證比較研究方法，將判刑相同的少年犯分爲二組，一組交由社區處遇，另一組則交由一般少年犯機構（少年監獄、感化院）處遇。在處遇完畢之後，少年局從事爲期一年、兩年、三年之追蹤調查，比較兩組少年之再犯罪，是否有顯著差異？

加州少年局追蹤調查之結果，發覺受社區處遇之少年犯與受機構處遇之少年犯，在釋放之後一年、二年、三年時期間，其再犯率並無顯著差異。這一項研究結果以後被社區處遇學派視爲一項有利於社區處遇的物證，他們認爲社區處遇較爲人道，而且節省甚多公家費用，如果其治療效果與機構處遇相當，自然無理由運用機構處遇。然而在前幾章內，作者曾經提及，根據許多不同研究證明，不同處遇方法對不同類型少年犯產生不等的效益。對輕度少年犯、初犯，或神經質類型的少年犯而言，社區處遇之效益較高於機構處遇。反之，對惡性少年犯及累犯，則機構處遇之效益較高。在前幾章中，作者也一再強調，在決定少年犯處遇時，必須劃分少年犯爲若干類型，每一類型少年犯施以不同的矯治方法（參閱：Wolfgang, 1972, 1987；California Youth Authority, 1974, 1978, 1983.）

四、囚禁時間長短

以往，許多犯罪學家認爲囚禁時間長短，對受刑人產生不同的矯治效益。有的犯罪學家更主張，最佳監禁時期之觀念，例如三年或五年，可收最高矯治效益。 針對這些學理， 加州少年局亦作相對應之實驗，將犯罪行爲相似之少年犯，施以不同時期之監禁，例如一組施以半年監禁， 另一組施以一年監禁，第三組則施以兩年監禁。當這些少年犯出獄之後，少年局乃從事爲期一年、兩年及三年之追踪研究。根據少年局研究結果顯示，監禁時間之長短，對少年犯之矯治績效，並無差異。

有關監禁時間長短的理論，近年來已不甚受重視。俄伏幹等人之研究證明， 犯人入獄時間愈久， 其人格行爲愈形惡化， 出獄後再犯率較高，而罪情亦更嚴重。夏門（Jaman）之研究則強調犯人愈早釋放，其再犯率愈低。伏俄幹及夏門之研究結果，都證明監禁對於犯人產生負面效果多於其正面效果。

五、在監禁時期，實施各種輔導計劃，是否能收矯治之效益?

根據加州少年局及其他研究結果顯示，犯人在監禁期所受之各種輔導計劃，對於其出獄後是否再犯罪，並無顯著之影響。也就是說，監禁時期內推行之各種輔導計劃，如羣體治療，個人心理治療等，都未能達預期之效果，未能眞正改變犯人之心態行爲。

然而根據加州少年局研究結果顯示，犯人在監獄內受輔導者，有助於其在監內適應。

矯治犯罪的人是一件非常困難的工作，而衡量矯治的效益也是非常困難的。至目前爲止，犯罪學者專家仍是以犯人釋放後之再犯率作爲衡量矯治效益之準繩，然而這項標準具有嚴重的缺失，通常都會高估矯治的績效。我們希望將來不僅能創設更完美的矯治制度，也希望能發明更精確的測量矯治效益的方法。

# 第三節　青少年犯罪機構處遇之改進

　　少年犯罪處遇大致上可劃分爲機構處遇及非機構處遇，二者之交替發展過程亦是人類歷史中的一段有趣插曲。自有人類社會開始，以至於十九世紀末葉，絕大多數社會對於靑少年犯罪都是以非機構方式處遇，也就是由少年之家庭、親友、鄰居、社區來處理每一個別的少年犯罪問題，沒有建立防治靑少年犯罪之機構及制度。機構處遇的觀念及制度始自於十九世紀末葉西方工業都市社會，以一八九九年美國設立第一所少年法庭爲始。自二十世紀開始，西方工業社會陸續建立各種防治少年犯罪機構，諸如：少年監獄、少年感化院、少年監護所、少年之家等等，以後亞洲國家隨而跟進，推展機構處遇制度。

　　然而自一九七〇年代以來，根據少年犯罪防治研究報告顯示：機構性處遇之費用比社區處遇昂貴，且少年再犯率亦較高，同時監禁結果易破壞少年犯之自尊，又易感染犯罪的惡習，且易使少年犯出獄後，不能爲社會所接受而造成適應上的困難，極易再度犯罪重返監禁機構。反之，社區處遇不僅合乎人道，且有節省國家公幣之利，在減少再犯方面亦比機構性處遇來得有效，且可避免機構性處遇加諸靑少年壞標籤之烙印。但儘管機構性處遇有其缺點，對於惡性較重的少年犯仍有存在之必要，不可誤以爲所有少年犯均可實施社區處遇而獲得成功。因此，將來在少年刑事司法工作上，應發展一套有效的少年犯處遇分類過濾方式，決定何種少年犯適用機構性處遇，何種少年犯適用社區處遇方式。以下，我們分別提出改善少年犯罪機構處遇之各個層面。

　　一、少年犯罪機構之改進。

　　1. 實施少年罪犯分類處遇法。對少年罪犯施予個別待遇，針對少

年的人格特質、適應情形，實施個別輔導、心理治療等。

2. 充實少年矯治機構設備。如購置圖書與運動器材，統一編訂感化教育的教材，改善管教態度，實施宗教教誨，並增加機構的經費預算，以擴大感化效果，使犯罪少年不致淪爲再犯。

3. 少年輔育院應以品德教育爲主，以知識教育爲輔，主要目的在於改變少年之人格氣質，使其改過向善，重新做人；同時，補充其一般學校教育之不足，協助其未完成之學業。強化輔育院之設備及人員之素質，使青少年在輔育院有重新做人的機會。

4. 少年監獄內負責感化教育，旨在對犯罪少年，施以眞誠、關懷及愛心，加以重新教育訓練，使其立志自新，出獄後能適應社會生活，不再犯罪。監獄感化人員務求專業化，對青少年加以職業教育和技藝教育，以達矯治與感化之功效。

5. 設立「中途之家」和「寄養之家」以協助青少年犯或剛出獄的受刑人與社區建立新的社會關係爲目的，使其能逐漸適應自由社會，發展才能，成爲社會中一位建設性的成員。

6. 改進少年感化教育業務。對少年輔育院教育制度、教學方式，時時加以檢討改進，且應籌備經費，增加設備，加強技藝訓練，實施建教合作，設立家庭式感化機構，收容少年犯，加強與犯罪青少年家長的協調和輔導。

二、在刑事法方面，我們應加強以下數層面。

1. 「少年福利法」。失卻雙親之少年或父母無力教養之兒童，宜由國家代爲保護，俾其身心得以健全發展，進而推行一般兒童之福利設施，以補救家庭教育之不足。

2. 「少年保護法」。「少年保護法」與「少年福利法」未盡相同，後者乃積極性的，而前者則屬消極性質。例如，少年逗留之場所如

有妨害風化或放浪形骸之危險，而少年無避免能力者，則應由父母或治安機關通知保護少年機構，施以保護，此類保護機構爲善盡預防之責，宜禁止少年出入公共舞場，飲用酒精性之飲料及接近類似賭博性質之場所，凡此均有制定特別法之必要。

3.「父母責任法」。爲人父母者對於其子女，負有教導、保護之責，此乃天經地義之事，若子女不幸於少年時代犯罪，爲人父母者，應屬責無旁貸。多數父母管教子女，雖稱蒸嚴，惟尙難確保子女之行爲合乎規矩，平時對子女應多注意。「父母責任法」之設立，對素不關心子女之父母，可收實效。從而，家庭與學校之聯繫也可增強，對少年犯罪之防止，自可收到預期的效果。

三、在警察工作方面，我們應加強以下各項之改善。

1. 加強巡邏與取締。對於不良之書刊、雜誌、唱片、錄音帶、錄影帶、電影等色情物品，應予肅清，以免污染社會良好風氣，影響少年身心發展。

2. 擴大各縣市警察局少年警察隊或少年組的組織。設置受有專業訓練的人員，專辦少年刑事案件，及加強追踪輔導犯罪少年，建立個案資料卡片，經常調查其生活狀況，以追究事實而進行預防措施。

3. 加強推動警方與家庭、學校的聯繫計劃。警方主動收集問題學生的不良記錄，邀請學校老師與學生家長舉行少年犯罪問題座談會。

4. 利用寒暑假組織靑少年，指導其從事正當活動。許多犯罪少年，多由於閒暇時間過多，不知如何以正當娛樂活動來排遣其休閒時間，或因缺乏正當活動場所，而逐漸步入歧途者佔很大之比率。因此，要預防少年犯罪，警察應結合社區的力量，對社區內之靑少年，作有組織的活動，一方面可避免其組織不良幫派，另一方面可協助靑少年培養從事有益活動和正當娛樂之習慣。

四、設置「寄養之家」。

接受觀護的少年犯通常收容於寄養之家，而不送至犯罪矯治機構。少年犯移送寄養之家以取代機構性的處遇有很顯明的優點，卽不需監禁少年於矯治機構，而使少年繼續留在原來社區讀書或就業，爲其未來發展奠定基礎；此外，更重要的是避免少年有前科之污點及感染犯罪之惡習，同時，寄養之家亦比機構處遇來得經濟。成立寄養之家之另一理由，乃許多靑少年來自有問題的家庭，其父母本身無法作子女的模範，無法負起教養的責任，或其原有居住環境惡劣，這些均是促成其犯罪的主要因素，少年如繼續居住於生身之家庭中，極易有再犯之危險，因而設置寄養之家收容這些少年是有其必要的。

五、訂立觀護處遇制度。

自現代刑事政策之有效性及目的觀之，觀護制度是個構想良善的制度。觀護處分之發展乃鑑於短期自由刑易產生下列弊害：

（1）因時間較短，不易改變靑少年犯之氣質或訓練其技能。

（2）容易沾染惡習。

（3）名譽受損。

（4）影響受刑人之家庭生活。

爲避免短期自由刑之弊，對於罪行輕微的少年犯，予以觀護處遇、社區處遇，以符合刑事政策中「刑期無刑」之理想及「刑罰經濟」之原則。觀護處分之採用，顯示摒棄以往傳統對犯罪懲罰、威嚇、報復及壓制之觀念，而走向嶄新的社會處遇趨向，着重犯罪預防及罪犯更生保護的標的。

六、施行監外就業。

監外就業乃允許犯罪人中止機構處遇，重返自由社區就業謀生。然按規定須於夜間或週末返回監獄服刑。此不但是監禁處理之另一種有效

轉換，使犯罪人有更多的時間與社會接觸，過正常的社會生活，且可為納稅人減輕負擔，並為社會保持建設性的生產力，更重要的是可維持犯罪人與家庭及社區之良好關係，並協助其產生積極進取之建設性態度與行為。

監外就業之特性有三：

（1）受刑人於工作時間可外出就業，與自由社會接觸，並學習適應社會生活；然非工作時間，則必須返監接受監禁處遇。

（2）要求監外就業的犯罪人必須負擔在監膳食及交通費用，並應支付其家庭開支及法律上的債務，大部份就業的收入均由處遇機構代管，待其出監後發還。

（3）監外就業犯罪人之工作待遇及有關福利，應與一般人相同。

七、假釋制度與社區處遇之施行。

假釋與緩刑均在救濟自由刑之弊害，假釋制度之作用在補長期自由刑之缺點，此與緩刑制度補助短期自由刑之缺點，旨趣相同。此二制度均是近代刑事思想之產物，乃採自目的刑、教育刑之邏輯結果；而一般社會傳統觀念，仍然對之加以責難，鄙視假釋出獄人，視之為刑餘之身，對其敬而遠之。如是假釋出獄人為社會所拒絕，易導致他們自暴自棄，鋌而走險，淪為再犯，故今後要順利推展假釋制度，更要促進社會大眾了解假釋之效用，進而支持假釋之推展。

假釋之效用有四，分述如下：

（1）促使青少年犯自新。因長期監禁不能促進青少年犯日後適應社會生活，少年犯在監如有悔過之心，而無提早出獄的希望，則易自暴自棄。反之，如執刑一段時間後，青少年犯能夠保持善行，則可准許附條件出獄，如能繼續保持善行，則假釋期滿，以執行完畢論。如此可啟發青少年犯向上之心，並促其迅速改善，適應社會生活。

（2）救濟量刑失當。推事審判案件當力求做到公平適當，但對於被告之量刑，難免有時會有所偏頗，爲補救量刑失當，假釋不失爲救濟之法。

（3）爲出獄之階梯。受刑人出獄之初，乃是最危險的時期，如果社會不予以適當的輔導，則極易淪爲再犯，故在不自由與自由之間，介以半自由狀態之社區處遇，運用受刑人假釋制度，並輔以保護管束加以考核輔導，使之逐漸適應社會生活。

（4）疏通監獄減輕國家之負擔。受刑人繫於囹圄，乃是不得已之事，非但受刑人痛苦，並且消耗國家甚多之公幣。如提早受刑人接受社區處遇，則可減輕國庫負擔；此外，受刑人如眞正有悛悔實據而予以假釋，則對國家或受刑人均有利，且亦有疏通監獄之效用。

八、保護管束社區處遇之施行。

保護管束乃社區處遇之具體表現，一方面對受保護管束者監督輔導，另一方面乃協助保護管束人，調整其社會環境，免其再受不良環境之影響，而淪於再犯；此項工作要發揮其效果，則必須採行榮譽觀護制度，由社區熱心人士自動參與榮譽觀護與保護管束工作，並聘請大專在學青年參與少年輔導工作，如果輔導者與接受保護管束者經常保持接觸，妥爲保護，扶助並指導其生活，謀求職業之輔導、就業之安排與生活環境之調整，促進建立和諧的人際關係與正確的價值判斷以及嶄新的人生觀，如此才能完成保護管束之社區處遇任務，而達成矯治與預防犯罪之目的。

九、更生保護與社區處遇之施行。

事實上，出獄人在社區得不到同情與溫暖，乃是可以想像之事，而其中最大的問題，即就業困難，生活無着。因而如何在社區內各階層輔導、愛護、關懷之下，協助出獄犯解決就業問題，使其走向更生之路

程，參加社會建設行列，是當今更生保護的重要目的之一。

　　出院青少年犯之更生保護宜採用社會工作方式，輔導人員應是受專業訓練的社會工作人員，一方面在機構內與少年犯晤談，另一方面在機構外與其家屬聯繫，旨在協助青少年犯由機構處遇順利地重返其家庭及社區，這種更生保護方式在美國發生相當大的功效。雖然更生保護工作非一蹴可及，但只要大家有此認識，同心協力，改變過去對出獄人之成見，而使出獄人能適應社會生活，並參加社會農工商各項建設性之生產行列，如此不但可減少再犯，安定社會，更增加社會生產力及社會建設，促進社會成長。

# 第四節　青少年犯罪機構之教育方案
### (參閱: G. S. Ferdun, 1974)

　　依據多年少年犯罪研究，少年犯之智力較低，學業成績、閱讀能力及數理能力均較一般少年為低。因此在少年處遇機構內，不論中外均設有教育輔導計劃，其主要目的在增進少年犯之知識，以便於就業及社會適應。我國目前在少年處遇機構內實施之教育方案，如以升學為目的則不正確。以下是加州少年局實施之教育方案：

　　一、教育輔導計劃 (Remedial Education Program)，其主要目的：

　　(1) 增進少年犯之讀、寫能力。

　　(2) 幫助少年犯增進其基本數理能力，使之能達到小學畢業的水準。

　　教育輔導計劃必須經常不斷做檢討，以求改進。根據研究，對於少年犯之教育輔導與少年犯之是否再犯罪似乎無關。

在教育輔導計劃中，又設立學長制度（Ward Aide Program）：

少年犯之中，學業成績優良而性格平穩者，感化院收納之爲少年感化機構之學長（Ward Aide），以幫助其他少年犯進修，以及在康樂、運動活動中擔任輔導職責。這些學長則給予獎勵、報酬。然而依據研究調查，學長制對於這些參與的少年犯之再犯罪率並無顯著的幫助，然而對於他們日後尋找工作或升學則有助益。

二、分類教育方案：

加州少年局依據人格類型，劃分少年犯爲不同類別，分別實施不同教育，經三年實驗結果，顯示在某些方面有進步；在另一些方面則沒有。

三、助學計劃：

當少年犯出獄之後，加州少年局輔導人士幫助他們入學，然而根據研究結果，其效果不彰。

四、助業計劃：

加州少年局同時輔導出獄少年犯從事職業訓練及尋找工作，然而以就業輔導計劃與其它未得輔導出獄少年犯之情況比較，兩者之間在就業方面也沒有明顯的差異。

結論：

期望少年犯出獄以後，改變其生活及行爲，事實上是很困難的。助學、助業之計劃均未能改變少年犯之犯罪行爲心態。研究者強調，從少年犯之需求着眼；同時考慮其能力，不必一味作教育升學之輔導，如果這些少年犯旣無心向學，又無能力向學，則升學輔導教育是徒勞無功的。

在少年犯處遇機構中，重視的是改變少年犯的行爲心態及生活方式，使之犯罪行爲心態確實有改變之後乃作進一步之考慮。

## 第五節　選擇性監禁處遇政策
## (Selective Incapacitation)

（參閱: California Youth Authority, 1983)

　　將嚴重罪犯（一而再次犯罪者），特別是在犯罪率最高之年齡（例如十七歲、十八歲），施以長期監禁，或能收防制犯罪之效果。

　　監禁（Incapacitation）之主要意義，在於使犯人與社會隔離，以防制其繼續犯罪行為。提倡監禁理論者，多強調嚴行執法，並對罪犯加以長期監禁。然而監禁理論涉及之對象問題，究竟是所有罪犯，抑或是嚴重罪犯；而且在行使監禁之前，亦必須考慮其所牽涉之法律及倫理問題，監獄之容量大小問題，以及其引起之司法、預算、支出問題。

　　贊成監禁處遇者，提出兩項理由:

　　(1) 監禁可以防範這些犯人（嚴重罪犯），從事犯罪行為。

　　(2) 社會上犯罪率、犯罪次數及嚴重性，與犯罪人數密切相關；因此如果監禁這些罪犯，將會降低犯罪率及犯罪嚴重性。

　　以上的兩個論點，大致上是正確的，然而，仔細分析罪犯之類型之後，乃知有的類型罪犯，出獄後其再次犯罪之可能率不大；另外有的類型罪犯，其出獄後再次犯罪的可能率，則很嚴重。至目前為止，我們尚缺乏一套絕對可靠之預測工具，能夠預測何者會持續不斷犯罪，何者會終止犯罪。其次，有的罪行，如暴力犯罪，若將暴力罪犯加以監禁，可以減低其暴力犯罪之機會；另外一些罪行，例如吸毒、偷竊犯及娼妓等，則無關。暴力犯罪率，與從事暴力犯罪之犯罪人數相關；而吸毒、偷竊及娼妓等，則與社會之情況相關。例如，社會上毒品之需求、毒品之銷售情況等，與販毒率密切相關。有的犯罪行為受龐大機構控制，例

如吸毒、娼妓，由於社會需求量的影響，不因監禁人數而降低；龐大黑社會組織可以隨時徵求其他工作人員代替，因此，監禁處遇對於這一類型犯罪，並無遏止之效果。

至目前為止，司法界對於監禁策略仍是一知半解，不能肯定其確切的功能及效果。理論上，監禁雖然是言之有理；然而在實質上去計算「監禁」，以及其正面效果，則非常困難。

柯亨（Cohen, 1978）以美國全國聯邦調查局犯罪報告，及其他全國性犯罪記錄，以計算監禁之比率與防制犯罪之效果。柯亨之研究過於籠統，沒有得到肯定之答案，所得到之結論是，監禁策略所需之代價可能會超越其效果。

查根（Chaiken and Chaiken, 1982）、格林渥及阿伯拉罕（Greenwood and Abrahamse, 1982）又以罪犯類型，分別計算監禁對於防制犯罪之功效。查根等人的研究導源自俄伏幹（Wolfgang, 1972）之研究結果，俄伏幹證明少數惡性罪犯從事大量的犯罪行為，因此主張選擇性的監禁嚴重罪犯，將可達節制犯罪之效果。然而，選擇性監禁，在實施上亦有其困難之處。首先，是鑑定嚴重罪犯，及其日後是否繼續從事嚴重犯罪，非常困難；第二，此項措施所涉及之法律及倫理問題，不易解決。

梵達（Van Dine, et al., 1977；1979）、彼德席拉（Petersilla and Greenwood, 1977）等人，作更具體研究，研究某一特殊地區對某一種特殊罪行，判刑三至五年，是否會減低該地區之特種罪行率。這些研究發現，多數從事嚴重犯罪的人是初犯，因此沒有特殊的效果。

近年來加州地區所作之各種相關研究（Rand, 1982；Haapanen and Jesness, 1982）發覺，加州少年局監禁之局部少年犯屬於嚴重罪犯；其次，這些嚴重罪犯之犯罪年齡，也屬於犯罪最嚴重之年齡（例如

十七歲)。因此，加州少年局（Haapanen and Jesness, 1982）主張，將這些嚴重少年罪犯加長監禁，則可收節制減低犯罪率之效果。

# 第六節　美國青少年戒毒計劃

### （參閱：Roberts, 1974）

一、加州青少年戒毒試驗

青少年吸毒問題日益嚴重，無論從吸毒人數及吸毒的類別均可見。對於吸毒犯之了解，一般人慣於以刻板印象視之，認為所有的吸毒犯均大同小異。事實研究證明，吸毒犯類型甚多，各不相同。加州少年局曾從事各種吸毒犯出獄後輔導工作，其內容：

（1）加強輔導：將觀護人員之受觀護人降低為三十名。

（2）定期吸毒檢查測驗。

（3）短期監禁及戒毒措施。

加州少年局整體戒毒輔導計劃施行三年之久，然而根據研究評鑑，發覺輔導計劃無具體的效果。測量成效的方法則以吸毒犯再次吸毒率為準。

然而當戒毒輔導計劃實行五年之後期，參與之青少年吸毒犯，在後期獲益較多，其再犯罪率及吸毒率均較前期計劃實行時為少，後期輔導計畫較為有效。

其次比較兩種不同少年吸毒犯輔導之後果：

（1）直接從監獄釋放者。

（2）由假釋轉介入輔導計劃者。

前者之效果，指直接從監獄釋放者，較後者之效果顯彰，依據研究者的分析，假釋者對轉介入輔導計劃之後，內心產生反感，吸毒犯之

內心自我對話是如此的（我旣然已經假釋，如何又迫使我加入輔導計劃?），因而導致其不遵從輔導計劃之心態行爲。

加州少年的毒品防治計劃在洛杉磯，更從事長期追踪調查，以下是研究調查的幾項目標：

（1）輕度的毒犯是否會轉變爲嚴重的毒犯，例如在臺灣，是否會由吸食強力膠改變成爲吸食嗎啡、海洛因等?

（2）吸毒者的毒癮難戒，一旦開始以後將無法戒除?

（3）吸毒者大多出於貧困社會階級，以及出自於都市貧民窟的生活環境。

（4）吸毒者是否參與其它各種犯罪行爲。

依據加州少年局戒毒所的經驗，自從一九六五年少年戒毒所成立以後，一九六六年加州少年局分別建立三所少年戒毒所，第一個是在加州少年監獄設立的戒毒所，其策略：

（1）改變，增進少年吸毒犯的自尊自信。

（2）強調個人及羣體的心理輔導。

（3）強調少年犯之行爲心理動力。

（4）重視行爲表現。

（5）以地位、榮譽等報酬方式，以期改變吸毒的習慣及行爲。

（6）最後強調嚴守規律及服從指導。

然後又劃分戒毒爲三階段：

第一階段是心理治療期（Psychological Therapeutic-oriented）。

第二階段是行爲改善期（Behavior-oriented）。

第三階段是實踐勵行期（Reality-oriented）。

加州第二戒毒所是梵杜拉（Ventura）戒毒所，以少女犯爲主，其戒

毒計劃也劃分爲三期：

 （1）訓練吸毒犯以面迎假釋後之新生活（不吸毒的新生活）。

 （2）培養吸毒少年犯，不吸毒的適應機能。

 （3）強調生活規律及服從紀律。


  第三個戒毒所是在普來斯頓（Preston）少年感化院內設立，重視改革不良的吸毒習慣及各種惡性行爲。輔導人員認爲改變吸毒犯，以較和緩不嚴重的方式解決其個人內在衝突矛盾及與社會羣體的衝突。

  在這三所戒毒所中，服用鴉片及重毒者則分別處理。

  一九七〇年代，加州少年局發佈其戒毒的成果。

  （一）在加州少年監獄中實施的戒毒成效：

  （1）服用迷幻藥者，經十五個月的輔導戒毒工作，發現沒有顯著的成效。

  （2）服用嚴重毒品者，經十五個月輔導亦沒有改進。

  （二）其它兩所戒毒所也沒有顯著的成效。

  二、研究所得到的結論：

  （1）不能夠將各種吸毒犯混爲一體，以同一的方法輔導、處遇。

  （2）不同類型吸毒犯應施以不同輔導方式或不同處遇方式。

  （3）不同的輔導處遇方式對某類型的毒犯有效，而對於其他類型的則可能有害。

  在普來斯頓少年感化院實施之戒毒方法是傳統的戒毒觀念及方法，對於所有的吸毒犯均有不良的後果。

  在普來斯頓少年感化院實施戒毒計劃的後期，輔導人員運用兩間州立戒毒醫院的方法（家庭計劃），輔導人員與毒犯參與羣體心理治療討論會：

(1) 由吸毒者自動參與。

(2) 治療討論會中不分職員與吸毒犯的身份，一視同仁。

(3) 由治療小組選舉組織人員，負責討論會及戒毒計劃之實施。

三、社區戒毒中心之設立：

一九七一年，加州少年局有鑑於機構戒毒處遇之失效，乃決定另以其他方法進行，三項目標：

(1) 以不同戒毒方法處遇不同吸毒犯。

(2) 重視戒毒的生活環境。

(3) 戒毒輔導計畫必須具有彈性，包括戒毒的目標及需求。

加州少年局本身所具備之資源不足以從事大規模戒毒計劃，所以必須與其它戒毒機構合作。

經長期諮詢計劃之後，乃建立當前社區戒毒計劃及目標：

(1) 鑑別吸毒犯及其類型，預期以不同處遇輔導方法及產生不同效果。

(2) 鑑別戒毒處遇之各項資源及方法。

(3) 運用社區各種戒毒之資源、人力、物力。

(4) 增進社區的戒毒資源。

為了達到戒毒的目標，少年局的研究人員從事下列幾項研究工作：

(1) 研究吸毒者之背景及人格心理特徵，以別於非吸毒者。

(2) 研究各種戒毒方法及效率。

(3) 建立吸毒人口的資料檔案。

(4) 社區戒毒中心整體計劃，實施之成效鑑定。

# 第九章　少年觀護、假釋制度

## 第一節　少年觀護制度 (Probation)

### 一、觀護制度之沿革及功能

　　觀護制度是現代刑事政策的新趨勢，人類自古以來以懲罰爲目的之刑法概念至目前已逐日式微，現代刑法學者逐漸了解將犯罪者施以監禁或其它隔離矯治，對於改變犯罪者的性格行爲，並無多大效益，反而時時產生負面的效果。因比，機構外矯治處遇及社區處遇的觀念逐漸發展，日益受到重視，其中具代表性者即觀護制度。

　　「觀護」(Probation) 一詞源自拉丁文語根，意指「一段試驗或證明的期間」。羅馬天主教會用之於對請求加入教會新教友的試驗階段，而基督教則指對聖職候選人員的試驗階段。日本稱之爲「保護觀察」，我國則簡稱爲「觀護」。據房傳珏的詮釋「現代觀護制度係運用個別化、科學化及社會化的原理、法則與技巧，對於犯罪人所施予的一種非監禁處遇。旨在依循人類先天秉賦之本性，予以循循善誘。並於維護人性尊嚴的前提下，對於可期改悔的偶發初犯、輕犯或青少年犯，利用緩審理、緩宣告與緩執行之時期，在收容機構外附加條件，由具有專業知

識的人士，予以合理之指導與監督。此種處遇旨在激勵受觀護人向上、向善之良知與德性，使其積極改過，化莠為良，俾期於生命之餘年，仍得復歸於社會正常之生活，重新做人。」

觀護制度的目的大約可分為以下四項：

（一）保衛社會：任何犯罪處遇的第一及首要任務即為保衛社會以避免受到犯罪者的侵害。而觀護制度因為協助受觀護者對其家庭及社區關係重做調整，故對保衛社會有直接的貢獻。

（二）改造犯罪者而降低犯罪：觀護處遇使許多偶發犯及年齡較輕的初犯不致於離開家庭，不致於監禁入獄或進入其他矯治機構，而與一些犯罪集團或惡性重大罪犯相混，從後者習得更多的反社會行為心態。觀護處遇提供適當的輔導與監督，協助受觀護者在正常社會中重建自己與社會的關係，袪除不合宜的反社會行為，學習正確的表達方式及技巧。

（三）減少政府對犯罪的支出：政府監禁一個犯罪者於監獄或其他感化機構中較諸支付觀護所需的成本高出許多，而且不一定具有實效。觀護制度的支出低，受觀護者非消極性消耗者，而是生產力，對社會有積極貢獻。

（四）維護個人自由、生活及追求幸福的權利。傳統的監獄無法達到犯罪嚇阻與矯治犯罪的目的，已為社會所共識，觀護制度則因其有個別處遇及尊重受觀護者的法則，可補救監獄所產生的惡果。協助受觀護者學習改變自己，接受輔導及監督，在個人的生活及自由不被剝奪且受到尊重的環境下，袪除其反社會的態度行為，重新做人。

今日的觀護制度是在民主、科學的潮流下，社會福利思想與刑事政策相結合的成果。對於重新適應社會的犯罪者，尤其是涉世未深，惡性非大的青少年罪犯，觀護制度的採用是一非常合乎社會需要，也是非常人道的決定。過去經驗證明觀護制度確實是一項有效的處遇方案。

## 二、青少年觀護工作之重點

青少年觀護工作，是以少年觀護處遇措施為內容，提示觀護人，應遵循其學識經驗、良知及熱忱，就少年法庭受理之犯罪或虞犯少年，實施個案調查，蒐集一切可能的資料，提供少年法庭作為處遇少年的參考。並就少年法庭交付之任務，對於受觀護處遇之少年實施觀察、輔導、保護管束等處分之執行，俾能矯正受觀護處遇之少年之劣行惡習，消滅其再犯罪之可能，以維護社會的安全。

1. 少年觀護工作的實施要點如下：

（一）蒐集少年個案資料：在少年事件審理前，先行個案調查，蒐集少年個案資料。

（二）貫徹保護少年的處遇政策：保護少年，經由具有學識經驗之觀護人熱忱奉獻，使受觀護處遇的少年，得到最妥善的照顧、勉勵與輔導。

（三）提供少年反省自新的機會：將少年置諸自由社會，受觀護人輔導、督促，使能敦品勵行、一心向上，不再為非作歹，重適社會正常生活。

（四）輔導少年生活矯正其不良行為：觀護並非將少年置諸社會，放任其一己生活，而是要求少年犯接受觀護人的輔導，履行應遵守的事項，保持善良品性，不與素行不良者往來；否則將聲請少年法庭撤銷觀護處遇。

2. 少年觀護工作的內涵：

第一是社會個案工作：觀護人要進行個案調查，必須親赴少年的家庭訪問談話，從談話中了解少年的家庭背景，蒐集可靠的資料。同時，觀護人受命對於觀護處遇的少年，實施監督、約束、輔導、矯治等措

施，類似社會工作。

第二是輔導工作：在案件審理前，須由觀護人與少年個別談話，從談話中對其行為加以輔導；同時並輔導少年求學、就業、修身養性、休閒娛樂、交友睦鄰等。

第三是教育工作：觀護人肩負的使命，類似教育工作；除了傳道、授業、解惑，還有職業介紹、日常生活指導。

第四是行政工作：少年觀護工作的指揮執行機關是少年法庭，受命執行的人員是少年法庭編制內的觀護人。觀護人須記載許多調查表格，呈送少年法庭作為處遇的參考。

### 三、青少年觀護工作之實施步驟

（一）審前調查：觀護人的審前調查即是一項社會個案工作之運用，其目的在於瞭解少年行為的背景與犯罪因素，以供審判及日後執行之參考，審前調查也是診斷的一個程序。調查項目包含凡足以影響少年思想言行之一切因素，而調查資料必須經過整理分析、研判後，才能採用，故整理分析、研判必須以冷靜、客觀、公正、審慎之方式處理。

（二）處遇意見之撰擬及報告之提出：審前調查是青少年事件處理個別化之具體表徵。調查之結果，提供法庭參考，在於尊重觀護人之專業知識與專業經驗，藉以彌補傳統法律之不足，進而求得最有效之處遇方式，調查報告提出於法庭，並具公文書之證據力，得作為裁判之基礎。

（三）出庭陳述意見：青少年事件審理過程中，觀護人經法庭之通知，應出庭陳述意見。此時之陳述，目的不在重複先前所提出之書面調查報告，而係法庭尊重觀護人的專業知識與經驗，徵詢有無補充之資料與意見之提供，俾便少年事件之處理至於完善。

（四）交付觀察與急速輔導：少年法庭在決定作管訓處分前，認為有必要時，得將少年交付觀護人作相當期間之觀察後，據實提出報告，並附具意見，以供法庭之抉擇。另在裁判未確定前，事實上有急速輔導以匡正少年之不良行為時，少年法庭亦得於事件終結前，交付觀護人作適當之輔導。

（五）假日生活輔導之執行：假日生活輔導係對惡性較輕之少年，在不影響其學業或工作之原則下，利用假日由觀護人或其他適當之機構、團體或個人，對少年施以品德教育、輔導其學業或指定其作業，並得命令勞動服務，培養少年勤勞刻苦及守法之習慣，幫助其步入正途，減少其在假日遊蕩為非作歹之機會。

（六）保護管束之執行：保護管束是觀護制度之重要部分，也是治療的階段，診斷、處方的結果是為了治療，所以保護管束實係觀護制度中最重要的一部份。保護管束之執行也是觀護人重要工作之一，而執行之對象為十二歲以上，未滿十八歲之少年罪犯。保觀管束之類別又可分為：（1）管訓事件之保護管束。（2）緩刑期間交付保護管束。（3）假釋期間交付保護管束。（4）停止感化教育之執行，代之以保護管束。（5）免刑交付保護管束。而保護管束之期間，原則上以三年為限。

（七）保護管束之轉變：（1）保護管束之免除：保護管束執行期間屆滿六個月，若有顯著成效，有具體事實足以認定悛悔有據，已無再犯之虞，則觀護人得檢具事證申請少年法庭免除處分繼續執行之裁定。（2）保護管束之撤銷：受保護管束者違反法規，其情節重大或因違反法規不服從勸導兩次以上者，經少年法庭留置觀察後再違反法規，被認為保護管束方式已難收效，觀護人得檢具事證申請少年法庭撤銷其保護管束，將殘餘之期間移送感化教育場所執行感化教育，其殘餘期間不足六個月者，至少亦應執行六個月。如係緩刑或假釋期間交付保護管束者，

應通知檢察官或典獄長作上述之申請。

### 四、青少年觀護處遇的對象

（一）被責付處置的少年：經少年法庭傳喚訊問後，暫時責付於少年之法定代理人，如：家長、家屬、其他適當人選；並在事件終結前交付觀護人作適當的輔導。

（二）被收容處置的少年：不能責付或不適責付者，乃命收容於少年觀護所。

（三）應否交付管訓處分尚須觀察的少年。

（四）受訓誡處分的少年：經少年法庭踐行審理程序後，以裁定諭知訓誡，並予以假日生活輔導。

（五）被交付保護管束的少年。

（六）違反保護管束應遵守事項的少年：於保護管束執行期間，違反應遵守的事項，不服從勸導達二次以上，應將少年留置於觀護所做刺探觀察。

（七）被核准停止感化教育執行的少年。

（八）受禁戒處分的少年：少年之違行，經少年法庭踐行審理程序後，以裁定諭知交付保護管束，並一併諭知禁戒之處分。

（九）受治療處分的少年：少年之違行，經少年法庭踐行審理程序後，以裁定諭知交付保護管束，並且一併諭知治療之處分。

（十）受免除刑戒的少年：認為少年受刑事制裁過重，而其情節輕微，顯可憫恕，特以裁定諭知免除其刑，並交付保護管束以示寬大。

（十一）受緩刑宣告的少年：經審理後裁定宣告三年以下有期徒刑，拘役或罰金之刑，唯目前以暫不執行較為適當，特別以裁定宣告緩刑，並交付保護管束。

（十二）被假釋出獄的少年：違法少年徒刑之執行，已達法定的期間，確能悛悔改過，經執行監獄檢具事證，交付管束保護，由觀護人行之。

## 五、觀護人之職務及資格

觀護人為少年法庭獨設之人員，其涵意又有保護觀察之意。此種人員依我國少年事件處理法第九條之規定，其職務如下：

（一）調查蒐集關於少年管訓事件之資料。

（二）對於少年觀護所少年之觀護事項。

（三）掌理保護管束事件。

（四）本法所定之其它職務。

其它職務包括：

（1）在審理前，調查少年與事件有關之行為、品行、經歷、身心狀況、家庭情形、社會環境、教育程度及其他必要之事項。

（2）就調查結果，對少年加以分析、研究、比較，尋求其不良原因，附具意見，向少年法庭提出報告。

（3）同行書之執行。

（4）審理期間到庭陳述意見。

（5）對少年作相當期間之觀察，並附具意見，提供少年法庭參考。

（6）掌理少年之保護管束事宜。

（7）執行緩刑期間及假釋期間之少年的保護管束。

依我國少年事件處理法第十二條規定，觀護人之資格如下：

（一）經考試院舉辦之觀護人員高等考試，或觀護人特種考試及格。

（二）曾在公立或教育部立案或認可之專科以上學校教育、社會或

心理等科系或相關科系畢業，具有任用資格者。

（三）曾在警官學校本科或專科與觀護業務相關之科系畢業，具有任用資格者。

## 六、青少年觀護制度之改善

依據刑事法之觀點來看，危害社會秩序最甚者爲常習犯，而少年犯恆爲常習犯之根源；今日之少年犯，倘若教養不當，往往形成日後之成年犯，故須愼重處理。美國學者史卡陪弟與史第芬生曾作一廣泛而長期的少年犯觀護研究，其研究結果顯示：觀護組的少年犯較機構性處遇組的少年犯有較低的反社會性與較少焦慮的現象及敵對態度，且有較佳的情緒適應能力與較高的社會責任感。此外，這些研究亦發現觀護組的少年犯在處遇前後有顯著改變， 例如焦慮減低， 改變對他人及工作之態度，增強自我控制及克服困境之能力等。

目前國內觀護制度之中，正規的專業觀護人員數目太少，以民國六十四年十二月的統計：全省各地方法院共有四十八位專業觀護人，而須輔導保護管束少年犯共六千三百八十三人，平均每位觀護人須輔導一百三十三人；另外尙須協助輔導交付榮譽觀護人執行之三千九百五十名少年犯，二者合計，每位觀護人需輔導二百一十四名少年（資料來源：鍾源德，少年犯罪問題之研究，六十七年，文景出版社）而需輔導之少年人數，有日趨增加之勢。在如此繁重工作量之下，觀護人難以發揮輔導少年的功效，有失觀護制度的本意。相對於少年犯罪案件劇增，觀護人工作量益形繁重的情況之下，多年來懸而未決的觀護人待遇問題，有必要做合理的調整。

觀護人在民國五十七年初派之時，地位待遇和推事檢察官相當，但到六十八年就與推事檢察官有很大的差距，落到和同職等記錄書記官相

同的待遇。六十九年以後，和推事檢察官的待遇成了倍數的差距，而且也落到同職等記錄書記官之後，到今天待遇調整，差距更大，難怪觀護人不平則鳴。

觀護人需要高度的學養和專業的技能，是普遍的共識，因此觀護人的派任必須高考及格。而觀護人當中，具有高學位的比比皆是。以臺北地方法院爲例，擁有碩士學位以上的觀護人原有九人，因待遇年年調整，卻愈來愈比不上推事檢察官和書記官，因此紛紛求去，轉任他職，已經走掉八人。至於臺中地方法院，碩士以上的觀護人原也不少，目前只剩一人。他們原先都抱著一股熱忱，爲觀護業務默默奉獻，付出心血，讓迷失、無助的少年導入正途，但卻因待遇不合理導致他們一一求去。

有關觀護人待遇調整的問題，立法委員洪昭男曾經在立法院中提出質詢。他認爲，依據少年事件處理法第十一條規定：「書記官及執達員隨同觀護人執行職務者，應服從其命令。」顯見觀護人是書記官的「長官」，「長官」的待遇卻不如服從他們命令的書記官，有違公務人員的體制。

洪昭男曾以臺中地方法院爲例，十三名的觀護人每月處理的保護管束人數達一千多人，如果這一千多人放諸少年監獄或輔育院，花費甚多，並需許多監獄才能容納得下。

洪昭男根據研究指出，從少年監獄、輔育院執行出來的少年，再犯罪約百分之十七，而觀護人執行的再犯罪率則爲百分之四點六，顯見觀護人的功能確有發揮。因此政府不應忽視他們的待遇，澆冷他們服務的熱忱。（聯合報七十七年七月二十七日）

我們建議政府增加專業觀護人員，增加觀護課業訓練並擴大徵求榮譽觀護人，使有志於觀護工作者，均得以參與觀護工作。另外對於觀護

人亦應予以保障，並給予合理待遇及福利，制定保險、升遷、工作時數、休假及退休制度。

此外，學校在校的教師也是適當的少年犯輔導人選，尤其在寒暑假期，老師們若能抽出部分時間奉獻於觀護工作，對於輔導偏差行為少年工作的功效上必有很大的助益。當然，輔導工作進行之餘，更要社會大眾放開心胸，以較理性、客觀的態度來對待接受，經輔導重新回到正常軌道的少年，不應該繼續排斥他們，並提供他們更新的機會，給予曾誤入歧途的少年，使他們有機會重新做人。

**七、觀護（Probation）補助計畫（參閱：White, 1974）**

一九六四年，美國加州政府有鑑於各地區觀護制度行使之缺陷，乃決定採取中央輔導補助計畫，以加強觀護制度。一九七三年，加州四十七個觀護人員羣體受加州中央政府輔助，共同觀護一萬八千四百名人犯。在此計畫之前，每一觀護人員負責觀護八十至二百個犯人，在加州政府輔助計畫之下，每一觀護員僅負責三十名人犯，以增進觀護輔導之實，增加①個人輔導，②羣體輔導，③家庭輔導。同時邀請精神科醫生、心理學家，並增加醫療服務。另外又增設職業輔導、教育輔導、反毒計畫、成立職業介紹所、寄養家庭、羣體之家、社區白日收容中心等。

當初計畫建立之目的：

(1) 降低運用中央之監獄機構，在中央輔助計畫實施之數年之中確實降低了各縣市州立監獄機構的少年犯人數，平均降低率為百分之五十。整個計畫施行的過程中（1965-1972），受刑人數不斷下降，此外，加州設立之少年之家、少年野營（Camping）、少年牧村（Ranches），自一九六八至一九六九年最高峯之二千九百九十二所降至一九七二年之二

千六百一十二所，降低率爲百分之十三。

(2) 各縣的社區平均分擔防治少年犯罪之工作。

(3) 對公民之保護（降低犯罪率），加州犯罪率較美國全國爲高（謀殺犯罪率較低）， 加州少年局認爲加州一般犯罪率較高， 是出自於加州司法警政制度較嚴之故。

(4) 矯治罪犯的工作。測量矯治績效的方法：

①犯人提前釋放或假釋比率。

②如果假釋之犯人再犯，則表示矯治失敗。

自一九六九年至一九七二年， 實施以來， 觀護人犯之數目急劇增加，然而重犯率沒有增加，顯示新的制度沒有惡化矯治工作。

加強觀護制度與傳統觀護制度在矯治人犯之目的上， 並無顯著差異。

# 第二節　少年犯罪假釋制度

**一、假釋** (Parole) **制度之沿革** （參閱： Carolyn Davis, *The Parole Research Project*, CYA, 1983, pp. 49-53)

「假釋」一直是司法界、犯罪學界爭論主題之一，其所以引起爭論原因之一是由於社會人士對於假釋概念認識不清。一般人所了解之假釋主要功能是監視管束出獄之犯人，以防制其繼續犯罪，而假釋之另一主要功能，鮮爲人知者，是爲協助出獄人犯重返社會。假釋之建立主要目的是鼓勵在獄人犯悔過自新，行爲表現良好者得以提前結束監禁，以示獎勵。同時「假釋」亦構成司法體系之「氣塞」 (Escape Valve)，使得犯人有所指望，而不致於失去理性與監禁機構人員同歸於盡。有關假

釋之研究多着重於其監護管束之功能。

關於犯人出獄後再次犯罪之問題，假釋後所施予之各種監護管束並未能發揮功效，未能降低犯人再次犯罪機遇。顧德佛里遜(Gottfredson, 1982)，最近研究發覺假釋人犯之重犯率 (Recidivism) 較之一般出獄人犯稍低，馬丁遜 (Martinson, 1976) 之研究亦得到類似之結論。范赫許 (Von Hirsch, 1978) 之研究，發現假釋對於犯人再犯率並無幫助。

有關假釋對於犯人重返社會羣體之輔導功能則有口皆碑。研究犯罪學者均了解，罪犯初返社會之艱難 (同樣道理，精神病患返回社會之初，適應亦非常困難)。負責假釋職務之人士，均負責輔助犯人尋找工作，參與禁毒協會及其他工作。柯克 (Cook, 1975) 研究出獄人犯是否有固定職業及其對於再次犯罪之影響。加州少年局近年對假釋之成就所作的研究 (CYA, Success on Parole) 發現，出獄人犯是否有適當工作，是否戒禁毒品及酗酒習慣、是否仍參與少年犯幫派活動，均足以影響其是否再次犯罪。在另一項加州少年局針對假釋功能所作之研究發覺，假釋之人犯對負責假釋官員之態度與其本身出獄適應，以及其是否再次犯罪均有密切關係。

四分之三的假釋人犯認為假釋官員對於他們有幫助。近年，有關假釋功能之研究 (例如 Cook, 1975) 均強調假釋期中，對犯人施以實質上之資源輔導，例如尋找工作或參與工作訓練，較之其他形式的輔導 (例如心理輔導、禪宗輔導等) 具有更明顯的績效。

以下是針對假釋制度之廢存所提出的若干意見：

1. 如果廢止假釋制度，姑不論其是否降低犯人再次犯罪之可能率，即使是對整個司法體制所產生之損害，亦是不可避免的。犯人監禁之時間將加長，而犯人亦缺乏誘因促使其在監禁期改過自新，監獄官也缺乏獎勵犯人向善之心的工具。

2. 假釋期中之監督對犯人是否再次犯罪並無重大影響，似乎有的犯人受影響而有的犯人則否。至目前為止，仍不能肯定假釋管束對於犯人約束而不再從事犯罪之功能。

3. 出獄人犯在經濟工作技能各方面均具有明顯之缺陷，一但重歸社會，犯人將接受嚴重之壓力，而假釋機構人員可以和緩這些衝擊壓力。

4. 假釋機構提供出獄犯人尋找工作之功能是不可磨滅的。

5. 最近有關少年假釋人犯的研究，發現他們對假釋官之輔導甚為感激，也因而在行為心態表現方面有所增進改善。

美國加州少年局對各種假釋制度及社區處遇方法逐一討論，其討論重點有三：

（1）是否可以將假釋之少年犯直接送交社區處遇。

（2）社區處遇與機構處遇之績效比較。

（3）不同類型之少年犯對於不同類型處遇之反應。

加州少年局十餘年來（1960-1974），測驗結果發現：

（1）大部份少年犯（男性 65%，女性 83%），可以透過社區處遇之輔導改進。

（2）社區處遇對神經質型的少年犯收益較大，而傳統處遇對惡性少年犯收益較大。

目前國內假釋制度有待改進之處甚多。國內假釋制度多依賴義工假釋人員，其專業知識低，而工作時間少，因此提出三項建議：

（1）以專業人員充認假釋官。

（2）減低假釋官負責少年犯之人數。

（3）增進假釋官員之專業訓練，不論是專業人員或義工。

## 二、假釋與靑少年之家 (Group Home) (參閱 CYA, 1974, 1978)

假釋之後的靑少年，移交社區處遇，其中包括多項方案，而少年之家爲其中之一，近年來甚爲流行。

少年之家依其功能可劃分爲五種類型：

（1）保護型——爲神精質（Neurotic）的少年犯而設立的。

（2）管束型——爲惡性，慣於作弄、控制、欺詐別人的少年犯而設立的。

（3）寄居型（Boarding）——收容人格及人際關係成熟的少年犯或成年犯。

（4）短期借住（Temporary Care）——給予若干少年犯，他們需要短期借住之用者。

（5）短期管束之用（Short-term Restriction）——出獄之少年犯須短期約束管制者。

實驗之結果，加州少年局發現，寄居型及短期借住型少年之家其績效最好。

# 第十章　少年犯罪輔導工作
## (Treatment Programs)

## 前　　言

　　輔導工作是一切少年犯罪處遇制度之重心。不論是機構處遇或是社區處遇，　其最主要及最終目的仍是輔導青少年改過向善，　重新做人。輔導工作可分為預防性的輔導及矯治性的輔導，前者施行於少年犯罪之前，舉凡家庭教育、學校教育及社會教育都具有預防少年犯罪之意義及功能；矯治性輔導施行於少年犯罪之後，由專業少年犯罪防治之工作人員及機構實施。在本章內，我們將討論若干重要專業輔導制度及策略。

## 第一節　社會個案工作與少年犯罪防治

　　在預防青少年犯罪方面，　目前美國及日本採取積極的社會個案方式，由社工人員親自出動去了解犯罪青少年之背景、情況及其需求，更走出個案工作晤談室之外，與團體工作、家庭福利服務、臨床心理衛生中心配合，使問題少年獲得適當之處置。

　　社會個案工作 (Social Case Work)，最早是由瑪麗・芮治孟女士 (Mary Richmond) 於一九一五年界定為：「一種工作藝術，以協助不

同的個人或與之共同合作，以求個人與其社會生活之同時改善，包括各種由個人入手， 有計劃的協調個人與其社會關係， 而促進個人人格發展之工作歷程。」因此，社會個案工作係一種由個人入手的社會工作方法，用多種現代有關人類關係與個人發展的科學知識及調適人類關係之專門技術，以瞭解不良適應的個人，協助發展及運用其潛能，且運用社會資源，提高其社會化的程度，改善個人與家庭的生活，增進個人與社會的福利。

少年犯罪預防可分為未犯罪前之預防及犯罪後再犯之防治，因此，其個案工作之範圍甚廣，茲分述之。

## （一）關於少年未犯罪前預防之個案工作

1. 家庭個案工作：以家庭為服務或治療的對象，協助家庭解決問題、困難，預防少年各種困難、問題之發生，使其擁有和諧的家庭關係和健全的家庭生活，如基督教家庭協談中心等是。

2. 少年福利個案工作：以有問題或困難之少年為服務對象，如非婚生子女之協助處理、少年之領養、寄養及健康服務等，目前此類服務之社會個案工作機構有如各地之育幼院或家庭計劃協會等是。

3. 精神病社會個案工作：此係協助病患及其家屬解決困難之個案工作， 運用心理及個案治療， 以提升醫師之治療效果。 據臺大醫院神經精神科研究報告，於犯罪及虞犯青少年一五三位病例之精神鑑定中發現，十九位智能偏低，二十八位行為障礙，九位精神病，二十五位非精神病性精神疾患，十三位腦及神經系統病患，無精神病患者十三位。由此研究可見，精神病社會個案與少年犯罪預防之重要相關性，此類機構目前有臺大兒童心理衛生中心及神經精神科、榮民總醫院青少年心理衛生門診等。

4. 學校社會個案工作：美國之訪問教師（Visiting Teacher），英國之導師、及我國國中之指導活動執行秘書，均由受輔導或社會工作專業訓練之老師擔任，運用個案工作，加強學校與家庭間及教師與學生間之連繫，以減少學生在課業上、感情上和家庭裏遭遇之困難。目前臺大醫院社會服務部亦有類似之病童教學社會工作員，可幫助病童出院後課業上之適應。

## （二）關於少年犯罪後再犯預防之個案工作

1. 未付刑事執行之再犯預防社會工作：此包括保護管束與假日生活輔導，係由觀護人或由其交付適當之團體或個人執行，其目的在藉社會教育之力量，使少年免於困難，但整個保護管束個案工作，不能全部交付社會團體或個人執行，仍應由觀護人指導監督。

2. 刑事執行處遇之社會個案工作：　此係在執行機構處遇中，對受刑人及其家庭之社會工作，其目的在使受刑人釋放後易於適應社會生活。在少年犯之矯治工作中，社會個案工作係有助於其人格成長之專業性工作，可幫助少年犯改善其對外界之不良適應，使其能改過自新。目前，在少年監獄中，已實行個別之教誨，並予教育及技藝之訓練，惟尚未達到對家屬之輔導及協助。

3. 刑事執行完畢或釋放後之個案工作：此即更生保護工作，其目的在使出獄人或應受保護人自立更生，適應社會生活，預防其再犯，以維護社會安寧。此與社會上之犯罪矯治具有相輔相成之作用，目前設置有更生保護會專司其事，而國外如紐西蘭之出獄人保護事業機關等，其工作範圍已包括個案輔導、少年受刑人出獄後就業、復學，家庭關係改善等均為其職掌。

社會個案工作之施行並非只是一次即可，而係案主與個案工作者在

機構之中，以社會適應爲目標而展開一連串的治療。通常此過程可分爲三個階段，亦卽：社會與心理之調查、診斷與製作處遇計劃、處遇等三階段。

（一）社會及心理調查：此卽蒐集犯罪少年之各種社會背景及心理特徵等資料，並予以分析。社會資料之蒐集包括直接調查及間接調查，直接調查案主及家庭、社會環境等，並利用其他社會機構之間接資料以作爲參考研究分析之用。

（二）診斷與製作處遇計劃：個案診斷係將有關個案之調查資料，經研究分析後以確定問題之成因。在作診斷之時，若遇有新資料或事實，應卽加以修正，並擴充使能有適切之診斷。而在犯罪少年之診斷上，應特別注意其問題的類型以及隱藏之主因，尤其是少年之家庭關係與人際關係更是重要，它應是科學的、實際的、徹底的、坦誠的去了解少年現在的需要，並擬設配合其需要之處遇計劃。

（三）處遇：處遇係個案工作之最後步驟，亦卽最後目標，處遇之執行需視機構之政策，功能或經費，並視少年本身情況而定。在犯罪少年之處遇上，可分爲環境改善與面談，而其中又以面談最爲重要。面談可以促使犯罪青少年內心之改善，此可使用支持療法與青少年自己洞察療法，瞭解其行爲之原因；在使用自我洞察療法時，需注意防止少年之移情作用及因爲移情作用而可能產生之行爲。

# 第二節　社會團體工作與青少年犯罪防治

**一、社會團體工作之涵義**

美國社會團體工作學家威爾遜及芮納德（Wilson and Ryland），

在其著作《社會團體工作實務》中指出，社會團體工作是由曾受到專業訓練之社會團體工作人員，在其附屬之機關或社團主持下，依據社會團體工作的原理與方法，以及工作人員對於個人、團體及社會之瞭解，促進個人、團體和社區之交互關係，促進個人、團體與社會發展之目的。

## 二、社會團體工作之基本原則

社會團體工作包括團體治療（Group Therapy）、遊戲治療（Recreational Therapy）、心理治療（Psycho Therapy）、團體動力（Group Dynamics）、團體諮商（Group Counseling）、心理戲（Psycho Drama）、社會劇（Social Drama）、臨床團體工作（Clinical Group Work）、團體輔導（Group Guidance）及社會團體工作（Social Group Work）；不論是那一種型態之團體工作，均須遵從下列數項基本原則，始能達到團體治療之目標。包括：

（a）先確定團體之性質及目的。

（b）妥慎考慮團體之形式，及成員之構成。

（c）考慮團體工作人員及領袖之人選。

（d）運用專業關係於團體之進行，採用民主自由之方式，發揮個人能力及妥善運用社會資源。

（e）妥善計劃團體之過程及運用之技巧。

（f）考慮成員之個別需要及其發展。

## 三、社會團體工作之動力基礎

團體發展過程中，成員藉彼此互動而產生團體生活之動力（The Dynamics of Group Life），此項團體生活動力亦即團體成長之力量，其中又以成員彼此間心理防禦為基礎，茲分述如下：

（a）抑制作用（Suppression）：團體發展成長過程中，為配合團體

及接受團體之規範，因而必須有目的抑制個人的不良行為，或不能為團體所接受之事。

(b) 移轉作用 (Displacement)：此在心理治療過程中經常出現，病人常把小時候對某人的關係，轉移到醫師身上，此稱為轉移關係，在團體工作發展過程中，成員亦常將此種關係轉移到工作者身上。

(c) 認同作用 (Identification)：此即以某人或團體為認同之對象，由於個人是團體之一分子，團體之成敗，即是個人之成敗，凡是外力加於團體之威脅，也構成對個人之威脅。

(d) 滌淨作用：成員在團體發展過程進入中期後，由於彼此信賴感增加，因而會提出自己的問題謀求成員之意見。同時，若有別人提出同樣之問題時，即發現別人亦會有同樣的問題存在，是為滌淨作用。問題經過提出討論後，團體加以支持，達到心理之淨化。

## 四、預防青少年犯罪社會團體工作之三種方法

(a) 使用現有的正常團體，例如團體工作者可協助犯罪或虞犯少年加入童子軍等團體，此在社會學的臨床上稱為逆適應的改善，若犯罪者加入團體後變好，他可為其他犯罪少年作說明，促使其向上，此與酗酒團體工作計劃 (Alcoholic Anonymous) 之集體心理治療相似。

(b) 接近非行或犯罪團體，並且引導其逐漸向上，亦即滲透內部之方法，接近並影響少年非行團體，設法與其建立關係，以便贏得成員之信任，使他們脫離搗亂與反社會之活動，勸他們改邪歸正，從事建設性活動。由於虞犯及犯罪少年團體之組成不同，因而接觸方法亦不同。此類方式在美國及日本已被採用，其步驟：①發現此團體，②促使該團體與當地社區之制度配合，③啟發其他團體與該團體之關係，④使該團體不要有反社會行為，⑤促使該團體之成員接受當地社區之價值體系，⑥

瞭解該團體成員適應困難之原因，並予協助，⑦改善團體不良之欲求及破壞行爲，使其從事建設性工作；這對團體工作者而言，固然相當難，但就犯罪和虞犯矯治而言，實係重要之方法。

　　(c) 強制性的團體，此係對保護管束或矯治機構中少年之強制性輔導團體，在加州有集體心理治療團體工作，而在日本則有愛光女子學園之集體療法，均係在強制之機構處遇中實行；此項機構性之社會團體工作，因受機構性處遇限制，因此，在實行上略有限制，必須以成員自動參加之意願爲前提，方能順利進行。

# 第三節　「張老師」——我國的青少年輔導制度

## 一、「張老師」制度之沿革

　　在我國，不論是研究少年犯罪的學者專家，或是防治少年犯罪的實務人員，或是一般社會人士，對「張老師」的概念都非常熟悉。張老師計劃是我國創立的青少年輔導工作機構，具有深切預防犯罪之功效及意義，是世界少數由政府推動建立的全國性少年輔導機構，結構龐大，普及全民，以人口比例計可以說是世界之冠，這是我國政府在犯罪防治方面最值得驕傲的一項工作。以下將介紹「張老師」計劃發展之過程及工作重點：

　　「張老師」工作策略的發展，大致可分成三個階段：

　　第一個階段是從民國五十八年創立到六十二年，可稱爲「經驗處理階段」。著重問題解決，教育意味濃厚，重點工作是「個案研討」。

　　第二個階段從民國六十三年到六十八年，可稱爲「理論應用階段」，此時引進各派諮商與心理治療學說，著重心理成長與矯治，治療意味

濃，重點工作是「同理心訓練」。

第三階段從民國六十九年到現在，可稱爲「綜合統整階段」。使用綜合或折衷方式處理各類人士各種問題，只問效果，不問學派，具有濃厚社會工作取向，重點工作是「預防推廣」。

目前第三階段輔導策略的發展與以前最大不同的是趨向「綜合」、「系統」與「深入」，一方面吸收過去十一年的經驗，一方面繼續引進新的觀念和技巧，逐漸形成較「定性」的模式。「張老師」「輔導人員研習中心」的成立，對這種統合的工作，很有幫助。在收取過去經驗方面，最顯著的例子是虞犯少年防治（「幼獅育樂營」），在經過多次的嘗試錯誤之後，已建立了相當有效的「成長教育」（從活動中學習）模式。在諮商技巧方面，也採用了卡考夫（Carkhuff）與愛根（Egan）的助人系統模式，結合受訓與助人兩種歷程，培養人際關係與問題解決雙重能力，透過探索─了解─行動三階段建立起完整有效的「張老師諮商風格」。

「張老師」輔導工作隨著社會需要的變遷，其功能也逐漸趨於多元化，而不再滿足於消極的「補救矯治」的醫療模式或僅對當事人的直接輔導。其層次已推展到三個層次：初級預防（一般預防），次級預防（早期發現與矯治）與診斷治療（危機調適）；其對象也不止於當事人，並兼及其所處的環境及重要他人。

## 二、「張老師」之工作重心

「張老師」工作可以劃分爲三個層次；其中包括兩項預防層次工作及一項診斷及治療工作。

在初級預防計劃裏，對象以一般正常的靑少年爲最多，「張老師」設計一些適當的教育活動或提供一些對成長有益的經驗，以增進他們解

決問題的能力，其目的在增進心理健康，使青少年由自知而增進自我適應能力，防患問題於未然。其做法在間接服務方面主要有下列幾項——（一）張老師的準備訓練和自我訓練（二）輔導知能研習（三）輔導專題研究（四）出版《張老師月刊》及輔導叢書。直接服務方面，主要有下列項目——（一）心理衛生專題演講或座談。（二）開闢電臺「張老師時間」和青年期刊「張老師專欄」；以親切的口吻和青少年談一些切身的問題。（三）舉辦「成長團體」活動：配合救國團暑期自強活動，創辦「自我發展研習會」營隊，讓青少年藉著深度團體經驗，學習人際關係技巧，獲得心理的成長和發展。

　　第二個層次是「次級預防」，著重在早期發現問題徵候，及早予以處治，其對象是那些具有生活適應問題的青少年，或已有問題尚不嚴重者。藉著直接接觸或父母和教師的合作，以減少不良事件的發生或減輕問題的嚴重性。其做法在間接服務方面主要是「諮詢」的提供，包括下列幾項——（一）親職教育演講和座談。（二）學校輔導及訓導人員專題演講或座談。（三）社會團體公開性專題演講座談。

　　第三個層次是「診斷與治療」，著重在危機調適，其對象是那些已出了問題，而且問題相當嚴重的青少年。張老師設法將他們安置在特殊的環境，接受特殊的課程，或是由專家，心理醫師直接施以個別矯治。間接的服務有：（一）急難救助：協調慈善團體及社會熱心人士，對於遭急難的青少年，予以適當扶助，或提供「張老師之家」暫時收容必須轉換其生活環境及生活上遭遇急困的青少年。（二）「幼獅育樂營」（也稱為「再教育育樂營」）：對已犯罪或虞犯青少年舉辦寒暑假的再教育，透過康樂活動、野營訓練、座談演講、個別及團體輔導等方式展開活動。在危機調適的直接處理方面，主要係透過兩種方式——（一）個案研究：對特殊個案，透過家庭、學校及有關機構的訪問，作廣泛徹底的

觀察，同時運用心理測驗的資料；從分析研究中，了解個案當事人問題的癥結，擬定輔導的方法，幫助當事人解決身心及環境上的困擾，促進健全的生活態度。（二）轉介治療：遇精神狀態失常或問題嚴重，超過「張老師」輔導能力範圍之個案，則予以轉介有關方面的專家、醫院或機構，予以治療。

「張老師」深知在助人技巧方面，沒有「萬靈丹」，也不是萬能的輔導機構。因此在尋求助人策略時，必須採取多元模式，而不拘泥於學派門戶之見，務期針對當事人最大的需要（問題），提供他所能接受的最適切的服務（方式），予以最有效的處理。所謂「問題」事實上是指個人基本需求不能得到滿足而採取的偏差適應行為。根據「張老師」慣用的分類系統，有八大類問題：

（一）健康問題：（1）生理健康——包括生理疾病，以及一般生理健康，衛生保健有關的問題。（2）心理健康——包括輕微的及嚴重的心理疾病，如精神官能症、精神病、吸食迷幻藥，以及一般情緒及行為困擾，如口吃、偷竊、自卑等。

（二）課業問題：（1）學習態度與方法——舉凡有關課業研習上的困擾均屬之。（2）升學就業與考試——包括如何準備考試、考試焦慮、升學的意義……等。

（三）職業問題：（1）求職擇業。（2）工作不適。

（四）家庭問題：（1）親子關係——親子溝通及子女管教問題，如父母期望太高，子女受不了，小孩離家出走，父母限制子女活動範圍等。（2）同胞關係——包括兄弟姐妹間發生衝突，或關係不佳，手足敵意等。（3）其他——包括家庭氣氛不佳，缺乏溫暖，家庭經濟差，意外事件，因此個人產生困擾或不適應等。

（五）情感問題：（1）感情溝通的困擾。（2）取捨的困擾。（3）環

境壓力——個人與對方交往時，受到第三者的壓力。(4) 自我意像的影響——個人對自己的意像不佳，因此在男女交往上產生不適應。(5) 性關係產生的困擾。(6) 其他——如單戀或失戀。

（六）其他人際關係（指家庭與兩性情感之外的人際關係)：(1)與人建立關係的困擾——包括同學、同事、師生等社交關係建立的問題。(2) 與人維繫關係的困擾——個人在人際溝通或維繫上發生問題。(3) 拒絕別人的困擾——如想脫離幫派，不知如何避免別人找麻煩等。

（七）人生觀：生死的意義、生命的意義、愛情的價值、宗教信仰等個人人生觀的問題等。

（八）其他：如違規犯過行為、犯罪行為等。

輔導的方式，包括個別、團體及其他種與當事人接觸的方式。細加分析，有下列十四種：

（一）電話接談：基於經濟、便利與保密等因素，青少年主動利用電話尋求幫助解決疑難。

（二）諮商晤談：由受過專業訓練的「張老師」實施，多半事先約定，以面談的方式，幫助青少年解決困擾問題。

（三）函件輔導：青少年無法親自接受輔導，以函件求助，「張老師」依問題分類予以函覆。

（四）訪視：包括1.家庭訪視——訪問個案當事人之家庭，了解其家庭生活環境，觀察問題之根源，並促進家庭關係之改善。2.學校訪視——訪問當事人就讀學校之有關人員，了解其師生、同學關係及學習狀況，促進其學校生活之調適。3.有關機構訪視——就當事人經歷之機構查閱資料，拜訪有關人士，鑑定其生活困擾癥結，裨據以輔導。

（五）測驗：透過心理測驗，藉以幫助青少年認識自我，並促使家長了解子女。

（六）出版書刊： 包括編印青少年輔導叢書及發行《張老師月刊》，供父母、老師及青少年閱讀。

（七）專題研究： 設立研究小組，從事下列研究： 青少年心態分析，社會需要之調查，輔導效果評估系統之建立，各項輔導活動之設計與檢討，輔導方法與技術，輔導人員之甄選標準與訓練模式，測驗或量表之修訂。

（八）個案研究：針對特殊個案，組成個案小組，從事廣泛調查，綜合分析、診斷處方與追踪輔導。

（九）急難救助： 對於遭急難的青少年，伸出援手，予以經濟、居住工作上的暫時扶助。

（十）轉介： 對於嚴重個案非「張老師」所能處理者在徵求受轉單位及當事人同意下，實施「轉介」。

（十一）團體活動： 舉辦康團、郊遊、體育、音樂、參觀活動及書報討論等。

（十二）演講座談： 通常以大團體方式進行，預定主題，有專家主講，並作自由討論。

（十三）團體諮商： 包括家庭諮商、學習團體、成長團體。

（十四）夏（多）令營： 帶領青少年暫時離開原來求學與生活的環境，學習過團體生活，體驗經過精心設計的各種團體活動。

助人的基本策略： 包括關係策略——關注與回饋，所謂同理心。認知策略——閱讀治療與認知改變。制約策略——行為練習與行為改變。模仿策略——角色扮演，示範作用，同儕輔導。環境策略——家族治療，改變環境。與自制策略——自我管理。回顧「張老師」的成長歷程，實亦是策略發展歷程。今日「張老師」的輔導策略，已超越了純「經驗」的模式，也擺脫了純「學理」的束縛，逐漸顯露它獨立的雛型，不斷尋

求自我突破。雖然社會都不能避免少年之偏差行為，但如能在平常採取適當措施來輔導、預防，當可減少它的發生率。「張老師」即是很好的輔導機構，對於少年犯罪的貢獻多年來亦相當大。「張老師」的輔導策略之既有者盼能多珍惜應用。

### 三、結 論

張老師制度推行已二十年，其目的在於協助青少年解決生活困擾，促進其生理、心理健康，增進其生活良好適應，發揮其潛能及創造美滿人生為目的。其服務方式逐年擴展，現在具有電話服務、晤談、函件輔導、心理測驗服務、青少年急難救助、工廠青少年輔導、幼獅育樂營及青少年心理衛生教育之演講座談、製作電視廣播節目等工作。此機構之主要服務骨幹為「義務張老師」，目前各縣市青少年輔導中心約有八百多人，多是主修教育、心理、輔導、社會工作、醫學、護理等相關科系，並受過專業訓練的人才。此外，並聘任有專任「張老師」負責行政、策劃與督導等工作。為求充實各專任、兼任張老師之專業知識與技術及督導能力，張老師計劃中並聘請各大專院校教育、心理、社工等科系之教授二十五人擔任指導委員。此機構並出版各種刊物，以外，張老師亦出版各式刊物以為進修及推廣輔導知識之用，以及於社會每個角落。

## 第四節 美國少年輔導計劃
(參閱：California Youth Authority, 1974, 1978)

### 一、加州少年局之富里門輔導計劃 (The Fremont Treatment Programs)

　　加州少年局是世界上組織最爲龐大的少年犯罪防治機構，以少年犯罪矯治處遇研究聞名。富里門感化院（Fremont Correction Center）是加州少年局屬下少年感化機構之一。少年局感化院中從事各項矯治、輔導研究。

　　富里門感化院中之少年犯接受多種輔導，其中包括：

　　1. 個別及羣體輔導治療（Wunseling）　由具有經驗之社工、心理人員主持。羣體治療時，以「行爲問題」爲討論中心，由少年犯、主持人及大學生共同參與討論。討論問題重心，以日常生活適應處理爲主。

　　2. 工作訓練　半日工作，主要目的在於訓練工作技能，其次則爲訓練、測驗少年犯之人際適應狀況。

　　3. 學業訓練　每週三至九小時。

　　4. 生活起居檢討　每週一次，由少年犯自行主持。避免教條式教學，或者是會議討論。

　　5. 給予各種測驗及通過測驗之證明（Passes），以準備日後參與正常社區生活。

　　6. 與假釋官討論　假釋後之各項規定及生活計劃。

　　運用社工、心理學，及具有犯罪專業訓練之社會學專業人員，參與學校輔導工作，參與機構處遇計劃。

## 二、加州馬歇爾計劃（Marshall Program, CYA, 1974）

　　在加州少年局實施之馬歇爾計劃中：輔導工作之重點如下：

　　1. 每週小羣體會談，三至四次，由羣體小組組長（Group Supervisor）主持。

　　2. 每日舉行檢討會議，由社工、心理學人員主持，以輔導治療爲主。主題：如何參與建立輔導羣體生活。

　　少年犯在參與會談時，鼓勵自由發表意見，檢討自己，羣體共同討論各種生活行爲問題。其中包括：

　　1. 自我檢討及成長。

　　2. 少年犯罪行爲與一般行爲之意義、功能比較，目的在於使少年犯能自行參與治療，並與正常社會價值規範認同。

　　3. 在上課時，強調生活適應課程。每週三、四次，討論人際關係，參與工作，職業、學校適應，以及休閒時間應用等。這是我國需要特別注意的。在學校輔導方面，我們應該強調的是生活適應，而不是一般升學之學業課程。

　　4. 工作半日。

　　5. 測驗通過以後給予通過證書（Passes）。

　　少年罪犯父母也參與此一階段，父母共同參與檢討輔導會。

　　以社工人員爲主，討論少年犯罪行爲、家庭生活，以及如何解決各種問題，如何解除家庭、社區及各種生活上的壓力。

　　富里門計劃（Fremont-Program）及馬歇爾計劃（Marshall-Program），經十五個月實驗之後，發現實驗組與未經實驗之少年犯，在心態行爲上並沒有顯著差別，似乎短期加強矯治計劃（例如 15 個月），並未能達成預期效果。反而是早經假釋之少年犯與遲交假釋之少年犯比較，前者違規之比例較低；亦卽，如早行假釋之少年犯，其違規之比例較低。又十八歲以上之少年犯，交付假釋處遇之後，違規之比例較低。

　　結論，短期加強的輔導治療方案，對少年犯的心態行爲，並無特殊之效果。

## 三、加州富里哥輔導計劃

　　加州富里哥（Fricot）少年感化院中，收容 220 名 8～14 歲之少年

犯，劃分爲五個社區，其中四個社區，每一社區五十人，另一新設之社區爲二十人。以往監護輔導人員認爲，管理人犯太多（例如，每一輔導人員管理五十名少年犯），有礙輔導工作之進行。實驗期開始於 1957 年，終於1964年。以隨機抽樣方式分配少年犯於兩種不同處遇之社區，每組少年進入感化院及離開時，均作心理測驗。在新的社區裏，每一輔導人員輔導二十名少年犯，然後比較新、舊兩個社區的成效、結果。

在富里哥的感化院中，每一社區，不論是五十名或二十名少年犯的社區，各有四名少年輔導人員、一名資深輔導員及一名兼任社工人員。二組少年犯日常生活運作方式，大致相同；除了學業、職業訓練外，更有郊遊、野外露營等等活動。

在較少人（二十人）的社區中，少年犯與輔導員接觸較多，輔導員參與少年犯之生活指導時間較多，人際關係較隨和，行動較爲自由，是理性化的教導，而非教條式、軍營式的管理（在人多社區，無法個人化）。在人多社區，管理著重秩序，運用懲罰較多，對守法之少年犯獎勵較多。

在人數少的社區中，人際關係顯著增進，經十五個月、三十個月之後，發覺較少人數社區之少年犯，在心理方面較有顯著進步，較少抑鬱、疏離感，增進社會適應，人格較爲成熟；然而，在人多社區的少年犯，行爲表現較謹愼，否認事實，對人不甚親切，換句話說，在人格心態上沒有顯著的進步。

在小羣體社區（二十人）中，對不成熟少年犯、神經質少年犯，助益較大；而對其他少年犯（Conformist 及 Manipulator），助益較小。

## 四、少年罪犯依人格結構分類輔導計劃

（參閱：Carl Jesness, "The Preston Typology Study: An

Experiment with Differential Treatment in an Institution", in *A Review of Accumulated Research of CYA*, May 1974, pp. 33-39. )

加州少年局於一九六〇年代末期，於其所屬之少年感化院中實驗，依據人際關係成熟之程度（Interpersonal Maturity Level），將少年犯劃分爲九種不同類型，分別安置於不同感化院，以不同輔導方式輔導，輔導員受不同訓練。

加州少年局實驗之所在地爲普來斯頓感化院（Preston School of Industry），內有 900 名少年犯，劃分爲十六個居住單位。輔導人員平均受 70 個小時特別訓練，以後每月進行檢討會。實驗後發覺，其中三組之輔導員與受輔導之少年犯最爲配合，而其績效顯著，值得注意。

少年犯分類之依據：

(1) 與少年犯個別面談。

(2) 依據少年犯人格歷史檔案。

(3) 依據心理測驗。

少年犯依人格關係成熟，可以劃分爲九類（參閱原文）。

然而依據假釋後，犯罪少年再犯之記錄(Parole Recidivism, Parole Violation)，則以上所作各種人格分類輔導實驗計劃，並無特殊效果。

以下是實驗以後，加州少年局之建議。

少年罪犯之輔導，應依少年犯之人格類型，分類處置。其中：

1. 嚴重惡性少年犯必須分開。

2. 神經質少年犯必須分開。

3. 神經質少年犯之中，又可以劃分爲兩種類型：

　　a. 爆發性、發洩性的神經質少年犯。

　　b. 焦慮、退縮型的神經質少年犯。

4. 欺詐、操縱之惡意少年犯。

此外，加州少年局也有所謂野外工作營的少年輔導計劃。

### 五、野外工作營（或森林區少年營）計劃

（參閱：J. Seckel, "Forestry Camp Studies", *A Review of Accumulated Research of CYA*, 1974, pp. 40-45.）

部分少年犯不須嚴格監督管訓者，適合野外工作營，可以送往野外工作營，受工作訓練，增進其工作、紀律、品德，完善之生活習慣，費用低。

## 第五節　犯罪少年個別及羣體輔導之比較

（參閱 CYA, 1974）

### 一、個人精神治療（分別在加州普來斯頓（Preston）感化院及奈爾（Nelles）少年罪犯感化院實施）

普來斯頓共有 720 名男性少年犯；工作人員 350 名，其中 12 名爲專業精神醫療人員。奈爾在洛杉磯之惠特城（L. A. Whittier），共 290 名少年男性罪犯，平均年齡 14.8 歲；工作人員 170 名，其中 8 人爲專業精神治療人員。專業治療人員包括精神分析醫生、心理學家、心理分析專家及社工人員。進行個別諮詢治療，每次一個小時，每週二次；除此以外，少年犯參與一般學業、職業訓練，及休閒娛樂活動。

### 二、羣體輔導計劃

第一所設立在巴索羅伯士（Paso Robles）少年感化院，收容男性少年犯，平均年齡爲 16.7 歲，每五十位少年集中於一住宅區。其中試

驗三種不同羣體輔導方式。

　　1. 以五十人為居住單位之社區，羣體討論，每週四次；再加以小羣體討論會，每週一次。

　　2. 而在另外一個少年罪犯的社區，則不作此種羣體輔導，比較二者之後果。

　　3. 少年罪犯加入此二社區，則以隨機抽樣取地域方法分配。羣體輔導計劃中，除羣體輔導會議之外，更加以個別輔導 (Individual Counseling) 及個案工作 (Case Work)。

　　第二項羣體輔導計劃，實施於加州少年感化院 (Youth Training School)，其中少年犯平均年齡為 19.1 歲；也劃分為四個居住區，其中兩區每週施予以小組討論 (Small Group Counseling)，而另外兩組則不施予小組討論，以後再比較這兩組不同管教之結果（試驗期為六至九月）。

### 三、試驗之結果

　　1. 個別輔導試驗結果：

　　(1) 普來斯頓 (Preston) 試驗　經過個別輔導之少年犯，出獄後十五個月之內，其重犯率反而高於未經個別輔導者 (p<.05)。

　　(2) 奈爾 (Nelles) 試驗　經過個別輔導之少年犯，出獄後，重犯率較未經輔導之少年犯為低 (p<.09)。

　　在假釋之少年犯中，普來斯頓之二組少年犯，其重犯率沒有顯著差別；而在奈爾感化院之嚴重少年犯，出獄後犯罪率較低。

　　2. 羣體輔導試驗結果：

　　經過十五個月、三十個月之實驗，幾組經羣體輔導，及未經羣體輔導之少年犯，在假釋之後的行為，並無顯著差異；然而，羣體輔導對少

年犯在監內生活適應有幫助。


## 第六節 犯罪少年「行爲治療」與 「認知治療」之比較

(參閱: Jesness, CYA, 1974)

目前研究犯罪的學者專家，一致認爲少年犯罪機構不能產生矯治之功效，反而製造成嚴重職業之罪犯。對此嚴重問題，加州少年局從事研究，以圖改善機構處遇，希望使之能夠恢復或眞正發揮矯治之功能，這項實驗進行四年之久，以兩所性質相似的少年感化院爲實驗場地，各自擁有四百名少年犯。其中之一爲克羅斯感化院(O. H. Close School)，另一爲荷頓感化院(Karl Holton School)，實驗兩種不同矯治方法，一爲行爲矯治法(Behavior Modification)，第二是認知治療法(Transactional Analysis (TA))。這兩套矯治計畫均爲眾所周知，聲譽很高的矯治方法，然而兩者之基本理論及方法則各異，對於少年犯罪之成因及矯治也抱持不同的看法。

行爲矯治法 (Behavior Modification) 是建立在現代行爲學派及學習理論基礎之上，認爲人類行爲與其後果所受之報酬及懲罰關係密切。如果一項行爲能夠帶來報酬，則行爲者必樂意再次從事，反之，如帶來懲罰，則行爲者必不樂意再施行。

認知治療法 (Transactional Analysis; Berne, 1961, 1966)，認爲個人主觀對於外界事物環境之認知，決定一己之行爲反應，因而欲求改變個人心態行爲，必須改變其認知體系，而非改變其外在環境。因而以小羣體的討論會方式，每組少年討論每一事件、每一遭遇之意義。每一

試驗組之輔導工作人員均施以六個月以上的加強輔導職業訓練，以熟悉兩種不同矯治方法，由專家教導訓練。

試驗之初，假定行爲矯治法對於人格不成熟的少年犯較爲有效，反之，認知矯治法則對人格成熟的少年犯較爲有效。試驗期是十八個月，以十五歲至十七歲的少年犯爲對象，總共一千一百三十名少年犯參與實驗。

## 一、行爲矯治法

參與之少年犯接受近似現代經濟學理論的矯治方法，以少年犯之行爲決定其獎賞懲罰，如果少年犯希望出獄必須累積一定數量之行爲改善獎值，其他在監獄內之物質享受、休假，也均以少年犯之行爲作準，每作一件合乎要求的行爲則受獎，給以獎值一分，多作多獎，反之，凡違反規則者則予以懲罰，而累積處罰單，一定量之處罰單則扣除少年之假期、物質享受等。每週公佈少年之獎懲，使所有少年犯都知道每一位少年的進展。

在荷頓感化院(Holton Training School)實施之行爲矯治計劃中，劃分三種行爲形態：

(1) 方便性的行爲（Convenient Behavior）。

(2) 學術性的行爲。

(3) 嚴重的行爲缺失（足以影響少年假釋後之成功率）。

每一位少年犯在這三方面都必須有進展。

## 二、認知治療法

在克羅斯感化院（Close Training School），當一位少年犯進入克羅斯感化院之後，感化院的工作人員立刻給予訪問調查，而後施以簡單

的認知分析（Transactional Analysis），指示並安置其居所（共分爲七幢）。安置少年犯之後，少年犯之輔導員卽進行會談，然後訂立治療計劃。

在認知治療過程中，心理輔導員及感化院的管理人員強調，少年犯必須自行決定改善之目標及計劃，以期改除惡劣習慣而向善。輔導員每週與八位少年犯之小組進行兩次羣體輔導會談，每一位輔導人員必須與每一位少年犯面談，以決定後者改善之計畫。改善計畫必須由少年犯自行做決定，治療的合約有三種：

(1) 學術性。

(2) 小羣體。

(3) 一般性的社會行爲。

三種之中，又以小羣體治療最爲重要，其主要目的在於改善少年人生態度適應方式等等。除了每週兩次小組會談之外，在生活的各個層面也均施以認知治療的原則。

## 三、二種治療之效果

在克羅斯之感化院的少年犯，平均拘留的時間是三十七個星期，平均每個人參與四十次的認知治療小組討論。

在荷頓的少年犯，平均拘留時間爲四十二週，平均每人簽定十九項的行爲改進契約，人格較爲成熟的少年犯，在這兩個感化院中，進展較爲迅速。

對於這兩所感化院而言，兩種不同感化教育均達成高度效果，減低院內少年犯品行不良問題達百分之六十。克羅斯之少年犯對該院的實施認知感化教育感到滿意，超過荷頓少年感化院所施之行爲矯治方法。

兩院之少年犯在行爲及思想方面均有明顯的改進，對感化教育均給

予正面的反應，而對於未來亦抱以樂觀的態度。在克羅斯感化院接受認知感化少年，對於自我及別人的感受均有明顯的增進。他們在以下諸方面有顯着改進：

(1) 降低焦慮及憂鬱感。

(2) 自我觀的改善。

(3) 對未來較爲樂觀。

(4) 對於未來生活適應的信心增強，對自己行爲改善的信心增強。

他們對於成年人及權威人士的心態也改善了。他們自信已解決了個人的障礙及困難，對於個人的未來更具信心。人格不成熟的少年犯在克羅斯認知感化制度之下，獲益最爲明顯，兩院的少年犯在行爲上均有明顯的改善。在假釋之後，兩院的少年犯一直持續展現改良之效果，違反假釋規範之比例較其它感化院的少年犯爲低。

## 四、結　　論

這次研究結果證實機構處遇如果能夠作實質上改善、改變的話，亦可達到治療的實效。

經治療之少年犯在處事爲人方面均有明顯的改善，降低疏離感，在感化時期更負有責任感，對未來更樂觀。假釋後之行爲記錄均較其它機構的少年犯爲佳。認知輔導教育之效果最爲顯彰，經認知感化之少年，對於自我、對於輔導人員、對於未來以及自我控制之能力、信心增加。

行爲改善計劃中，由於強制改善之故，許多輔導員與少年犯之間的關係惡化。

兩項治療計劃均以增強理論方法爲主要改善之工具（包括自我增強及外人增強），兩項治療計劃均由少年犯自行簽約，以求自行改善約束。在認知計劃中，少年犯更必須建立長遠、終身性的生活改善計劃目標。

少年參與短期治療計劃者，其效果不及參與長期計劃者。少年僅從事短期改進計劃而不知長期最終目的者，效果較低。

兩項治療計劃合併之實施可能會導致更佳的效果，目前加州少年局已開始進行，將兩項計劃合併實施。

目前在美國，認知治療及行為改善計劃是最廣泛實施的少年犯罪輔導治療方案。在加州少年局之克羅斯及荷頓感化院的實驗，提供美國其他地區少年犯罪矯治之典範。

# 第十一章　少年犯罪社區處遇
## (Community Based Treatment Programs)

## 第一節　少年犯罪社區處遇之沿革

犯罪學研究發現，犯罪少年如處理不當，未來可能變為成年犯，而少年犯罪幫派也可能演變成為黑社會組織的一部份。

大多數的犯罪青少年是由多次微小過錯或偏差行為的累積，逐漸演變形成。因此，當這些問題青少年在還未成為犯罪者之前，如加以輔導，阻止其偏差行為惡化，是極其重要的。防治青少年犯罪的工作包含兩個層次：第一層次是犯罪前之預防工作，由社會機構警告行為偏差而尚未犯罪的青少年，例如家庭與學校中的問題兒童及青少年，以各種方法加以適當的輔導。第二是對犯罪後再犯罪的防治，即由司法機構或其他社會團體組織、社區等，對青少年犯做適當的矯治處遇工作，防制他們再次犯罪的可能。

傳統犯罪學裏，有兩種不同的犯罪防治理論取向，即嚇阻模式與復健模式。所謂嚇阻模式，即在刑罰上就其嚴厲性、速捷性及明確性做妥當之安排，並經由有效的刑罰追訴效能，以制裁犯罪人，使之不敢再犯，此為特殊嚇阻效果；另一方面，一般的嚇阻效果是經由對犯罪人之制裁所產生的示範作用，警告其他社會大眾及有犯罪傾向者，使其不敢

犯罪。所謂復健模式,是將犯罪行為視為一種疾病,並針對犯罪人之個別差異,提供多元化的處遇(例如不定期刑、保護管束、假釋、少年法庭、保安處分)及矯治(例如心理治療、職業訓練、教育)方式,使犯罪人能恢復正常,重新適應社會生活。

　　然而由嚇阻模式所建立的監獄式處遇,將使青少年遭受雙重困難。首先是受法律制裁、監禁,以致出獄後無法適應一般社會生活; 其次是出獄後社會人士的標籤化,使其感到走投無路不得已而再次犯罪;再加上國家社會為建造監獄所花的費用亦相當可觀,根據過去多年研究發現,這種嚇阻政策對於犯罪防治並未產生多大效益。若是採行復健的觀念,以社區組織從事少年犯罪預防工作,可能比監獄式處遇更有效益。犯罪預防強調事先的預防重於事後的處理及懲罰,犯罪預防並非新的觀念,只是人們接受這種觀念較為遲緩;近年來,有關犯罪預防的觀念,人們談得多,然而做得不夠多,更不夠切實。

　　在預防犯罪模式中,第一層次的犯罪預防乃鑑定足以促成犯罪的社區環境或生態環境,然後採取適當措施改善社區環境,減少犯罪之機會。第二層次的犯罪預防,乃對於潛在性之虞犯早期予以預測,然後予以輔導,使其不發生犯罪行為。第三層次的犯罪預防,乃指刑事司法體系對犯罪人進行矯治處遇,使其成功的復歸社會而不再犯罪。

　　以上三種犯罪預防模式之中,以第一層次之犯罪預防最為重要。美國犯罪學家傑佛利(C. R. Jeffery),在其著作《經由環境設計以預防犯罪》(*Crime Prevention Through Environmental Design*)中,強調如能改善環境中促成犯罪之因素,以減少社區人民陷入犯罪之機會,常可使犯罪減少至最低限度。第一層次的犯罪預防強調運用直接方法控制及預防犯罪行為,亦即改善社區環境使人沒有發生犯罪之機會,通常是運用社區發展、生態學及都市設計來進行預防犯罪工作。

傑佛利提出「社會疏離理論」(Social Alienation Theory)，認為犯罪之發生，乃由於人際關係之疏離，缺乏親切、關懷、尊重、愛護之因素所引起；而犯罪人之所以犯罪，乃因他們缺乏良好的人際關係，未能與社會建立健全的關係所致。因此，我們應該推展社區守望相助運動，加強社區發展良好人際關係，促成社區之共識，增進社區活動及場地，特別是增進青少年運動、娛樂的場所，對於預防犯罪有莫大的助益。

少年犯罪社區處遇觀念始自於美國支加哥學派。早在二十世紀初葉，支加哥市已惡名昭彰，為世界犯罪率最高，黑社會勢力最龐大的都市。支加哥大學之社會學者如邵(Shaw)，麥凱(McKay)，派克(Parker)等人在二十世紀初葉即極力從事犯罪研究。他們認為市區之組織結構，及社區之每一特色都直接、間接影響該區之犯罪率。大都會中心區域，由於人口異質化，人口流動率高，各種色情，犯罪行業滙集，犯罪偏差文化盛行，因此，成長於市區貧民窟之少年，易於感染犯罪偏差文化，產生犯罪偏差行為。支加哥大學之社會學者，認為如果能在市區中心設立各種抗制犯罪之設施及機構，例如興建多種少年運動場所，設立少年中心及輔導機構，並加強學校，警察，及學生家長之聯繫，則可收防治少年犯罪之效益，所以自一九三三年始，支加哥大學社會學者即推行各種社區處遇計劃，其中包括：

(1) 針對市區內具有嚴重問題之家庭，予以輔導、紓解，更協助其親子溝通及親職教育。

(2) 針對市區內之少年幫派組織，予以疏導、化解，以期改變其氣質。

(3) 設立中途之家(Halfway Home)，協助已釋放之少年犯，給予安頓之住所，施以疏導、心理輔導、就業、升學輔導等。

(4) 工作釋放計劃(Work Release Program)。一九一三年美國開

始施行，目前更爲普遍。在服刑期中之少年准予就業，而夜晚則回歸監禁所在地。此項計劃之功能至少有以下三種：(i) 職業訓練，使犯人學習一技之長，出獄後可以謀生。根據犯罪學調查研究，犯人出獄之後是否有一技之長可以謀生及是否有工作，是決定其是否再犯罪之主要因素之一。(ii) 工作地點通常於社區內，因此工作釋放計劃也達到扶助犯人重返社會，生活適應之目的。(iii) 工作之目的除了職業訓練之外，也同時是一項精神治療，使犯人集中注意力於積極，正面的生活，養成規律的生活習慣。總之，工作治療不僅對於犯罪的人，對精神病患也是一項優良的治療方法，甚至對於普通人也有幫助。

目前，美國肯塔基州的電話公司運用數目龐大的女犯作接線，轉線工作，如此一則給予罪犯以工作就業機會，同時由於犯人工資較低，也減低了電話的成本。當我們打電話時，不知多少次是透過女罪犯。她們的工作效率甚高，工作態度良好，其他各地之電話公司亦隨而跟進。

一九五八年，在加州聖塔莫尼卡城 (Santa Monica)，又推行「新納農」計劃 (Synanon Program)。該計劃運用羣體治療法，由半數之正常青少年與半數之少年犯共同討論有關犯罪的各種問題，例如人生哲學，對事，對人的態度，試圖糾正少年犯之人生觀及價值觀，探討犯人之心理障礙，其犯罪偏差之認知體系及自我防禦體系，以協助犯人紓解情緒，修正態度，觀念及行爲。

近二十年來，以社區爲基礎之少年犯罪防治計劃已逐漸推展，以社會共同防禦理論爲基礎，經由整體性，建設性之社會發展工作，以卻除社會病態，預防犯罪發生，促進社會進步。

在社區組織預防工作上，少年犯罪之預防，可分爲未犯罪前之預防及犯罪矯治處遇後之再犯預防。

一、少年犯罪之初犯預防：包括少年犯罪社會潛因及個人負因改

善，其工作範圍包括：

1. 家庭服務：係運用社區組織力量，在經濟上及親職教育與環境上改善少年家庭狀況，目前有家庭扶助中心等專業機構，而此類計劃之推展，則以小康計劃為主，其對少年家庭環境之改善裨益甚大。

2. 休閒計劃：此係有目的的安排，使用社區之設備（如學校場地、當地文化活動場所）、經費、人力，輔導少年從事有意義之休閒活動，目前於寒暑假，各地救國團鄉鎮團委會，即辦有社區青少年育樂營，其活動方式包括認知（如繪畫營、手工藝），或體育（如登山、運動）等項目。

3. 改善不良社會環境：包括社區內地理與精神社會環境之改善，目前所從事者，為國民住宅之興建、改善低收入社區環境及大眾傳播工具之配合改善等。

二、少年犯罪之再犯預防：此部份之社區工作，著重於社會適應之重建，因而包括家庭關係、社會關係之改善，以及就學、就業之輔助等。

1. 社區預防計劃(Community Programs)：包括中途之家(Half-way Houses)、寄養家庭 (Foster Homes)，及其他社區計劃。此項計劃中，目前運用最廣者為少年之家，亦即收容四至十二名兒童，由工作者擔任類似父母之角色，此項方式對少年虞犯，尤其是對具有困擾或情緒不穩定之少年頗為有效，目前中壢國際兒童村即類似此性質，惟其收容之對象，以一般少年為主。

2. 以社區為基礎之矯治處遇(Community Based Corrections)：刑事思潮之演變及監獄執行之弊端，已逐日明朗，短期自由刑及緩刑數目增加，社區矯治犯罪之功能逐為人們所重視，因為社區為其原居地，若於社區處遇中執行，可免除機構處遇之弊，它包括工作釋放，中途之

家，及釋放前輔導中心，與社區居住處遇中心，其目的在於幫助受刑人不因刑期之執行而斷絕其適應社會之改進。

# 第二節　我國少年犯罪社區處遇現況分析

目前，我國在少年犯罪社區處遇方面，尚未建立正式之體系，並未規劃。雖然我國社區發展委員會章程職責包含少年犯罪防治，而事實上僅祇有少數義務性輔導機構從事作業。此處所介紹者爲「張老師」在臺北松山區福德社區工作計劃。

福德社區爲一低收入社區，居民爲一、二級貧戶，擁有四棟四層樓與兩棟三層樓之國民住宅，係臺北市三個低收入社區中條件最差者。在低收入社區，家長往往無暇照顧子女，更由於生活條件欠缺，以及沒有適宜之讀書環境與娛樂場所，很容易造成少年犯罪之溫床。

張老師在福德社區之工作，爲整體性社區服務，他們以青少年，尤其是對社會環境適應困難者爲主要工作對象。他們的工作目的是運用社區組織，激發社區居民主動積極參與之精神，以改善社區之經濟、社會與文化環境。工作內容則包括青少年之課業及休閒輔導，邀請青少年共同設計與辦理活動，配合學校指導活動之進行，並協助青少年舉辦各種座談會。「張老師」之工作目標爲協助青少年排除適應上之困難，建立和諧之人際關係，並輔導青少年作選擇性之發展方向，以貢獻社會。鼓勵青少年參與社區建設工作，培養積極服務之人生觀。

「張老師」之工作方法包括：

1. 運用會談技術，發掘青少年之困難與需要，進而尋求因應之對策；

2. 運用個案方法，針對青少年困難，協助解決其問題；

3. 運用團體工作方法，促使青少年參與活動，認識自我，調適人際關係。

　　除了張老師在福德社區之工作計劃之外，臺北市亦曾從事少年犯罪社區防治研究。此項研究計劃始於民國七十二年，由中華民國社區發展研究訓練中心及臺北市政府研究發展考核委員會合作辦理。根據該項研究結果顯示，臺北市少年犯罪有集中於若干社區的現象。犯罪地域之區位特徵在物質環境雜亂，巷道狹小而不規則，違建多，人口密度高，視野狀況不佳。在社會人文環境方面，居民社經水準偏低，對子女教育能力較差，居民組成份子複雜，社區異質性明顯，社區人際關係疏離。在社會病理因素方面，有較多的幫派及街角青少年組織，色情場所多，出租房屋或套房較多，出入份子複雜。另外，犯罪少年居住地之區位特徵，在物質環境方面是違章建築多，缺乏公園綠地類之活動場所，小廟或神壇多，後者常成為不良青少年聚會之場所，一般家庭住宅面積狹小。在社會人文環境方面，具有大量之外來移入人口，人口異質性及流動性高，社經水準偏低，父母對子女教養能力較差或管教不周，家庭凝聚力弱，有的地區甚至有貧窮文化現象。在社會病理學，社會不穩定因素方面，酗酒及酒後滋事多、賭博、離婚及失業賦閒者多、青少年街角幫派較多。

　　從這項研究中發現，犯罪行為與犯罪居住地區的特性密切相關，所以在都市設計及社區規劃中應考慮犯罪預防的觀點，新建築物及街道與空間之設計，盡可能擴大視野，提高監控效果，使具有犯罪意圖者知覺到犯罪之偵察而避免犯罪。同時必須充份預留公園綠地及運動場所，充實休閒活動設備，避免青少年流向充滿物質誘因與衝突機會之遊樂場所。此外，對於社區不穩定因素及社會病理因素應予消除，在社區內推行就業輔導工作及小康計劃，運用社會工作方法，改善不良家庭關係及

功能，強化戶口調查，對於社會之色情黃牛問題，如能有效禁絕最好，若無法禁絕，則應考慮容許其存在之地區及方式。舉辦社區活動，輔導設立守望相助組織，以增進社區意識，預防犯罪。加強社區處遇工作，動員社區內所有犯罪防治有關之人力及資源，有計劃地提供專業性輔導服務，使其能與犯罪絕緣。

以上兩項研究計劃顯示我國在少年犯罪處遇方面，已經開始研究及非正式之接觸。真正的社區防治必須由具有實權之中央政府機構統籌督導實施。希望政府社會局能重視此項工作之推展。

## 第三節　美國少年犯罪社區處遇現況分析

(參閱: California Youth Authority, 1974, 1978)

### 一、加州少年犯罪社區處遇計劃

加州少年局從事社區處遇工作，(Community Treatment Programs, CTP)，劃分為三個階段：第一階段，自 1961 年至 1964 年；第二階段，自 1964 年至 1969 年；第三階段，自 1969 年至 1974 年。

第一階段之研究目標在於，發覺何種少年犯適於社區處遇；如果加以嚴格督導(Close Supervision)，如果將某些少年犯直接交付社區處遇之觀護人管護，是否可行？第二階段之主旨，在於探索：(1) 社區處遇是否可行於大都會？(2) 如果社區處遇是可行的，則那些因素足以促進其成效？　第三階段在於探測，那些類型之少年犯在社區處遇中獲益較多？

在 1961 年至 1969 年之間，加州少年局劃分少年犯為九種類型。(依據沙里文及格蘭特 Sullivan and Grant 的理論) 主要衡量標準為

少年人際關係特徵 (Interpersonal Maturity)，其類型如下：

1. **Aa 型**：攻擊性且缺乏社會化者；
   (Asocial Aggressive)

2. **Ap 型**：靜態而缺乏社會化者；
   (Asocial Passive)

3. **Cfm 型**：不成熟，而跟隨附和者；
   (Immature Conformist)

4. **Cfc 型**：參與犯罪文化，而跟隨附和者；
   (Cultural Conformist)

5. **Mp 型**：企圖控制操縱別人者；
   (Manipulator)

6. **Na 型**：神經質以行動化表現者；
   (Acting out Neurotic)

7. **Nx 型**：神經質焦慮型者；
   (Anxious Neurotic)

8. **Ci 型**：犯罪文化認同者；
   (Culture Identifier)

9. **Se 型**：情境情緒反應者；
   (Situation-emotion Reaction)

　　針對每一類型不同性格之少年犯，依據神經醫學理論及臨床經驗，設立特定之社區防治計劃；同時因應每一類型之少年犯，選擇特殊之社區輔導工作人員，每一輔導人員管轄十至十二名少年犯，輔導人員事先均作詳細之輔導計劃。

　　在加州少年局舉辦之社區治療計劃中，總共有 802 位男性少年犯及 212 位女性少年犯參與，年齡介於十五歲至十九歲之間；除了特殊的惡

性暴力犯，例如搶刦、強姦及惡性傷害等罪犯之外，所有的初犯均准予參與該項社區治療計劃。此外，社區亦拒絕接受少數特殊之少年犯，在所有少年犯中，65% 男性及 83% 女性少年犯，均獲准參加。

參與社區防治計劃之少年犯類型及比例：

(1) 被動順從型 Cfm's，14%。

(2) 操縱控制別人型，21%。

(3) 神經質型，53%。

測量治療效果之標準：

(1) 假釋之人犯，每月犯罪被捕人數。

(2) 假釋後，二年內之再犯率。

(3) 假釋後，五年內之成效率。

(4) 假釋後，五年內之失敗率。

(5) 假釋後，四年內之再犯率。

經社區處遇之少年犯（Community Treatment Boys, CTB）與其他機構處遇少年犯（Institutional Treatment Boys, ITB）之比較：

表一　少年犯罪社區處遇與機構處遇績效比較

| | 社　區　處　遇 (CTB) | 機　構　處　遇 (ITB) |
|---|---|---|
| 1. 每月犯罪被捕率 | .040 | .065 (p<.01) |
| 2. 二十四個月之再犯率 | 44% | 63% |
| 3. 五年內因操行優異而釋放 | 69% | 50% |
| 4. 五年內操行不佳 | 16% | 23% |

上表中顯示社區處遇優於機構處遇。

神經質少年犯在社區處遇計劃中，受益最多；而慣於控制別人的少

年犯，在社區處遇中則無顯著效果，較之一般機構處遇爲劣。少女犯在社區處遇及傳統機構處遇之下，效果無顯著差異。

加州少年局社區處遇研究之結論是：

（1）針對某一類型之少年犯，給予曾受特殊訓練、特殊人格氣質的輔導員。

（2）輔導員本身經驗、能力、敏銳觀察力等，都是決定輔導成效的重要因素。

（3）輔導處遇之政策、方針，亦爲重要因素。

（4）輔導員由於管理之少年犯人數較少（九名），因此能充分介入少年犯之生活諸層面，例如家庭、學校等等。

（5）然而輔導之成效與少年犯之人格類型相關，如少年犯有心向善，處處合作，自然輔導效果顯彰。

社區處遇產生效果，並非因爲在社區內處遇，而是出自於多種因素。根據加州少年局多年實驗結果證明，社區處遇之成就，並非出自於脫離機構（Institution），而是由於社區處遇所運用及牽涉的眾多因素使然。

在加州少年局實驗社區處遇的第三階段中：發覺三分之一的少年犯，不分類型，在參與社區處遇之後數週或數月之內，即參與犯罪行爲；在機構處遇下的少年犯，在假釋後之情況亦相似。因此在社區處遇計劃的第三階段中，加州少年局提出之方案如下：針對較爲嚴重之少年犯，在進入少年局機構時，予以特殊之居所（Residential Setting），而非一般性機構或一般性社區處遇。加州少年局的主要問題是，以何種方式的設置（Setting）能夠對少年犯或較嚴重之少年犯達到有效處遇改善的績效。針對此一問題，加州少年局提出之對策：（1）將嚴重少年犯交付嚴格管制（Intensive）的機構處遇管制，然後再移往嚴格的社區處遇

計劃管制；（2）直接移往嚴格管制之社區處遇機構。

少年局對每一少年犯作詳細的人格分析，分析其興趣、能力、限制及動機等等，然後將之歸入以下兩型：

（1）在特殊之治療所（CTP Residential Center）處遇。

（2）直接加入社區處遇。

社區之家（Community Treatment Program Residential Setting）之安全警備寬鬆，通常容納25位左右男性少年犯，可以選擇觀護人員，從事輔導工作；另加以住宅區內之管護人員。如果少年犯安置不當，則效果很差，少年犯罪率會因為不適當之安置而增加，因此在作社區處遇之前，必須慎重測量少年犯之心性，選擇適當之輔導人員及適當之社區安置。

美國國家精神健康研究所少年部十二年之工作經驗指示：（CYA, 1974, p. 58）

（1）少年犯之中，有的適宜置放於社區處遇計劃（Community Treatment Program）之中；

（2）少數少年犯則適於傳統之機構處遇；

（3）另有少數難以管教之少年犯，則適宜置放於社區之家內，同時施以管制及輔導。

加州少年局實施社區處遇計劃以來，對於惡性少年犯之改進，有若干貢獻。

## 二、洛杉磯少年犯罪社區處遇計畫（參閱：Esther Pond, 1974）

加州少年局在洛杉磯城試驗三年少年犯罪社區防治計劃，洛杉磯的兩個嚴重少年犯罪區被選為試驗地區，第一是洛城南部以黑人為主之瓦智區（Watts），另一個是白人為主的好來塢區，每一管制區內設六名少

年犯罪保護管束人員，負責其區域內一百五十位少年犯之執掌，平均每人負責二十五位（在原有的編制中，每名保護管束人員負責七十二名少年犯）。少年犯罪防治中心則設於社區之中心區域，以增加少年犯之個人輔導、羣體輔導、家庭輔導，增加運用少年寄養之家及少年之家，短期監禁，以懲罰或保護少年犯，增加社會性，娛樂性活動及運動，增加學業輔導，加強觀護人與學校及少年工作機構之間的關係，增強心理治療、社會羣體治療，而觀護人羣體亦經常舉行檢討會議。

**在國內實施社區防治計劃之可能性**

　　二十年前，當作者在香港居住時，已見到香港實施類似之社區少年犯罪防治計劃，姑不論其成就效果，僅以人道觀點來看，在社區管制計劃之下，少年犯有更多活動空間，能夠參與各種社區活動，又有社區活動中心提供各種運動、娛樂、休閒及輔導，又增設教育輔導、職業訓練，而觀護人與少年犯之學校、家庭及其工作處所之間增進聯繫，從這些方面來看，這種社區性的少年犯罪防治工作都是我們值得學習採用的。

**三、少年事務局（Youth Service Bureau）（參閱：Duxbury, 1974）**

　　美國加州少年事務局之計劃，相當於我國青年救國團之組織計劃，惟前者規模較小，目標較狹窄。

　　一九六七年應美國總統、法律執行委員會（實職為犯罪防治）之建議，設立社區少年事務局，統籌每一社區少年犯罪事務、資料及機構，特別為少年虞犯及可能犯罪少年而設立。在每一社區內設少年事務局（香港亦採行類似之街坊少年犯罪防治計劃），由警局、法院、學校、社區及其他相關機構，將可能犯罪之少年名單，呈交少年事務局；少年

中，亦包括部份由法院判決假釋者。少年是否接受少年事務局之服務、輔導等，則屬少年主動決定。

一九六九年，加州成立少年事務局法案，州政府議會撥款十萬美元支持該計劃，而州政府之司法部門另外補助十五萬美元。在此法案之下，加州有九個社區之內，設立少年事務局，每一社區給予二萬五千美元之開創費。計劃之目標：

1. 結合社區內防止少年犯罪之公、私立機構，以期將少年犯轉化入社區處遇計劃之中。

2. 少年事務局得少年法庭觀護部及其他司法、警察機構之支持。

3. 少年事務局屬社區防治犯罪委員會管轄之下。

4. 少年事務局由當地選派人員負責。

5. 雇用專人為少年事務局主持，另外請專業及兼任工作人員及義工。

6. 少年犯罪事務局設立於社區中心地帶，以便利服務該地區之少年。

7. 法治機構、學校、家庭均可以將少年交付少年事務局輔導管理。

8. 少年事務局提供多項服務及長期性輔導。

因此，少年事務局成立之初之最主要目標為：

1. 將機構處遇之少年轉化為社區處遇。

2. 整合社區有關少年犯罪服務的資源及機構。

3. 降低社區少年犯罪率。

少年事務局執行之兩大原則：

1. 具有彈性。

2. 由社區當地人員負責主持。

　　一九七二年之內，加州的十所少年事務局共負責服務五千名少年，每一事務局的平均少年犯人數爲 200～500 名，而其中之一少年局服務人數達 1,700 名。少年多由個別機構推薦而來，學校爲最主要的推薦機構。少年事務局服務的對象，平均年齡爲十二歲，一九七二年以來，參與少年事務局的少年人數共有 4749 名，其中包括：

| | | |
|---|---|---|
| ①自我推薦 | 1,009 名 | 21.2% |
| ②父母推薦 | 466 名 | 9.8% |
| ③其他人推薦 | 1,249 名 | 26.3% |
| ④警察、執法機構推薦 | 554 名 | 11.7% |
| ⑤觀護機構遣送 | 430 名 | 9% |
| ⑥學校推薦 | 855 名 | 18% |
| ⑦其他機構推薦 | 186 名 | 3.9% |
| 共計 | 4,749 名 | (100%) |

這些少年犯被送來的原因如下：

|  | 1972年（N＝4749） |
|---|---|
| ①犯罪事件 | 14.6% |
| ②犯罪傾向 | 33.6% |
| ③無父母 | 0.3% |
| ④其他問題 | 64.3% |

（註：總計超過 100%，因爲有的案件是以雙重理由送交。）

　　加州少年事務局對少年虞犯或假釋犯，提供直接服務，其中包括：

　　①家庭輔導。

　　②個人輔導。

　　③醫藥補助。

　　④求職服務。

　　⑤娛樂休閒計劃、活動。

　　⑥向其他少年犯罪機構建議、參與、干預。

服務項目以家庭輔導爲主。亦有少數少年犯由少年事務局轉交其他機構處遇者，例如精神病患。每一少年平均接觸少年事務局人員爲五次，半數以上之少年事務在三個月內結束，結束原因是由於服務完畢，無需繼續服務。

　　少年事務局經實驗數年之後，成效顯彰，由立法機構建議，在加州境內增設爲四十所少年事務局。

# 中文參考書目

張華葆

 1984 《社會心理學》，臺北：三民書局。

 1988 《少年犯罪心理學》，臺北：三民書局。

徐　靜

 1975 《精神醫學》，臺北：水牛出版社。

李興唐

 1985 《犯罪論叢》，臺北：中央警官學校。

蔡德輝

 1987 《犯罪學》，臺北：偉成文化事業有限公司。

吳靜吉

 1977 《心理與人生》，臺北：遠流出版事業股份有限公司。

薇薇夫人

 1975 《情感與人生》，臺北：遠流出版公司。

林懷德譯（連納德・葛羅斯原著）

 1984 《關心你的青春期子女》，大夏出版社。

陳光輝著

 〈臺北縣市犯罪少年家庭環境與社會背景之研究〉。

鍾思嘉著

 1987 〈愛與了解——防止青少年犯罪，從親職教育做起〉。

林央敏

 1987 〈一盤尚未啓蒙的族羣——試論臺灣青少年文化〉，《臺灣文藝》
    雙月刊，107，9～10月，頁52～57。

徐聖熙

1980 〈青少年犯罪之探討〉，《警學叢刊》，11：(2)：16–21。

鄞裕坤

1980 〈警察在預防少年犯罪方面所扮演的角色〉，《警學叢刊》，11(2)：
12–15。

楊孝濚

1980 〈青少年犯罪預防座談會〉，《警學叢刊》，11(2)：94–95。

孫希一譯（KENNEY, JOHN P. 著）

1978 〈適合於控制與預防少年犯罪的社會整體合作〉，《刑事科學》，
10–11：41–50。

周震歐

1979 〈預防青少年犯罪方案平議〉，《幼獅月刊》，50(4)：24–26。

傅雲

1973 《臺灣省少年感化教育績效實錄》，臺灣省政府社會處編印。

鍾源德

1986 《青少年犯罪問題之研究》，文景出版社。

劉蕙

1985 《我國年少年犯罪之成因與輔導》，中國人事行政學會發行。

車煒堅

1984 〈少年竊盜初犯與重犯之比較研究〉，《警政學報》。

施俊堯

1982 〈少年犯罪預防工作之策略〉，《警學叢刊》，71，9–13 卷。

蔡德輝

1980 〈我國少年犯機構性處遇與社區處遇成效之評估〉，《警學叢刊》，
69, 12–11 卷 2 期。

江宗洋

1984 〈如何防止青少年犯罪〉，《警光》，73. 11. 1—340 期。

林明輝

1982　〈有效防制犯罪措施我見〉，《警光》，71.11.1—316 期。

許春金

1982　〈談犯罪的預防與控制〉，《警光》，71.11.1—316 期。

宋根瑜

1982　〈親子關係適應與少年犯罪〉，《警學叢刊》，13 卷，2 期。

周震歐

〈父母管教態度與少年犯罪行為〉，《社會學與社會工作》，2 期。

周希祖

〈如何防止少年犯罪〉，《教育輔導月刊》，10 卷，20 期。

吳　鼎

〈青少年輔導方法之研究〉，《幼獅月刊》，42 卷，3 期。

沙依仁

1984　〈預防青少年行為問題的策略及實施工作〉，《社區發展月刊》，
　　　26 期。

陳漢亭

1980　〈論青少年犯罪之防範與疏導〉，《警學叢刊》，6 卷，1 期。

臺灣省政府社會處

1982　《少年犯罪因素分析》

周震歐

1966　《臺灣地區男性少年犯罪與親職病理的研究》，臺北：桂冠。

法務部

1987　《犯罪狀況及其分析》。

中央警官學校犯罪防治學系

1987　《犯罪學導論》。

蔡文輝、蕭新煌主編

1985　《臺灣與美國社會問題》，東大圖書公司。

羅斯・康貝著　　陳慧珠譯

《如何眞正愛你十幾歲的孩子》，橄欖文庫。

韋恩萊斯著　吳碧霜譯

　　《璞玉待琢》，校園書房出版社。

馬傳鎭

　　1985　〈少年犯罪問題〉，刊於楊國樞等主編：《臺灣社會問題》，巨流
　　　　　出版社。

彭駕騂

　　1986　《靑少年問題的探究》，巨流。

周震歐等著

　　1984　《靑少年犯罪心理與預防》，百科文化事業出版。

楊國樞、張春興主編

　　《臺灣地區男性少年犯罪與親職病理的研究》，桂冠心理學叢書。

呂民璿

　　1986　《靑少年價值觀念與靑少年輔導工作之研究》，臺中：社會工作研
　　　　　究服務中心出版。

楊光惠

　　1972　《問題學生輔導之研究》，正中書局印行。

趙炎煒

　　1987　〈過渡時期的親子關係〉，《自由靑年》。

周明宏

　　〈探討一般學生家長的心態〉，《張老師》，1卷，4期。

劉焜輝

　　1984　〈社會變遷中的靑少年問題〉，《臺灣教育》。

　　1984　〈父母與靑少年的溝通〉，《張老師月刊》輔導研究，3卷，2期。

　　1984　〈父母管教態度與方法〉，《張老師月刊》，69.1，2卷，5期。

　　1983　〈如何搭父母與子女間的橋樑〉，《張老師月刊》，72.8，6期。

　　1980　〈管教孩子的藝術〉，《張老師月刊》，69.11.25，6卷，5期。

姚　振

　　1981　《親職教育專集》，臺灣省立臺中圖書館教育資料中心。

黃莉莉譯　(Swindoll, Charles R. 著)

　　1985　《親子之間》 (You and Your Child)，基督教財團法人中國主
　　　　　日學會。

陳衞平譯

　　1985　《親情、管教、愛》，允晨文化出版公司。

陳柏達譯 (Ginott H. 著)

　　1977　《青春期教育新法》

　　　　　(1) Group Therapy with Child.

　　　　　(2) Between Parent and Child.

　　　　　(3) Between Parent and Teenager.

汴　橋

　　1977　《與父母談心》，大地出版社。

鄭心雄譯 (Gordon (高登) 著)

　　1973　《兩代間的溝通》(Parent Effectiveness Training)，三山出版
　　　　　社。

周震歐

　　1984　〈社區青少年犯罪問題與家庭教育〉，《社區發展》季刊。

邱正雄

　　1984　〈少年犯罪家庭動力因素及其交互影響之研究〉，《農專學報》。

內政部警政署

　　《臺灣刑案統計》，民國 77 年，民國 76 年。

文崇一等編

　　《社會變遷中的青少年問題》，中央研究院民族學研究所專刊，臺北南
　　港，民國 67 年出版。

法務部

《犯罪狀況及其分析》，犯罪問題研究中心，民國 77 年出版。

丁道源

《少年法》，自印，臺北，民國 74 年 5 月三版。

周震歐

《少年犯罪及觀護制度》，臺北：臺灣商務，民國 74 年。

陳明南

《少年犯罪與感化教育》，臺中：宏光出版社，民國 72 年。

林茂榮

《少年犯罪》，臺中：自印，民國 72 年出版。

陳涵編著

《激濁揚清》，臺北：正中書局，民國 70 年出版。

陳漢亭

〈論青少年犯罪之防範與疏導〉，《警學叢刊》，6 卷，1 期，民國 69 年
9 月 1 日。

宋根瑜

〈親子關係適應與少年犯罪〉，《警學叢刊》，13 卷，2 期，民國 71 年
12 月。

江宗洋

〈如何防止青少年犯罪〉，《警光》，340 期，民國 73 年 11 月 1 日。

《張老師月刊》

民國 76 年 4 月版：

林惠雅著：〈父母何去何從〉

余安邦著：〈關心您的孩子〉

民國 76 年 5 月版：

陳衍敏著：〈徬徨尷尬的青少年〉

周震歐著：〈處理少年犯罪之「轉向計劃」〉

民國 76 年 9 月版：

鄭伯壎著：〈從飆車看青年的休閒問題〉

吳武典

《青少年問題及對策》，臺北市：張老師出版社。

廖榮利

《對非法少年父母之專業服務》，臺北市：張老師出版社，民國71年。

陳英豪

《青少年行爲與輔導》，臺北：幼獅出版社，民國71年。

田永正

《青年問題的分析與解答》，臺北：光啓社，民國67年。

葛拉賽著，鍾思嘉編譯

《諮商與心理治療》，臺北：大洋出版社。

李長貴

《心理指導與心理治療》，臺北：幼獅。

張華葆

〈自精神醫學觀點探討少年犯罪問題〉，《法學叢刊》，法務部，民國75
年。

中國青年救國團，青少年輔導中心

《現代心理治療理論》，臺北：張老師出版社。

周震歐

民國74年，《少年犯罪社區防治之研究》，臺北：中華民國社區發展研究
中心。

法務部犯罪問題研究中心

民國71年，《少年輔育院學生：生活狀況分析暨個案研究》，臺北：法務
部；

民國71年，《青少年濫用藥物問題之研究》，臺北：法務部；

民國72年，《少年犯罪種類與其個人家庭、學校、社會生活之比較分
析》，臺北：法務部；

民國 72 年，《竊盜累犯之研究》，臺北：法務部；

民國 73 年，《少年暴力犯罪之研究》，臺北：法務部；

民國 74 年，《女性犯罪之研究》，臺北：法務部；

民國 75 年，《少年竊盜犯罪之研究》，臺北：法務部；

民國 76 年，《犯罪狀況及其分析》，臺北：法務部。

高金桂

民國 73 年，《青少年藥物濫用與犯罪之研究》，臺北：文景出版社。

馬傳鎮等

《當前我國少年暴力犯罪成因及其防制對策之研究》，臺北，民國 74 年 6 月。

蔡德輝

民國 75 年，《犯罪理論在少年犯罪防治上之應用》，臺北：五南圖書公司。

莊耀嘉

民國 75 年，《心理病態性格與犯罪行為》，臺北：法務部。

臺灣省社會處

民國 72 年，《臺灣省青少年生活狀況調查報告》。

鄭哲民

〈暴力行為犯罪之防治〉，刊於「社會變遷中的犯罪問題及其對策研討會」，民國 71 年 12 月。

黃德祥編譯（Corey 原著）

《諮商及心理治療的理論與實施》，臺北：心理出版社。

鍾源德

《少年犯罪問題之研究》，文景出版社，民國 67 年。

劉作揖

《少年觀護工作》，五南，民國 73 年。

黃棟培

《少年事件處理與感化教育》，漢林出版社，民國 69 年。

馬傳鎮、黃富源

1985　〈少年犯罪行爲歷程之理論模式與對策〉，《社區發展》，31:105-
112。

陳漢亭

1982　〈從社會變遷談靑少年輔導工作〉，《警學叢刊》，13(2)：104-
110。

施俊堯

1982　〈少年犯罪預防工作之策略〉，《警學叢刊》，13(1)：87-101。

高金桂

1985　〈少年犯罪社區防治之構想〉，《社區發展》，31：115-121。

趙雍生

1986　〈靑少年事件處理問題之探討──社區處遇之理念發展趨勢及其在
我國施行之芻議〉，《警政學報》，9：209-226。

姚卓英

《社會個案工作原理與實施》，正中書局，民國 60 年。

何培傑

《靑少年心理與輔導》，弘道出版社。

蔡德輝

〈我國靑少年犯機構性處遇與社區處遇成效之評估〉，《警學叢刊》，11
卷，2 期，民國 69 年 12 月 1 日。

施俊堯

〈少年犯罪預防工作之策略〉，《警學叢刊》，13 卷，1 期，民國 71 年
9 月 1 日。

楊孝濚

《大衆傳播與社會》，臺北：國立編譯館，1983。

楊孝濚

〈現代電視對兒童的影響〉，《中國論壇》，20(1)：24-27，1985。

徐雙喜、施俊堯、高金桂、詹俊榮、伊永仁

　　〈大眾傳播之發展與青少年犯罪趨勢〉，《社會現代化過程中青少年犯罪傾向預防之研究》；142-157。

潘家慶

　　〈從傳播效果看兒童與電視〉，《中國論壇》，20(1)：28-27，1985。

徐佳士

　　《大眾傳播理論》，正中書局，1987。

李金銓

　　《大眾傳播理論》，臺北：三民書局，1987。

陳　墉

　　〈電視對青少年生活與社會所負的責任〉，《臺北師專學報》，12：211-240，1985。

陳騰祥

　　〈如何輔導學生自律自導自強以健全人格報效國家〉，《臺灣教育》，352期，民國69年4月。

李建興

　　〈社會教育與和諧社會〉，《臺灣教育》，353期，民國69年5月。

羅世昌

　　〈現行公民教育的改進方向〉，《臺灣教育》，401期，民國73年5月。

詹棟樑

　　〈社會教育的新展望〉，《臺灣教育》，401期，民國73年5月。

# 英文參考書目

## A

Aichhorn, A.

　　1963　*Wayward Youth*. N. Y.: Viking.

　　1964　*Delinquency and Child Guidance*. N. Y.: International Univer-
　　　　　sities Press.

Akers, R.

　　1988　*Social Learning and Adolescent Deviance: Theory, Research and
　　　　　Prediction of Juvenile, Delinquency*. Taipei: Sino-American
　　　　　Juvenile Delinquency Conference.

　　1985　Deviant Behavior: A Social Learning Approach (3rd ed.).
　　　　　Belmont, CA.: Wadsworth Publishing Company.

Alper, B. S. and I. T. Nichols

　　1981　*Beyond the Courtroom: Programs in Community Justice and
　　　　　Conflict Resolution*, Lexington, Mass: Lexington Books.

American Psychiatric Association. *Diagnostic and Statistical Manual
　　　of Mental Disorders* (DSM-III). Washington, D. C.: American
　　　Psychiatric Association 1980.

Amos, William E.

　　1968　March, "The Future of Juvenile Institutoins," Federal
　　　　　Probation.

Amos, William E., Raymond L. Manella, and Marilyn Southwell

　　1965　*Action Programs for Delinquency Prevention*. Springfield,

Illinois: Charles C. Thomas.

Amos, William E. and Raymond L. Manella (Eds.)

1966 *Delinquent Children in Juvenile Correctional Institutions.* Springfield, Illinois: Charles C. Thomas.

Amos, William E. and Charles F. Wellford (Eds.)

1967 *Delinquency Prevention: Theory and Practice.* Englewood Cliffs, New Jersey: Prentice-Hall, Inc.

Amos, William E. and Jean Dresden Grambs (Eds.)

1968 *Counseling the Disadvantaged Youth.* Englewood Cliffs, New Jersey: Prentice-Hall, Inc.

Archer, Dane and Rosemary Gartner

1984 *Violence and Crime in Cross-National Perspective.* New Haven: Yale University Press.

Argyle, M.

1961 "A New Approach to the Classification of Delinquents with Implications for Theatment," in *Inquires Concerning Kinds of Treatment for Kinds of Delinquents*, Monograph No. 2, Board of Corrections, State of California (Sacramento, July, 1961).


# B

Bailey, Walter C.

1966 "An Evaluation of 100 Studies of Correctional Outcome," *Journal of Criminal Law, Criminology and Police Science* (June), pp. 153-60.

Barlow, Hugh D.

1987 *Introduction to Criminology,* 4th ed., Boston: Little, Brown.

Bartol, C. R.

1980 *Criminal Behavior: A Psychosocial Approach*, Englewood Cliffs, N. J. : Prentice-Hall.

Berlemain, William C. & Thomas W. Steinburn

1969 "The Value and Validity of Delinquency Prevention Experiments," *Crime and Delinquency*, National Council on Crime and Delinquency. (October)

Bird, T. and Little, J. W.

1979 *Delinquency Prevention: Theories and Strategies*, Washington, D. C. : U. S. Department of Justice, LEAA, Office of Juvenile Justice and Delinquency Prevention.

Blackburn, R.

1973 An empirical classification of psychopathic personality. British Journal of Psychiatry, pp. 127, 456-460.

1980 On the relevance of the concept of the psychopath. Paper presented to the London Conferrence of the British Psychological Society, London: The British Psychological Society.

Bureau of Prisons, U. S. Department of Justice

1970 *Differential Treatment... a Way to Begin.* Washington, D. C. : Bureau of Prisons.

## C

California Youth Authority

1974, 1978 *A Review of Accumulated Research*, Sacramento, Calif.: CYA.

1983 *Perspectives on Crime and Delinquency: Summary of Recent*

*Research and Opinion*, Sacramento, Calif. : CYA.

Cavan, Ruth Shonle & Theodore N. Ferdinand

1975 *Juvenile Delinquency*, Philadelphia; J. B. Lippincott Co.,
third edition.

Cavan, Ruth Shonle, and Jordan T. Cavan

1968 *Delinquency and Crime: Cross-Cultural Perspectives*. Philadel-
phia: J. B. Lippincott Co., 1968, p. 244.

Chaiken, et al.

1982 *Varieties of Criminal Behavior*.

Chang, Henry Hwa Bao

1967 March "Juvenile Delinquency in Hong Kong," *Journal of
Sociology*. Chung Chi College, The Chinese University of
Hong Kong, pp. 1–15.

1977 November "Psychological Charactersistic of Juvenile De-
linquents," Proceedings of the Annual Meeting of the
Mid-South Sociological Associaton, Monroe, Louisiana,
U. S. A.

1982 December "Prospects for Prevention and Treatment of
Juvenile Delinquents in the Republic of China," Procee-
dings of National Crime and Delinquency Convention,
Taipei, Taiwan, ROC.

1983 November "The Delinquent Boys; A Social Psychiatric
Study, " *Tunghai Journal of Social Sciences*, pp. 93–114,
Tunghai University, Taichung, Taiwan, ROC.

1986 "Sociopathy and Violence: An Empirical Study of Violent
Juvenile Offenders in Taiwan, "*Proceedings of the Asian-
Pacific Conference on Juvenile Delinquency*, Taipei, ROC.

Clinard, Marshall B. and Daniel J. Abbott

　　1973　*Crime in Developing Countries*, New York: John Wiley and Sons.

Cohen, J.

　　1983　"Incapacitation as a Strategy for Crime Control: Possibilities and Pitfalls," in M. Tonry and N. Morris(Eds.), *Crime and Justice*, pp. 1-84.

Corenstein, E. E., and Newman, J. P.

　　1980　"Disinhibitory Psychopathology: A New Perspective and a Model for Research," *Psychological Review*, 87, pp. 301-315.

Cortes, Juan B.

　　1972　*Delinquency and Crime*: *A Biopsychosocial Approach.* New York: Seminar Press, p. 468.

Craig, M. M. and S. J. Glick

　　1963　"Ten-Year Experience with the Glueck Social Prediction Table, " *Crime and Delinquency*, 9 (1963).

　　1965　"Application of the Glueck Social Prediction Table on an Ethnic Basic, " *Crime and Delinquency*, 11 (1965).

Crowe, R.

　　1972　"The Adopted Offspring of Women Criminal Offenders," *Archives of General Psychiaty*, 27(5) 600-603 (Nov. 1972).

**D**

Davis, Carolyn

　　1983　"The Parole Research Project, " in California Youth Authority, 1983.

Douglas, J. W. B. and J. M. Ross

    1969 "Characteristics of Delinquent Boys and Their Homes,"
in *Genetic and Environmental Influences on Behavior*, ed. J. M.
Thoday and A. S. Parkes, New York: Plenum.

Dugdale, Richard

    1877 The Jukes, *A Study in Crime, Pauperism, & Heredity*. N. Y.:
Putnam.

Dutile, Ferdinand, Cleon Foust and D. Robert Webster

    1981 Early Childhood Intervention and Juvenile Delinquency.
Lexington, Mass.: D. C. Heath and Company.

Duxbury, Elaine

    1974 "Youth Service Bureaus," in California Youth Authority,
1974.

## E

"The Effectiveness of A Boys-Club in Reducing Delinquency,"
Louisville Red Shield Boys Club, *Annals*, American Academy of
Political and Social Science, 322(1959), pp. 47-52.

Elliott, Delbert S., David Huizinga, and Suzanne S. Ageton.

    1985 *Explaining Delinquency and Drug Use*. Beverly Hills, Cal.:
Sage Publications, Inc.

Elliott, Delbert, Franklyn Dunford, and David Huizinga

    1987 The Identification and Prediction of Career Offenders
utilizing self-reported and official data, in J. Burchard
and S. Burchard (Eds.), *Prevention of Delinquent Behavior*
(pp. 90-121). Newbury Park, CA: Sage.

Ellis, Lee

1982 "Genetics and Criminal Behavior," *Criminology* 20, (May).

Empey, LaMar T.

1982 *American Delinquency*, revised ed. Homewood, Ill.: The Dorsey Press.

Eysenck, H. J.

*The Biological Basis of Personality. Springfield*, Illinois: Charles C. Thomas.

1964 *Crime and Personality.* Boston: Houghton Mifflin.


### F

Fagan, Jeffrey and Sandra Wexler

1987 Family Origins of Violent Delinquents. *Criminology*, 24: 439–471.

Farrington, D. P.

1977 "Young Adult Delinquents Are Socially Deviant," *Justice of the Peace*, 141 (February 1977): 92–95.

Farrington, D. P. and D. J. West

1971 "A Comparison between Early Delinquents and Young Aggressives," *British Journal of Criminology*, 11 (1971): 341–358.

Farrington, David and Roger Tarling, eds.

1985 *Prediction in Criminology.* Albany: State University of New York Press.

U. S. Department of Justice, FBI

1988 *Crime in the United States* (annual report). Washington, D. C.: U. S. Government Printing Office.

Ferdun, G. S.

1974 "Education Research, " in *A Review of Research in California Youth Authority*, Sacramento, Calif.: CYA.

## G

Giallombardo, Rose

1976 Juvenile Delinquency, 3rd ed.

1982 Juvenile Delinquency, 4th ed. N. Y. : John Wiley.

Gibbons, Don C. and Marvin B. Krohn

1986 *Delinquent Behavior*, 4th ed. Englewood Cliffs, N. J.: Prentice-Hall, Inc.

1986 *Society, Crime, and Criminal Behavior*, 5th ed. (Englewood Cliffs, N. J.: Prentice-Hall, Inc. in production).

Glaser, Daniel

1960 Differential Association and Criminological Prediction. *Social Problems*, 8: 6-14.

Glasser, Daniel, ed.

1974 *Handbook of Criminology*, Chicago: Rand McNally.

Glasser, William

1961 Glasser, *W. Mental Health or Mental Illness*. New York: Harper & Row, 1961.

1965 *Reality Therapy: A New Approach to Psychiatry*. New York: Harper & Row.

1969 *Schools without Failure*. New York: Harper & Row.

1984 "Reality Therapy, " in R. J. Corsini's, *Current Psychotherapies*, 3rd ed. , Ithaca, Ill. Peacock.

Glueck, Sheldon and Eleanor Glueck

1930 *Five Hundred Criminal Careers*. New York: Knopf.

1937　*Later Criminal Careers.* New York: Commonwealth Fund.

1943　*Juvenile Delinquents Grown Up.* New York: Commonwealth Fund.

　　　*Criminal Careers in Retrospect.* New York: Commonwealth Fund.

1950　*Unraveling Juvenile Delinquency.* New York: Commonwealth.

1956　*Physique and Delinquency.* New York: Harper & Row.

1959　*Predicting Delinquency and Crime.* Cambridge, Ma: Harvard University Press.

1962　*Family Environment and Delinquency.* Boston: Houghton Mifflin Co.

1968　*Delinquents and Non-delinquents in Perspective.* Cambridge: Harvard University Press.

1970　*Toward a Typology of Juvenile Offenders.* New York: Grune and Stratton.

Glueck, Sheldon and Elearnor (Eds.)

1972　*Identification of Predelinquents.* New York: Intercontinental Medical Book Corporation.

Gomme, Ian M.

1985　Predictors of Status and Criminal Offenses among Male and Female Adolescents in an Ontario Community. *Canadian Journal of Criminology,* 2: 219-236.

Grant, Margerite G.

1961　"Interaction between Kinds of Treatment and Kinds of Delinquents," in *Inquiries Concerning Kinds of Treatment for Kinds of Delinquents,* Monograph No. 2. Board of Corrections, State of California, (Sacramento, July, 1961).

Grant, V. W.

    1977  *The Menancing Stranger: A Primer on the Psychopath Oceanside,* N. Y.: Dabor Science Publications.

Greenacre P.

    1945  "Conscience in the Psychopath," *American Journal of Orthopsychiatry,* 15, pp. 495–509.

Greenberg, David F.

    1977  "The Correctional Effects of Corrections," in Greenberg, ed., *Corrections and Punishment.* Beverly Hills, Cal.: Sage Publications, Inc., 1977, pp. 111–48.

Grinspoon, L. and Bakalar, J. B.

    1978  "Drug Abuse, Crime, and the Antisocial Personality: Some Conceptual Issues," in *W. H. Reid* (Eds.), *The Psychopath: A Comprehensive Study of Antisocial Disorders and Behaviors.* New York: Brunner/Mazel.

Griffiths, Curt. T.

    1985  "Addressing Juvenile Delinquency: The Role of Community Based and Traditional Structures of Social Control," delivered in the 4th Asian-Pacific Conference on Juvenile Delinquency, Tokyo.

Grosser, C.

    *Helping Youth, A Study of Six Community Organization Programs,* U. S. HEW. Office of Juvenile Delinquency, Youth Development.

Guze, S. B.

    1976  *Criminality and Psychiatric Disorders.* New York: Oxford University Press.

# H

Haapanen, R. and Jesness, C. F.

1981 *Early Identification of the Chronic Offender.* Sacramento: California Youth Authority.

Hakeem, Michael

1958 "A Critique of the Psychiatric Approach to Crime and Corrections," *Law and Contemporary Problems*, Vol. 23, No. 4.

Hamparian, D., et al.

1978 *The Violent Few: A Study of Dangerous Juvenile Offenders.* Lexington, Mass.: Lexington Books.

Hare, R. D.

1970 *Psychopathy: Theory and Research.* New York: Wiley.

Hare, R. D. and Jutai, J. W.

1983 "Criminal History of the Male Psychopath: Some Preliminary Data," in K. T. Van Dusan, and S. A. Mednick (Eds), *Prosepective Studies of Crime and Delinquency.* Netherlands: Kluwer-Nijhoff Publishing.

Haskell, et al. (Eds. )

1978 *Juvenile Delinquency*, 3rd ed. Chicago: Neil McNally

Hathaway, S. R. and E. D. Monaches

1963 *Adolescent Personality and Behavior.* Minneapolis: Univ. of Minnesota Press.

Havighurst, R. J., et al.

1962 *Growing up in River City*, N. Y. John Wiley.

Hayner, N. S.

1962 "Characteristics of Five Offender Types," *Alabama Correctional Journal* 9 (1962).

Healy, W. and A. Bronner

1931 *New Light on Delinquency and Its Treatment.* New Haven: Yale University Press.

HEW (U. S. ) Children Bureau

1965 Juvenile Delinquency Prevention in the U. S.

Hewitt, Lester & Richard L. Jenkins

1946 *Fundamental Patterns of Maladjustment*; *The Dynamics of Their Origin*, Springfield, Ill; State Printer.

Hirschi, Travis

1969 *Causes of Delinquency.* Berkeley: University of California Press.

## J

Jenkins, Richard S.

1985 *No Single Cause.* College Park, Md.: American Correctional Association.

Jenkins, R. L. M. D.

1973 *Behavior Disorders of Childhood and Adolescence*, Springfield, Ill. Charles C. Thomas.

Jensen, Gary F. and Raymond Eve

1976 "Sex Differences in Delinquency: An Examination of Popular Sociological Explanations," *Criminology*, 13 (February): 427-48.

Johnson, R. E.

1979 *Juvenile Delinquency and its Origins; An Integrated Theoretical*

*Approach*. Cambridge: Cambridge Univ. Press.

## K

Kaufman, Irving

1962 "Psychiatric Implications of Physical Abuse of Children,"
in *Protecting the Battered Child*. Denver: Children's Division,
America Humane Association.

Kinch, John W.

1962 "Continuities in the Study of Delinquent Types, " *J. of
Criminal Law, Criminology, Police Science*, 53. (1962).

Khanna, J. L. (Ed. )

1975 *New Treatment Approaches to Juvenile Delinquency*. Springfield,
Illinois: Charles C. Thomas.

Klein, M.

1979 "Deinstitutionalization and diversion of Juvenile offen-
ders: A litancy of impediments, " in N. Morris, et al.,
(eds). *Crime and Justice: An Annual Review*, pp. 145–188, 191–
201, The University of Chicago Press.

Kozol, H. L.

1972 "The Diagnosis and Treatment of Dangerousness, " *Crime
and Delinquency*, 18.

Kvaraceus, William C. and William E. Ulrich

1959 *Delinquent Behavior: Principles and Practices*. Washington,
D. C. : National Education Association.

## L

Lerman, Paul (ed. )

1970 *Delinquency and Social Policy.* New York: Praeger Publishers.

Lewis, D. and D. Balla

1976 *Delinquency and Psychopathology.* New York: Grune and Stratton. Lindzey Gardner and E. Aronson (Eds. ).

Liebman, S. (Ed. )

1958 *Emotional Problems of Childhood,* N. Y.: Lippincott.

Liska, Allen E.

1987 *Perspectives on Deviance.* Englewood Cliffs, NJ: Prentice-Hall.

Loeber, Rolf and Thomas J. Dishion

1983 Early Predictors of Male Delinquency: a Review. *Psychological Bulletin,* 94: 68-99.

Loeber, Rolf and Magda Stouthamer-Loeber

1987 "Prediction," in Herbert C. Quay (ed. ), *Handbook of Juvenile Delinquency* (pp. 325-382). New York: Wiley.

Love, Leonore R. and Jaques W. Kaswan

1974 *Troubled Children: Their Families, Schools and Treatments.* New York: Wiley.

Lundman, Richard J.

1984 *Prevention and Control of Juvenile Delinquency.* New York: Oxford University Press.

Lykken, D.

1957 "A Study of Anxiety in the Sociopathic Personality, " *Journal of Abnormal and Social Psychology.*

## M

Mannheim, Hermann, ed.

1972　*Pioneers in Criminology*, 2nd. ed. Montclair, N. J.: Patterson Smith.

Martin, S., et al.

1981　*New Directions in the Rehabilitation of Criminal Offenders.* Washington, D. C.: The National Academy Press.

Matza, David

1964　*Delinquency and Drift.* New York: Wiley.

1969　*Becoming Deviant.* Englewood Cliffs, N. J. : Prentice-Hall.

McCord, William and Joan McCord

1959　*Origins of Crime.* New York: Columbia University Press.

Mednick, Sarnoff and K. O. Christiansen (Eds.)

1977　*Biosocial Basis of Criminal Behavior.* New York: Gardner Press.

Mizushima, K. and M. Shinohara

1967　"Clinical Groupings of Problem Children Based on Symptoms and Behavior, " *International J. of Social Psychiatry*, XIII.

Moles, Oliver, et al.

1959　*A Selective Review of Research and Theory on Delinquency,* (Ann Arbor 1959) University of Michigan, Institute for Social Research.

Monahan, T. P.

1960　"On the Incidence of Delinquency," *Social Forces* 39 (Oct. 66).

Monahan, J.

1981　*Prediciting Violent Behavior.* Beverly Hills, Califf. : Sage.

1982　Childhood Predictors of Adult Criminal Behavior, in F.

N. Dutile, C. H. Foust and D. R. Webster (Eds.), *Early Childhood Intervention and Juvenile Delinquency* (pp. 11-21). Lexington, MA: Lexington Books.

Morris, N.

1974 *The Future of Imprisonment.* Chicago: Univ. of Chicago Press.

Murray, Charles and Louis A. Cox, Jr.

1979 *Beyond Probation.* Beverly Hills, Cal. : Sage Publications, Inc.


# N

National Council on Crime and Delinquency

1969 *Citizen Action to Control Crime and Delinquency.* New York: National Council on Crime and Delinquency, p. 63.

1969 "The Neighborhood Youths Corps. : Hope & Help for Youth, " U. S. HEW, Manpower Administration.

New York Times

1982 February 28 through March 5, Reports on Juvenile Delinquency in New York City.

Nye, F. Ivan

1958 *Family Relationships and Delinquent Behavior.* New York: Wiley.


# P

Painting, D. H.

1961 "The Performance of Psychopathic Individuals under Conditions of Positive and Negative Reinforcement."

*Journal of Abnormal and Social Psychology*, 62: 352–355.

Pao, P. N.

1979 *Schizophrenic Disorders*, New York: International Univ. Press.

Passingham, R. E.

1972 "Crime and Personality: A Review of Eysenck's Theory," in V. D. Nebylitsyn and J. A Gray (Eds.), *Biological Bases of Individual Behavior*. New York: Academic Press.

Pearson, Frank S. and Neil Alan Weiner

1985 Toward an Integration of Criminological Theories, *Journal of Criminal Law and Criminology*, 76: 116–150.

Petersilia, J., et al.

1978 *Criminal Careers of Habitual Felons*, Santa Monica: Rand Corp.

Peterson, D. K., Quay, H. C., and Tiffany, T. L.

1961 "Personality Factors Related to Juvenile Delinquency," *Child Development*, 32: 355–373.

Peterson, M. A. and Braiker, H. B.

1981 *Who Commits Crimes: A Survey of Prison Inmates*. California: Rand.

Platt, Anthony

1976 "Saving and Controlling Delinquency Youth: A Critique," in *Giallombardo*, 1976, pp. 453–472.

Pond, Esther M.

1970 "The Los Angeles Community Delinquency Control Project: An Experiment in the Rehabilitation of Delinquents in an Urban Community," *Research Report*, No. 60. Sacramento: California Youth Authority, p. 51.

President's Commission on Law Enforcement and Administration of Justice

1967 *The Challenge of Crime in a Free Society.* Washington, D. C.: U. S. Government Printing Office.

Palmer, T. , cf. California Youth Authority, 1974, 1978.


## Q

Quay

1975 "Classification in the Treatment of Delinquency and Antisocial Behavior, " in Hobbsin ed. *Issue on the Classification of Children*, Vol. I, Bass; S. F. Jossey.

Quay, H. and Parsons, L.

1971 *The Differential Behavioral Classification of the Juvenile Offender*, Washington, D. C. : Bureau of Prisons.


## R

Reckless, Walter C.

1961 "A New Theory of Delinquency and Crime, " Federal Probation, 25: 42-46 (Dec 1961).

Redl, F. and David Wineman

1951 *Children Who Hate*, N. Y.: Free Press.

1952 *Controls from Within*, N. Y. : Free Press.

Reiss, Albert J.

1951 "Delinquency as the Failure of Personal and Social Control, " *American Sociological Review*, 16: 196-207 (April, 1951).

1952　"Social Correlates of Psychological Types Delinquency,"
　　　 *ASR*, 17: 710-718.

Robey, A., et al.

1964　"The Runaway Girl: A Reaction to Family Stress," *Am.
　　　 J. of Orthopsychiatry* 34.

Robins, L. N.

1966　*Deviant Children Grown Up: a Sociological and Psychiatric
　　　 Sutdy of Sociopathic Personality*, Baltimore: Williams and
　　　 Wilkins.

1978　"Aetiological Implications in Studies of Childhood Histo-
　　　 ries Relating to Antisocial Personality." in R. D. Hare &
　　　 D. Schalling (Eds.), *Psychopathic Behavior: Approaches to
　　　 Research*. New York: Wiley.

Robinson, James and Gerald Smith

1971　"The Effectiveness of Correctional Programs," *Crime and
　　　 Delinquency*, Vol. 17, No. 1, January.

Roebuck, J.

1966　"Criminal Typology," in *Crime, Law and Corrections*, ed.
　　　 R. Slovenko, Springfield, Ill: Charles Thomas.

Roberts, Chester F.

1974　"Research on Drug Abuse," in *A Review of Accumulated
　　　 Research in California Youth Authority*, Sacramento, Calif.
　　　 CYA.

## S

Sarbin, T. R.

1967　"The Dangerous Individual," *British J. of Criminology* 22.

Schalling, D.

    1978 "Psychopathy-related Personality Variables and the Psychophysiology of Socialization. " in R. D. Hare & D. Schalling (Eds. ), *Psychopathic Behavior: Approaches to Research.* New York: Wiley.

Schiering, G. D.

    "A Proposal for the More Effective Treatment of the Unruly Child in Ohio, " in *Diverting the Youth from the Correction System*, U. S. HEW. Youth Service Bureau.

Schulsinger, F.

    1972 "Psychopathy, Heredity, and Environment, " *International Journal.*

    1950 "Personality Characteristics of Criminals, " *AJS.*

Schlossman, Steven, et al.

    1984 *Delinquency Prevention in Chicago: A Fifty-year Assessment of the Chicago Area Project.* Santa Monica: The Rand Corporation.

Sellin, Thorsten and Marvin E. Wolfgang

    1964 *The Measurement of Delinquency.* New York: Wiley.

    1969 *Delinquency: Selected Studies.* New York: John Wiley and Sons, p. 161

Sechrest, L. , S. O. White, and E. D. Brown (Eds. )

    1979 *The Rehabilitation of Criminal Offenders.* Washington, D. C. : National Academy of Sciences.

Shannon, L.

    1982 *Assessing the Relationship of Adult Criminal Careers and Juvenile Careers.* Iowa City: Iowa Community Research Center.

Shaw, Clifford and Henry D. McKay

  1942  *Juvenile Delinquency in Urban Areas*. Chicago: University of Chicago Press.

Short and Nye

  1976  Cf. Giallombardo, 1976, pp. 5-36.

Sullivan C. and C. Bash

  1965  "Current Program for Delinquency Prevention," in Amos and Wellford, (eds).

Sussman

  1976  Cf. Giallombardo (Ed), *Juvenile Delinquency*, (3rd ed.), pp. 5-36.

Szurek, S. A. and I. N. Berlin (Eds.)

  1969  *Antisocial Child: His Family and His Community*. Palo Alto, California: Science and Behavioral Books.

## T

Thornberry, Terrence, M. Moore, and R. L. Christian

  1985  "The Effect of Dropping out of High School on Subsequent Criminal Behavior," *Criminology*, 23: 3-18.

Toby, Jackson

  1957  "Social Disorganization and Stake in Conformity: Complementary Factors in the Predatory Behavior of Hoodlums," *Journal of Criminal Law, Criminology and Police Science*, 48: 12-17 (May-June 1957).

  1983  "Crime in the Schools, " in James Q. Wilson, ed., *Crime and Public Policy*. San Francisco: Institute for Contemporary Problems, pp. 69-88.

Toch, Hans

    1969  *Violent Men: An Inqurry into the Psychology of Violence.* Chicago, Aldine.

    1979  (ed.) *Psychology of Crime and Criminal Justice.* N. Y.：Holt, Rinehart and Winston.

Tomaino, Louis

    1969  *Changing the Delinquent.* Austin：University of Texas.

Tappan, Paul V.

    1982  "The Nature of Juvenile Delinquency," in Giallombardo (Ed), *Juvenile Delinquency*, 4th ed., pp. 4–21.

Trevvett, N. B.

    1965  "Identifying Delinquency Prone Children," *Crime and Delinquency*.


# U

United States, Department of Justice, FBI

    1988  *Crime in the United States–1987.* Washington, D. C.：U. S. Government Printing Office.


# V

Van Dine, S. *et al.*

    1979  *Restraining the Wicked: the Incapacitation of the Dangerous Criminal.* Lexington, Mass.：Lexington Books.

Van Dusen, K. T. and S. A. Mednick (Eds.)

    1983  *Prospective Studies of Crime and Delinquency.* Boston：Kluwer-Nijhoff.

Varley, W. H.

　1984 "Behavior Modification Approaches to the Aggressive Adolescent, " in C. R. Keith (Ed. ), *The Aggressive Adolescent: Clinical Perspectives.* New York: The Free Press.

Vedder, C. B.

　1962 "Theory of Criminal Types," *Alabama Correctional Journal,* 9.

Vedder, C. and D. Somerville

　1970 *The Delinquent Girl,* Springfield, Ill.

Thomas, Charles C.

　1967 *The Vocational Rehabilitation of the Youthful Offender.* Springfield, Massachusetts: Springfield Good Will Industries, Inc.

Vold, George B. and T. J. Bernard

　1986 *Theoretical Criminology,* 3rd ed. Oxford, N. Y.: Oxford University Press.

**W**

Waldo, G. P. ; and S. Dinitz

　1967 "Personality Attributes of the Criminal: An analysis of Research Studies, 1950-1965, " *J. of Research in Crime and Delinquency* 4 (2) (July, 1967).

Warren, Margurite Q.

　1969 "The Case for Differential Treatment of Delinquents, " Ann. Am. Assoc. Pol. Sci.

　1971 "Classification of Offenders as An Aid to Efficient Management and Effective Treatment, " *Journal of Cri-*

*minal Law, Criminology, and Police Science.*

1976 "Intervention with Juvenile Delinquents, " in Margaret K. Rosenheim, ed. , *Pursuing Justice for the Child.* Chicago: University of Chicago Press.

Weis, J. G., et al.

1981 *The Prevention of Serious Delinquency: What to Do?* Washington, D. C.: U. S. Department of Justice, National Institute for Juvenile Justice and Delinquency Prevention, Reports of the National Juvenile Justice Assessment Centers, December.

West, D. J. and Farrington, D. P.

1977 *The Delinquent Way of Life.* London: Heinemann.

White, et al.

1974 "Probation Subsidy Program, " in *A Review of Accumulated Research.* Sacramento, Calif.: California Youth Authority.

Wilkins, L. J.

1969 *Evaluation of Penal Measures.* N. Y.: Random House.

Wilkinson, Karen

1974 "The Broken Family and Juvenile Delinquency: Scientific Explanation or Ideology?" *Social Problems*, 21: 726-739.

Wilson, James; and R. T. Herrnstein

1985 *Crime and Human Nature.* N. Y.: Simon and Schuster.

Williams, Frank P. and Marilyn D. McShane

1988 *Criminological Theory.* Englewood Cliffs, NJ: Prentice-Hall.

Wishnie, H.

1977 *The Impulsive Personality: Understanding People with Destructive*

*Character Disorders.* New York: Plenum Press.

Wolfgang, M. E., et al.

1972　*Delinquency in a Birth Cohort.* Chicago: University of Chi-
cago Press.

Wolfgang, Marvin

1985　*The Longitudinal Study of Delinquency and Crime.* delivered
in the 4th Asian-Pacific Conference on Juvenile Delin-
quency, Tokyo.

Wolfgang, Marvin E., and N. A. Weiner, eds.

1982　*Criminal Violence,* Beverly Hills, Cal.: Sage.

Wolfgang, Marvin E., Terence P. Thornberry and Robert M. Figlio

1987　*From Boy to Man, from Delinquency to Crime.* Chicago:
University of Chicago Press.

Wood, Arthur

1969　"Ideal and Empirical Typologies for Research in Devi-
ancy and Control," *Sociology and Social Research,* 53.

# 中英名詞對照

## 二　　畫

人際關係成熟程度　interpersonal maturity

## 三　　畫

凡尼齊　Venezia

文克　Wenk

干預計劃　intervention program

## 四　　畫

中途之家　halfway houses

巴麥　Palmer

巴索羅伯士少年感化院（加州）　Paso Robles Correction Center

反社會病態心理　sociopathy

公正處罰　just deserts

心理戲　psycho drama

心理治療　psychotherapy

少年犯罪預癥　pre-delinquency symptoms

少年之家　group home

少年發展處（美國教育部內設少年發展處，處理各種少年問題）　Office of Youth Development

少年事務局　Youth Service Bureau

不定期刑　indeterminate sentencing

不成熟而跟隨附和之少年犯　　immature conformist (Cfm)

介斯尼　　Jesness

## 五　　畫

司洛　　Srol

古德　　Gold

皮爾查　　Pritchard

史匹瓦　　Spivack

艾里諾　　Elliott

艾墨林　　Elmering

加州少年感化院　　Youth Training School

加州少年局　　California Youth Authority, CYA

布勞及鄧肯　　Blau and Duncan

布魯斯汀　　Blumstein

布爾特　　Burt

布朗諾　　Bronner

布吉　　Burgess

## 六　　畫

安得利　　Andry

再犯　　recidivism

囘溯旣往　　retrospective

企圖控制操縱別人之少年犯　　manipulator (Mp)

米勒　　Miller

同年層研究　　birth-cohort analysis

行動化神經質少年犯　　acting out neurotic (Na)

行爲矯治　　behavior modification

# 七　　畫

身體語言　　body language

李瑪特　　Lemert

門羅　　Monroe

阿伯拉罕　　Abrahamse

伯克　　Burkett

希利　　Healy

辛加　　Simcha

杜比　　Toby

攻擊性缺乏教養少年犯　　asocial aggressive (Aa)

抑制理論　　containment theory

抑制作用　　suppression

芮克萊　　Reckless

芮斯　　Reiss

芮納德　　Ryland

芮治孟　　Richmond

克羅斯感化院（加州）　　O. H. Close School

克普南　　Kaplan

克拉麥　　Kramer

克拉蘇斯　　Kvaraseus

社會戲　　social drama

社區處遇　　community based treatment programs

社會個案工作　　social case work

社會團體工作　　social group work

貝克　　Becker

## 八　　畫

奈爾感化院（加州）　Nelles School

哈本能　Haapanen

定期刑　determinate sentencing

柯克　Cook

柯亨　Cohen

彼德席拉　Petersilia

彼德遜　Peterson

佛格　Fogel

佛里門感化院（加州）　Fremont Correctim Center

佛里可感化院（加州）　Fricot Training School

## 九　　畫

柔拉　Zola

查根　Chaiken

義務及投入　commitment

差別干預理論　differential intervention, DI

重犯罪，再犯罪　recidivism

俄伏幹　Wolfgang

俄倫　Warren

威爾遜　Wilson

威爾斯　Wells

威廉士　Williams

## 十　　畫

涂爾幹　Durkheim

格林渥　Greenwood

恐嚇法　scared-straight method

韋納　Werner

莫那奇斯　Monachesi

寄養家庭　foster home

荷頓感化院（加州）　Karl Holton Training School

馬丁生　Martinson

馬札　Matza

教養　discipline

教育輔導計劃（專門為犯罪少年設立的教育計劃）　remedial education
　　program

家庭動力理論　theory of family dynamics

家庭輔導　family counseling

家庭法庭（紐約市設立家庭法庭，審判處理少年事件）　family court

## 十 一 畫

假釋　parole

華納　Warner

雪爾頓　Sheldon

商勒　Shanner

梵達　Van Dine

控制理論　control theory

高登　Gordon

移轉作用　displacement

情緒化少年犯　situation-emotion reaction (Se)

梅利爾　Merrill

梅德尼　Mednick

麥可　　McCord

麥克里恩　　McClein

參與　　involvement

參與犯罪文化，而跟隨附和之少年犯　　cultural conformist (Cfc)

## 十 二 畫

提白　　Tibbetts

黑維特　　Hewitt

替代家庭　　surrogate family

馮赫許　　Von Hirsch

焦慮型神經質少年犯　　anxious neurotic (Nx)

酗酒團體工作計劃　　alcoholic anonymous, AA

普來斯感化院（加州）　　Preston School

娛樂治療　　recreational therapy

葛拉賽　　Glasser

葛魯克　　Glueck

## 十 三 畫

督導　　supervision

詹德魯　　Gendreau

滌淨作用　　cleansing

雷克利斯　　Reckless

強化輔導計劃　　intensive treatment program

選擇性監禁（僅監禁嚴重罪犯）　　selective incapacitation

傑佛利　　Jeffery

傑金斯　　Jenkins

費根　　Fagan

費寧頓　Farrington

## 十　四　畫

漢尼　Haney
赫許　Hirschi
輔導，矯治　treatment, rehabililation, correction
維爾金　Wilkins
維斯特　West
認同作用　identification
認知治療　transactional analysis, TA
認同犯罪文化之少年犯　cultural identifier (Ci)
團體動力　group dynamics
團體諮商　group counseling
團體治療　group therapy

## 十　五　畫

劍橋市（美國波斯頓城郊）　Cambridge
鄧特　Dentler
緩刑，觀護制度　probation

## 十　六　畫

賴　Nye
霍斯維　Hathway
親情量表　affection scale
機構處遇　institutional treatment
學長制度　ward-aide program
靜態缺乏教養少年犯　asocial passive (Ap)

# 十　七　畫

嚇阻　deterrence

嚇阻主義　deterrence

# 十　八　畫

蘭吉　Rankin

轉化　diversion

歸屬　attachment

轉向計劃，轉化　diversion

臨床團體工作　clinical group work

# 十　九　畫

羅伯　Loeber

羅賓　Robins

羅西　Ross

羅米格　Romig

羅吉士　Rogers

懷特　Whyte

# 二　十　畫

嚴重罪犯　serious offender, chronic offender

# 二十一畫

顧德佛里遜　Gottfredson

# 二十四畫

觀護　probation

# 英中名詞對照

## A

Abrahamse　阿伯拉罕

acting out neurotic (Na)　行動化神經質少年犯

affection scale　親情量表

alcoholic anonymous, AA　酗酒團體工作計劃

Andry　安得利

anxious neurotic (Nx)　焦慮型神經質少年犯

asocial aggressive (Aa)　攻擊性缺乏教養少年犯

asocial passive (Ap)　靜態缺乏教養少年犯

attachment　歸屬

## B

Becker　貝克

behavior modification　行爲矯治

birth-cohort analysis　同年層研究

Blau and Duncan　布勞及鄧肯

Blumstein　布魯斯汀

body language　身體語言

Bronner　布朗諾

Burgess　布吉

Burkett　伯克

Burt　布爾特

## C

California Youth Authority, CYA　　加州少年局

California Youth Training School　　加州少年感化院

Cambridge　　劍橋市（美國波斯頓城郊）

Chaiken　　查根

cleansing　　滌淨作用

clinical group work　　臨床團體工作

O. H. Close School　　克羅斯感化院（加州）

Cohen　　柯亨

commitment　　約束，義務

community based treatment programs　　社區處遇

containment theory　　抑制理論

control theory　　控制理論

correction　　矯治

Cook　　柯克

cultural conformist (Cfc)　　參與犯罪文化，而跟隨附和之少年犯

cultural identifier (Ci)　　認同犯罪文化之少年犯

## D

Dentelr　　鄧特

deterrence　　嚇阻

determinate sentencing　　定期刑

differential intervention, DI　　差別干預理論

discipline　　教養

displacement　　移轉作用

diversion　　轉化，轉向計劃

Durkheim    涂爾幹

## E

Elliott    艾里諾
Elmering    艾墨林

## F

Fagan    費根
Farrington    費寧頓
theory of family dynamics    家庭動力理論
family counseling    家庭輔導
family court    家庭法庭（紐約市設立家庭法庭，審判處理少年事件）
Fogel    佛格
foster home    寄養家庭
Fremont Correction Center    加州佛里門感化院
Fricot Training School    加州佛里可感化院

## G

Gendreau    詹德魯
Glasser    葛拉賽
Gold    古德
Gordon    高登
Gottfredson    顧德佛里遜
Greenwood    格林渥
group counseling    團體諮商
group dynamics    團體動力
group home    少年之家

group therapy　　團體治療

Glueck　　葛魯克

# H

Haapanen　　哈本能

halfway houses　　中途之家

Haney　　漢尼

Hathway　　霍斯維

Healy　　希利

Hewitt　　黑維特

Hirschi　　赫許

# I

identification　　認同作用

immature conformist (Cfm)　　人格不成熟而跟隨附和之少年犯

indeterminate sentencing　　不定期刑

institutional treatment　　機構處遇

intensive treatment program　　強化輔導計劃

interpersonal maturity　　人際關係成熟程度

intervention program　　干預計劃

involvement　　參與

# J

Jeffery　　傑佛利

Jenkins　　傑金斯

Jesness　　介斯尼

just deserts　　公正處罰

# K

Kaplan　克普南

Karl Holton Training School　荷頓感化院（加州）

Kramer　克拉麥

Kvaraseus　克拉蘇斯

# L

Lemert　李瑪特

Loeber　羅伯

# M

manipulator（Mp）　企圖摔制操縱別人之少年犯

Martinson　馬丁生

Matza　馬札

McClein　麥克里恩

McCord　麥可

Mednick　梅德尼

Merrill　梅利爾

Miller　米勒

Monachesi　莫那奇斯

Monroe　門羅

# N

Nelles School　奈爾感化院（加州）

Nye　賴

# O

Office of Youth Development　　少年發展處（美國教育部內設少年發展處，處理各種少年問題）

# P

Palmer　　巴麥

parole　　假釋

Paso Robles Correction Center　　巴索羅伯士少年感化院（加州）

Peterson　　彼德遜

Petersilia　　彼德席拉

pre-delinquency symptoms　　少年犯罪預癥

Preston School　　普來斯敦感化院（加州）

Pritchard　　皮爾查

probation　　觀護，緩刑

psycho drama　　心理戲

psychotherapy　　心理治療

# R

Rankin　　蘭吉

recidivism　　再犯罪，重犯

Reckless　　芮克萊

recreational therapy　　娛樂治療

Reiss　　芮斯

remedial education program　　教育輔導計劃（專門為犯罪少年設立的教育計劃）

retrospective　　回溯既往

Richmond　芮治孟

Robins　羅賓

Rogers　羅吉士

Romig　羅米格

Ross　羅西

Ryland　芮納德

## S

scared-straight method　恐嚇法

selective incapacitation　選擇性監禁（僅監禁嚴重罪犯）

serious offender, chronic offender　嚴重罪犯

Shanner　商勒

Simcha　辛加

Sheldon　雪爾頓

situation-emotion reaction (Se)　情緒化少年犯

social case work　社會個案工作

social group work　社會團體工作

social drama　社會戲

sociopathy　反社會病態心理

Spivack　史匹瓦

Srol　司洛

supervision　督導

suppression　抑制作用

surrogate family　替代家庭（當犯罪少年之父母失却管教子女之功能時，政府法治機構乃替犯罪少年覓適當的家庭，後者是爲替代家庭。）

## T

Tibbetts　提白

Toby　杜比

transactional analysis, TA　認知治療

treatment, rehabililation　輔導，矯治

## V

Van Dine　梵達

Venezia　凡尼齊

Von Hirsch　馮赫許

## W

ward-aide program　學長制度

Warner　華納

Warren　俄倫

Wells　威爾斯

Wenk　文克

Werner　韋納

West　維斯特

Whyte　懷特

Wilkins　維爾金

Williams　威廉士

Wilson　威爾遜

Wolfgang　俄伏幹

## Y

Youth Service Bureau　少年事務局

## Z

Zola　柔拉

# 三民大專用書書目——社會

| | | |
|---|---|---|
| 社會學 | 蔡 文 輝 著 | 印第安那州立大學 |
| 社會學 | 龍 冠 海 著 | 前臺灣大學 |
| 社會學 | 張 華 葆主編 | 東 海 大 學 |
| 社會學理論 | 蔡 文 輝 著 | 印第安那大學 |
| 社會學理論 | 陳 秉 璋 著 | 政 治 大 學 |
| 社會學概要 | 張 曉 春等著 | |
| 社會心理學 | 劉 安 彥 著 | 傑克遜州立大學 |
| 社會心理學 | 張 華 葆 著 | 東 海 大 學 |
| 社會心理學 | 趙 淑 賢 著 | 安柏拉校區 |
| 社會心理學理論 | 張 華 葆 著 | 東 海 大 學 |
| 政治社會學 | 陳 秉 璋 著 | 政 治 大 學 |
| 醫療社會學 | 藍采風・廖榮利著 | 臺 灣 大 學 |
| 組織社會學 | 張 笠 雲 著 | 臺 灣 大 學 |
| 人口遷移 | 廖 正 宏 著 | 臺 灣 大 學 |
| 社區原理 | 蔡 宏 進 著 | 臺 灣 大 學 |
| 鄉村社會學 | 蔡 宏 進 著 | 臺 灣 大 學 |
| 人口教育 | 孫 得 雄編著 | 研 考 會 |
| 社會階層化與社會流動 | 許 嘉 猷 著 | 臺 灣 大 學 |
| 社會階層 | 張 華 葆 著 | 東 海 大 學 |
| 西洋社會思想史 | 龍冠海・張承漢著 | 臺 灣 大 學 |
| 中國社會思想史（上）（下） | 張 承 漢 著 | 臺 灣 大 學 |
| 社會變遷 | 蔡 文 輝 著 | 印第安那州立大學 |
| 社會政策與社會行政 | 陳 國 鈞 著 | 中 興 大 學 |
| 社會福利行政（修訂版） | 白 秀 雄 著 | 臺北市政府 |
| 社會工作 | 白 秀 雄 著 | 臺北市政府 |
| 社會工作管理——人羣服務經營藝術 | 廖 榮 利 著 | 臺 灣 大 學 |
| 團體工作: 理論與技術 | 林 萬 億 著 | 臺 灣 大 學 |
| 都市社會學理論與應用 | 龍 冠 海 著 | 前臺灣大學 |
| 社會科學概論 | 薩 孟 武 著 | 前臺灣大學 |

| | | |
|---|---|---|
| 企業政策 | 陳光華 著 | 交通大學 |
| 企業概論 | 陳定國 著 | 前臺灣大學 |
| 管理新論 | 謝長宏 著 | 交通大學 |
| 管理概論 | 郭崑謨 著 | 中興大學 |
| 管理個案分析（增訂新版） | 郭崑謨 著 | 中興大學 |
| 企業組織與管理 | 郭崑謨 著 | 中興大學 |
| 企業組織與管理（工商管理） | 盧宗漢 著 | 中興大學 |
| 企業管理概要 | 張振宇 著 | 中興大學 |
| 現代企業管理 | 龔平邦 著 | 前逢甲大學 |
| 現代管理學 | 龔平邦 著 | 前逢甲大學 |
| 管理學 | 龔平邦 著 | 前逢甲大學 |
| 文檔管理 | 張翔 著 | 郵政研究所 |
| 事務管理手冊 | 行政院新聞局 編 | |
| 現代生產管理學 | 劉一忠 著 | 舊金山州立大學 |
| 生產管理 | 劉漢容 著 | 成功大學 |
| 管理心理學 | 湯淑貞 著 | 成功大學 |
| 管理數學 | 謝志雄 著 | 東吳大學 |
| 品質管制（上）（下）（合） | 柯阿銀 譯 | 中興大學 |
| 品質管理 | 戴久永 著 | 交通大學 |
| 可靠度導論 | 戴久永 著 | 交通大學 |
| 執行人員的管理技術 | 王龍興 譯 | |
| 人事管理（修訂版） | 傅肅良 著 | 中興大學 |
| 人力資源策略管理 | 何永福・楊國安著 | |
| 作業研究 | 林照雄 著 | 輔仁大學 |
| 作業研究 | 楊超然 著 | 臺灣大學 |
| 作業研究 | 劉一忠 著 | 舊金山州立大學 |
| 數量方法 | 葉桂珍 著 | 成功大學 |
| 系統分析 | 陳進 著 | 前聖瑪利大學 |
| 秘書實務 | 黃正興編著 | 實踐家專 |

# 三民大專用書書目——法律

# 三民大專用書書目——國父遺教